성경, 통通으로 숲이야기

通 통숲

저자 **조병호 박사**

지난 30여 년간 한국 교회에 성경통독을 퍼뜨리고, 학문화한 성경통독 전문가이다.
이제 통通성경의 세계화를 위해 열정을 쏟고 있다.

2004년 독일 신학사전 RGG4에 아티클 '세계기독학생선교운동
(Studentische Missionsbewegung)'을 기고했다.
2006년 영국 왕립역사학회(Royal Historical Society)에 스피커로 초청되어 발제했다.
2006년 삶의 방법론이자 새로운 성경 읽기의 방식으로서 '통(通)'을 최초로 말했다.
2008년 한국 신학자 140인 서울선언 '성경을 통通한 재정향'의 공동대표로 책임을 감당했다.
2014년 '통通성경 포뮬라(Formula for TongBible)'를 발표했다.
2016년 통바이블칼리지 통通성경학교 인터넷 120강의 강사
2017년 종교개혁 500주년기념 독일 비텐베르크 2017 CONGRESS 스피커

통독원 원장, 하이기쁨교회 담임목사
미국 드루대학교 객원교수, 통바이블월드미션 이사장

장로회신학대학교 신학과 (Th.B. 신학사)
장로회신학대학교 신학대학원 (M.Div. 교역학석사)
연세대학교 연합신학대학원 (Th.M. 조직신학, 신학석사)
영국 에딘버러대학교 대학원 (Th.M. 선교신학, 신학석사)
영국 버밍엄대학교 대학원 (Ph.D. 역사신학, 철학박사)

베스트셀러
《성경과 5대제국》 – 2011 한국기독교출판문화상 대상 수상
《성경통독》 – 2005 한국기독교출판문화상 최우수상 수상
주요저서
《와우! 예레미야 70년》, 《제사장 나라 하나님 나라》, 《통하는 마지막 유월절, 첫번째 성찬식》,
《통하는 사도행전 30년》, 《消失的帝國》(中國 團結出版社/성경과 5대제국 중국판),
《성경과 고대전쟁》, 《성경과 고대정치》, 《신구약 중간사》, 《통通성경 길라잡이》,
《성경통독과 통通신학》 등 30여 종

편찬
《일년일독 통通독성경》, 《역사순 통通성경》

성경, 통通으로 숲이야기

통通숲

조병호 지음

1

Bible through Tong

Tong Observation

통독원

예수님께서 지혜로운 사람은 반석 위에 집을 짓는다고 말씀하십니다.

"그러므로 누구든지 나의 이 말을 듣고 행하는 자는 그 집을 반석 위에 지은 지혜로운 사람 같으리니"(마 7:24)

"또 내가 네게 이르노니 너는 베드로라 내가 이 반석 위에 내 교회를 세우리니 음부의 권세가 이기지 못하리라"(마 16:18)

지혜롭게 성경의 집을 짓는 다섯 가지 방법입니다.

첫째, 기초를 놓습니다.

성경 66권 전체는 예수 십자가 '원 스토리(One Story)'입니다. 즉 구약 39권은 모두 예수 이야기로 향하고 있으며 신약 27권은 예수 이야기와 예수를 증거하는 이야기입니다.

그러므로 성경 66권 전체의 반석은 예수 그리스도입니다.

둘째, 기둥을 세웁니다.

성경은 개인, 가정, 나라 이야기를 담고 있습니다. 그리고 제사장 나라(율법), 5대 제국(선지자), 하나님 나라(복음)가 들어 있습니다. 하나님께서는 세계 경영의 도구로 '제국'을 사용하시며 '제사장 나라'와 '하나님 나라'로 우리를 이끄십니다. 그러므로 율법(제사장 나라), 선지자(5대 제국), 복음(하나님 나라)으로 기둥을 세웁니다.

셋째, 지붕을 덮습니다.

창세기에서 요한계시록까지 성경 66권 각 권의 숲을 정리하며 지붕을 덮습니다. 그래야 '권별주의'와 '요절주의'를 극복할 수 있습니다. 하나님께서는 우리에게 성경 66권 전체를 선물로 주셨는데 어느 한 권만 집중해서 몇 년씩 공부하거나 몇 구절의 요절로 만족한다면 그것은 너무 부족하고 아쉬운 성경공부가 될 것입니다.

넷째, 벽을 붙입니다.

성경의 대략 2,000여 년의 시간, 1,500여 곳의 공간, 그리고

5,000여 명의 인간을 통通으로 공부하여 벽을 붙입니다. 그러면 결국 시간, 공간, 인간 모두 하나님의 소유라는 사실을 깨닫게 됩니다. 그러므로 정말 세상 예화 없이도 '성경 이야기', 충분히 재밌게 할 수 있습니다.

다섯째, 창문을 냅니다.

이렇게 성경의 기초를 반석 위에 세우고, 기둥을 세우고, 지붕을 덮고, 벽을 붙이면 그 때에 비로소 그리스도인의 삶의 주제들인 예배, 선교, 교육, 봉사, 섬김, 교제 등의 다양한 주제들에 대한 창문을 열 수 있습니다. 성경 속 하나님의 사람들처럼 오직 하나님의 말씀으로 승리하는 삶을 넉넉히 살 수 있습니다.

〈통숲〉은 모든 그리스도인들이 '성경의 반석' 위에 튼튼한 집을 짓는 데 도움이 되기를 꿈꾸며 지난 35년간 매일매일 성경을 읽으며 연구한 열매 중 하나입니다. 저에게는 하나님께서 주신 큰 은혜의 산물입니다.

이 땅의 모든 사람들이 하루도 빠짐없이 매일의 일용할 양식이 필요하듯이 하나님의 말씀도 1년 365일 매일 하루도 빠짐없이 필요합니다.

본서 〈통숲〉으로 1년 365일, 성경 66권 전체를 역사 순서에 따라 나누어 매일 다섯 가지 포인트로 누구나 쉽게 통通으로 읽고 공부할 수 있게 될 것입니다. 그래서 그리스도인 누구나 "성경 한 권이면 충분합니다."라고 고백할 수 있기를 꿈꿉니다.

하나님께서 은혜와 평강의 복으로 함께하시길 기도합니다.
God bless you~

2019년 통독원에서

CONTENTS

1일

좋아, 토브, Good (창 1~2장)

애피타이저 APPETIZER

하나님께서 우리에게 선물로 주신 성경 66권 전체를 《일년일독 통독성경》을 가지고, 올 1년 365일 동안 매일의 분량을 읽어 '역사순으로 성경 전체를 1독'할 것입니다. 언제 어디서나 하루 20분이면 성경, 1년 1독을 끝낼 수 있습니다.

그리고 매일의 분량대로 성경을 읽은 후, 그날 읽은 본문에서 다섯 가지 이야기를 통으로 숲 정리할 것입니다. 올 한 해 이렇게 매일 '데일리 브레드(daily bread)' 즉, '일용할 양식'으로 하나님의 말씀인 성경을 읽고 들으면, 우리는 결국 "성경 한 권이면 충분합니다."라는 놀라운 고백을 스스로 하게 될 것입니다.

성경통독 BIBLETONGDOK

《일년일독 통독성경》 창세기 1~2장

통通으로 숲이야기 ; 통숲 TONG OBSERVATION

● 첫 번째 포인트

창세기 1장에서 2장까지의 내용은 하나님께서 '시간과 공간과 인간'을 모두 디자인하셨다는 것입니다.

이 세상의 모든 만물은 다 하나님의 소유입니다. 먼저 하나님께서는 낮과 밤을, 하루라고 정하셨습니다. 월, 화, 수, 목, 금, 토, 일 7일은, 한 주라고 정하셨습니다. 그리고 그날들 중에 '일곱째 날'을 복 주셔서 거룩하게 하셨습니다.

오늘날 세상 모든 사람들이 너무나 당연하게 알고 있는 하루와 일주일이라는 '시간'은 이렇게 우리 하나님께서 디자인하신 것입니다. 그리고 하나님께서는 하늘과 땅, 바다와 육지를 나누어 '공간'들을 디자인하셨습니다.

하나님께서는 에덴동산이라는 공간을 만드셨고, 우리에게 새 하늘과 새 땅을 기대하게 하셨습니다. 또한 하나님께서는 남자와 여자로, 인간을 만드시고, 가정을 디자인하셨습니다. 그리고 하나님께서는 인간에게 시간과 공간 속에서 생육하고 번성하라는 복을 주셨습니다.

창세기 1장에서 온 우주만물을 창조하신 '창조주 하나님'께서는 요한계시록의 말씀대로 세상 끝 날에 다시 만물을 새롭게 하실 것입니다.

● 두 번째 포인트

창세기 1장에서 2장까지의 내용은 '굿뉴스 즉, 복음'을 담고 있습니다.

신약성경 〈히브리서〉를 보면, '손으로 짓지 아니한, 창조에 속하지 아니한'이라는 '아주~ 어려운 말씀(?)'이 있습니다.

이 말씀이 어려운 이유는 세상에 속한 모든 것은 손으로 지은 것이고, 창조에 속하지 않은 것이 단 하나도 없기 때문입니다. 그런데 세상에 오직 단 한 가지, '손으로 짓지 아니한, 창조에 속하지 아니한' 것이 있는데 그것은 바로 '우리 예수님의 십자가'입니다.

히브리서 기자가 말하는, 예수님의 십자가 이전에 '손으로 지은, 그리고 창조에 속한 것'은 바로 '모세 때 회막'과 '솔로몬의 성전'을 의미합니다.

이처럼 창세기 1장과 2장은 '태초에 하나님이 천지를 창조하심'으로 시작한 피조물의 세계 즉, '콩 심은 데 콩 나고, 팥 심은 데 팥 난다'는 인과율(因果律, causality)로 표현되는 창조 후의 피조물의 세계와 창조에 속하지 아니한, 즉, 창세전 예정과 섭리를 함께 담은 예수님의 십자가를 통한 구원 이야기가 동시에 들어 있습니다. 이 모든 것이 다 '하나님의 선물'이고, '굿뉴스(Good News)' 바로 '복음'입니다.

● 세 번째 포인트

창세기 1장에서 2장까지의 내용은 하나님의 창조가 하나님의 '소리' 즉, '하나님의 음성으로 세상을 창조하셨다'는 것입니다.

세상의 빛은 하나님께서 "빛이 있으라."라고 말씀하시자 생겨난 것입니다. 다시 말해 하나님의 말씀인 성경은 문자로 기록된 것보다, 소리가 먼저였다는 것입니다. 그래서 성경은 소리 내서 읽을 만한 유일한 책입니다.

창세기에서 하나님께서는 "빛이 있으라."라고 음성으로 말씀하셨습니다. 그리고 사복음서를 보면, 하나님께서 하늘 문을 여시고 하나님의 음성으로 하나님의 아들 예수 그리스도를 향하여 "이는 내 사랑하는 아들이요 내 기뻐하는 자니"(마 17:5)라고 말씀하십니다.

하나님께서는 이렇게 하나님의 음성으로 예수 그리스도의 사역을 이 땅에 있게 하셨습니다. 그러므로 성경은 하나님의 음성과 예수님의 음성의 기록입니다. 이 세상에서 가장 아름다운 음성은 바로 '복된 소식, 복음'입니다. 때문에 우리의 믿음은 '복된 소식, 복음'의 기록인 성경을 들음에서 납니다.

● 네 번째 포인트

하나님의 사람 욥은 창세기 1장에서 2장까지의 내용을 통해 자신이 피조물이라는 사실을 깨달았습니다.

욥이 이유를 알 수 없는 고난을 당하자, 욥의 세 친구들이 욥을 위로하기 위해 찾아옵니다. 처음에는 욥을 위로하던 욥의 친구들이 시간이 지나면서는 온갖 질문을 가지고 오히려 욥을 괴롭게 합니다. 그러자 욥이 하나님께 질문을 합니다. 하나님께서는 욥의 질문에 대해 답 대신 침묵하시다가 도리어 욥에게 질문으로 답을 하십니다.

"내가 땅에 기초를 놓을 때, 너는 어디 있었느냐?"

"너는 바람이 갈라지는 길목을 아느냐?"

그러자 하나님의 이 놀라운 질문에 욥은 "내가 스스로 거두어들이고 티끌과 재 가운데에서 회개하나이다"(욥 42:6)라며 자신이 창조주 하나님의 피조물이라는 사실을 깨닫습니다.

창세기를 통해 하나님의 사람 욥처럼 우리 모두가 하나님의 피조물이라는 사실을 깨닫게 됩니다.

● 다섯 번째 포인트

창세기 1장에서 2장까지의 내용에는 '하나님의 마음'이 '좋으셨다'라는 것이 처음으로 기록되어 있습니다.

성경에는 처음부터 하나님의 마음이 담겨 있습니다.

창세기 1장에서 하나님께서는 "하나님이 보시기에 좋았더라"(창 1:4,10,12,18,21,25), "보시기에 심히 좋았더라"(창 1:31) 즉, 하나님께서 6일 동안의 하나님의 창조에 대해 스스로 매일 결산하시며 '좋다' 영어로 '굿(Good)'이라고 말씀하시며 '하나님의 마음이 기쁘셨다'는 것을 드러내고 있습니다.

그런데 창세기 1장과 2장의 창조 때 그렇게 좋아하셨던 하나님의 마음은 이후 노아 홍수 때에 한탄하시는 하나님의 마음, 호세아 선지자 때에 긍휼이 불붙는 하나님의 마음, 그리고 하나님의 아들 예수님에게서는 온유하고 겸손한 마음으로 나타납니다. 이처럼 성경에는 하나님의 마음이 들어 있습니다.

이런 표현은 어떻습니까?

"호수 어때? – 잔잔해."

"하늘 어때? – 맑고 청명해."

"그 사람 어때? – 아주 진중해."

"그 꽃 어때? – 아름다워."

"가을 추수 어때? – 풍성해."

같은 질문에 다시 답을 해보겠습니다.

"호수 어때? – 좋아."

"하늘 어때? – 좋아."

"그 사람 어때? – 좋아."

"그 꽃 어때? – 좋아."

"가을 추수 어때? – 좋아."

'좋아' 영어로 '굿(Good)'입니다. 히브리어로는 '토브(טוב)'입니다. '토브'는 〈시편〉에서는 '위대한', 〈욥기〉에서는 '놀라운', 〈신명기〉에서는 '완벽한', 〈전도서〉에서는 '아름다운'이란 뜻으로 쓰이고 있습니다. '좋아', '굿', '토브' 이것은 하나님께서 원래 의도하셨던 대로 창조된 피조물에 대해 기쁨으로 승인하시는 인준 행위를 말합니다.

"빛이 있으라." - "와우. 빛 잘 만들어졌어. 좋아."

하나님께서는 이렇게 창조 때에 일곱 번이나 "보시기에 좋았다"(Good)라고 말씀하셨습니다. 그러므로 우리 인생 최고의 표현은 '좋았다'입니다. 그래서 우리는 우리 하나님에 대해 '좋으신 하나님(God is Good)'이라고 찬양하는 것입니다.

디저트 DESSERT

이처럼 창세기 1장과 2장은 모든 만물의 시작 이야기입니다. 그리고 부족한 저도 하나님의 피조물이고, 예수 그리스도의 십자가 공로로 하나님의 자녀가 되었다는 굿뉴스가 참 좋습니다.

세상은 온갖 뉴스로 가득합니다. 그러나 진정한 뉴스, 우리를 정말 행복하게 해주는 굿뉴스(Good News)는 바로 '하나님의 말씀인 성경'입니다.

2일

인간, 하나님의 용서로 시작(창 3~5장)

애피타이저 APPETIZER

우리 그리스도인들은 모두 영성을 가진 삶을 살기를 원합니다. 그러면, 그리스도인의 영성이란 무엇일까요?

첫째, 계시의 책 성경을 통해 하나님을 알고

둘째, 기록된 예수를 믿고

셋째, 예수님처럼 순종하고

넷째, 30배 60배 100배의 기적을 체험하고

다섯째, 죽는 순간까지 하나님께 영광 돌리는 것이 '그리스도인의 영성'이라고 말할 수 있습니다. 사도 바울의 말처럼 하나님의 아들을 '믿는 것'과 '아는 일'에 하나가 되어 그리스도의 장성한 분량에 이르도록 노력해야 할 것입니다. 기록된 성경으로 하나님을 알고 더 많이 알아가게 되면 우리에게는 하나님을 믿는 믿음이 더 많이 생기게 됩니다. 그러면 우리는 그 믿음으로 세상을 이길 수 있습니다.

♬ 믿음이 이기네, 믿음이 이기네

주 예수를 믿음이 온 세상 이기네 ♬

우리 모두 영적인 사람, '멋진 그리스도인'이 되기를 꿈꿉니다.

성경통독 BIBLETONGDOK

《일년일독 통독성경》 창세기 3~5장

통通으로 숲이야기 ; 통숲 TONG OBSERVATION

● 첫 번째 포인트

큰 복을 받은 인간이 작은 것에 흔들립니다.

하나님께서는 온 우주만물을 창조하시고 에덴동산을 만드셔서 그곳에서 인간이 행복하게 살 수 있게 해주셨습니다. 그런데 아담과 하와가 하나님께서 결코 먹지 말라고 명하신 선악을 알게 하는 나무의 열매를 먹고 맙니다.

선악과를 금하신 것은 인간들을 억압하시기 위함이 아니요 그들이 피조물로서 하나님과 참된 관계를 맺으며 진정한 자유를 누릴 수 있게 하시고자 함이었습니다. 선악과를 먹어야 지혜롭게 되는 것이 아니라 하나님의 말씀에 순종하는 것이 지혜입니다.

선악과를 먹은 아담과 하와는 우선적으로 하나님 앞에 나아가 용서를 구해야 했습니다. 그런데 아담은 오히려 하나님을 피해 동산 나무 사이에 숨었습니다. 그러자 하나님께서 친히 아담을 찾아가셨습니다.

"아담아, 네가 어디에 있느냐?"

그러자 아담은 자신이 벗었음으로 두려워 숨었다고 말합니다. 이때 하나님의 마음은 무척 속상하셨을 것입니다.

> "한 사람으로 말미암아 죄가 세상에 들어오고 죄로 말미암아 사망이 들어왔나니 이와 같이 모든 사람이 죄를 지었으므로 사망이 모든 사람에게 이르렀느니라"(롬 5:12)

하나님께서는 아담과 하와, 그리고 뱀에게 각각 처벌을 내리십니다. 그리고 그룹들과 두루 도는 불 칼을 두어 에덴동산에 있는 생명 나무를 지키게 하셨습니다. 왜냐하면 아담과 하와가 죄

지은 몸으로 영생하지 않고, 하나님의 말씀대로 죽어 흙으로 돌아가게 하기 위함이었습니다.

● 두 번째 포인트

언제나 하나님의 긍휼, 하나님의 용서만이 인간의 새로운 시작을 가능케 합니다.

하나님께서는 죄짓고 벗은 몸이 부끄러워 하나님으로부터 숨은 아담과 하와를 위해 죄 없는 짐승을 대신 죽게 하셨습니다. 그리고 그 죽은 짐승의 가죽을 가지고 가죽옷을 지어 아담과 하와에게 입혀주셨습니다.

가죽옷은 앞으로 구약성경 전체를 통한 수많은 희생제물들의 예표이며 결국은 십자가에서 예수 그리스도께서 희생제사의 제물이 되심을 상징합니다. 하나님께서 아담과 하와에게 지어 입혀주신 가죽옷은 인간을 향한 하나님의 끝없는 러브 스토리의 시작이었습니다.

● 세 번째 포인트

인간이 인간관계에서 '용서'하는 것은 결국 나 또한 용서받을 수 있는 길입니다.

에덴동산에서 쫓겨난 아담과 하와는 가인과 아벨 두 아들을 낳아 기릅니다. 가인과 아벨은 장성하여 각각 농업과 목축업에 종사합니다.

어느 날 가인은 땅의 소산으로, 아벨은 양의 첫 새끼로 하나님께 제사를 드렸습니다. 그런데 하나님께서 가인과 그의 제물은 받지 않으시고 아벨과 그의 제물만 받으시자 가인이 이를 분하게 여깁니다. 동생 아벨에 대한 시기와 미움을 참지 못하고 결국 가인이 아벨을 죽이고 맙니다.

가인의 죄를 '핫타트(הטאת)'라고 표현하는데 이는 궁수가 표적을 제대로 맞추지 못한 상태, 다시 말해 하나님의 뜻에서 빗겨난 인간의 행동이나 마음을 뜻합니다. 가인의 죄는 하나님의 뜻인 '형제를 사랑하는 일'은 하지 않고, 도리어 형제를 미워하며 죽이기까지 한 것입니다.

결국 가인은 자신의 죄에 대한 처벌로 농사를 지어도 땅이 효력을 내지 않으며 유리하는 자로 살게 됩니다. 가인은 이 무거운 처벌에 대해 두려워했습니다. 그러자 아담과 하와에게 가죽옷으로 은혜와 긍휼을 베풀어주셨던 하나님께서 가인이 죽임을 당하지 않도록 보호해주십니다. 하나님께서는 하나님의 형상을 닮은 인간이 하나님 사랑은 물론 형제 사이, 이웃 사이에서 용서와 사랑을 나누며 살아가기를 기대하십니다.

예수님께서 기도를 가르쳐달라는 제자들에게 '이렇게 기도하라'고 말씀해주셨습니다.

> "… 우리가 우리에게 죄 지은 자를 사하여 준 것 같이 우리 죄를 사하여 주시옵고…"(마 6:9~13)

또 형제와 이웃을 사랑하는 방법으로 그들을 용서하되 일곱 번을 일흔 번까지라도 용서하라고 가르쳐주셨습니다.

● 네 번째 포인트
성경의 모든 족보들은 '하나님께서 수고하신 이야기'입니다.

창세기 5장은 아담의 계보가 기록되어 있습니다. 이는 아담의 후손들이 생육하고 번성하여 땅에 충만했음을 말합니다. 하나님께서 수고하시고, 복 주셨기 때문입니다.

하나님께서는 죄지은 아담을 위해 죄 없는 짐승을 잡아 가죽옷을 지어 입혀주시는 수고를 아끼지 않으셨습니다. 그리고 땅에 식물이 나게 하셔서 그 식물을 인간에게 주셨습니다. 그 식물들로 인해 인간들이 이 땅에서 생육하고 번성할 수 있었습니다. 그러므로 성경에 나오는 모든 계보와 족보들은 하나님께서 수고

하신 이야기입니다.

이 사실을 알게 되면 성경에 기록된 여러 족보들이 결코 지루하지 않고, 너무나 재미있는 말씀이라는 사실을 깨닫게 됩니다. 아담의 족보로부터 "아브라함과 다윗의 자손 예수 그리스도의 계보라"(마 1:1)는 예수님의 족보까지, 대를 이어 지속되는 하나님의 은혜를 만나게 될 것입니다.

● 다섯 번째 포인트
주와 같이 길 가는 것, 즐거운 일 아닌가!

정말 주와 함께 동행하는 것만큼 즐거운 일이 또 어디에 있겠습니까. 성경은 에녹이 하나님과 동행한 사람이라고 기록하고 있습니다. 동행자는 먼저 동지, 즉 뜻이 같아야 합니다.

에녹이 하나님과 동행했다는 말 속에는 하나님 쪽에서도, 에녹 쪽에서도 같은 마음을 품고 동행하는 삶을 살았다는 것을 의미합니다. 우리도 하나님과 동지(同志), 동행(同行), 동역(同役)할 수 있습니다. 이는 참으로 복된 일입니다.

성경에는 대략 2,000여 년의 시간과 1,500여 곳의 공간과 5,000여 명의 인간이 등장합니다. 그런데 5,000여 명의 인간은 하나님께 순종한 사람과 불순종한 사람으로 구분됩니다. 하나님의 말씀에 순종하고 하나님과 동행한 에녹, 그리고 노아! 그 멋진 사람 노아는 다음 회에서 만나보겠습니다.

디저트 DESSERT

창조주 하나님, 긍휼의 하나님, 공의의 하나님을 '알고, 믿고, 순종하고, 체험하고, 영광 돌리는 멋진 그리스도인' 곧 '알믿순체영광' 돌리는 그리스도인이 되기를 기도합니다.

3일

노아 홍수, 하나님의 눈물(창 6~9장)

애피타이저 APPETIZER

"누구나 쉽게 성경 1년 1독 할 수 있습니다."

매일 저와 함께 하루 20분만 함께 공부하시면 올 한 해 성경 66권 전체를 역사순으로 1독하고, 성경의 숲 속을 시원하게 산책하실 수 있습니다.

성경통독 BIBLETONGDOK

《일년일독 통독성경》 창세기 6~9장

● 첫 번째 포인트

노아 홍수 때 하늘의 빗방울은 하나님의 눈물이기도 합니다.

에덴동산에서 아담과 하와가 지은 죄에 이어 가인이 아벨을 죽인 사건, 그리고 그 후 계속해서 이어진 인간들의 죄로 인해 세상은 죄악으로 가득하게 되고 말았습니다. 심지어 인간들은 마음으로 생각하는 모든 계획까지도 악했습니다. 그러자 그 모습을 지켜보시던 하나님께서 한탄하시고 근심하십니다.

'한탄하사'는 히브리어로 '인나헴(ינחם)'입니다. 이는 '고통 가운데 깊은 한숨을 내쉬는 비통함'을 말합니다. '근심하시고'는 히브리어로 '아차브(עצב)'입니다. 이는 '심령이 찢어지다, 찢어지는 마음의 고통으로 짓눌리다'는 뜻입니다.

만약 하나님께서 인간들을 사랑하지 않으셨다면 이렇게 고통스럽게 한탄하거나 근심하지 않으셨을 것입니다. 한탄과 근심의 뿌리는 바로 사랑이기 때문입니다.

창세기 1장에서 그렇게 기뻐하시던 하나님의 마음이 창세기 6장에서는 한탄하시고 근심하시는 마음으로 바뀌었습니다. 결국 하나님께서는 창조하신 모든 것들을 땅에서 쓸어버리기로 결정하십니다.

큰 깊음의 샘들이 터지고 하늘의 창문들이 열리면서 40일간 밤낮으로 큰 비가 그치지 않고 내려 온 땅이 물에 잠깁니다. 온 세상을 뒤덮은 그 빗방울은 바로 창조주 하나님이 죄지은 인생들을 바라보시며 한탄하신 속 타는 하나님의 눈물이었습니다.

● 두 번째 포인트
노아는 하나님의 눈물을 그의 이마의 땀으로 닦아냈습니다.

노아 시대는 사람들의 죄악이 세상에 가득하고, 사람들이 생각하는 모든 계획이 항상 악할 뿐이었습니다. 그런데 그러한 시대에 "노아는 여호와께 은혜를 입었더라"(창 6:8)고 말합니다.

이 말은 직역하면 '노아는 여호와의 눈에서 은혜를 찾았다'는 것입니다. 다시 말해 '노아는 하나님의 시선을 의식했고 하나님의 긍휼을 간구했다'는 것입니다.

하나님의 긍휼을 간구한 사람 노아에게 하나님께서는 홍수를 예고하시며, 노아와 그의 가족은 구원해주시겠다는 '언약'을 주십니다. 성경에 언약이라는 말이 이때 처음 등장합니다.

하나님께서 노아에게 주신 '언약'은 히브리어로 '베리트(בְּרִית)'입니다. '베리트'는 '끊다, 쪼개다'는 뜻의 '바라(בָּרָה)'에서 파생한 말입니다. 이는 짐승을 잡아 둘로 쪼갠 후 그 사이를 지나며 맹세했던 고대 언약 체결 관습으로 짐승의 죽음처럼 죽음을 담보하는 의미의 언약을 말합니다. 하나님의 언약을 받은 노아는 생각이나 말뿐 아니라, 온몸을 쓰는 행동 즉, 동사(動詞)로 하나님께 순종한 사람이었습니다.

노아는 세 아들과 함께 방주를 지었습니다. 무거운 고페르 나무를 어깨에 메고 사람들의 조롱과 비웃음을 이기며 땀을 흘렸습니다. 그때까지 세상에는 큰 비가 온 적이 한 번도 없었습니다. 노아는 하나님의 말씀을 믿고 그 말씀을 준행하기 위해 엄청난 수고의 땀을 흘립니다. 하나님의 가슴에 흐르는 눈물을 노아는 땀으로 흘려낸 것입니다.

노아의 동사는 크게 네 가지였습니다.

첫째, 하나님께서 주신 설계도대로 방주 짓기

둘째, 각기 종류대로 동물들을 정하신 수로 데려와 방주에 모두 태우기

셋째, 방주 안에서 사람과 짐승들의 먹을거리를 모으고 저장하기

넷째, 홍수 기간 동안 방주 안에서 동물들을 돌보다가 홍수가 끝난 후 동물들을 모두 방주에서 나오게 하기

노아의 순종처럼, 성경은 언제나 하나님의 말씀에 순종한, 한 사람으로 새 시대가 열리는 것을 보여줍니다. 한 사람의 순종, 그것은 바로 새로운 출발의 중요한 포인트입니다.

● 세 번째 포인트
인간이 무엇으로 하나님을 기쁘시게 할 수 있겠습니까?

피조물인 인간이 하나님을 기쁘시게 할 수 있는 길은 바로 하나님께 올려드리는 '진정한 제사'입니다.

구약의 '제사'를 알아야 신약의 로마서 12장 1절 "그러므로 형제들아 내가 하나님의 모든 자비하심으로 너희를 권하노니 너희 몸을 하나님이 기뻐하시는 거룩한 산 제물로 드리라 이는 너희가 드릴 영적 예배니라"는 말씀을 이해할 수 있습니다.

40일 동안의 홍수가 끝나고 땅에 물이 마른 후 방주 밖으로 나온 노아가 하나님 앞에서 행한 또 하나의 '동사(動詞)'는 바로 하나님께 올려드리는 진정한 제사 '번제'였습니다.

노아의 번제는, 희생제물을 제단 위에서 불살라 그 연기를 하

나님께 올려드리는 '화제(火祭)'였습니다. 노아는 천신만고 끝에 방주에서 소중하게 돌본 생명체 가운데 정결한 것을 골라 하나님께 아낌없이 번제로 드렸던 것입니다.

창세기 3장에 하나님께서 죄지은 아담을 위해 죄 없는 짐승을 잡아 가죽옷을 지어 입혀주신 이야기가 기록되어 있다면, 창세기 8장에는 이렇게 홍수 가운데 하나님의 은혜로 목숨을 건진 노아가 짐승을 잡아 하나님께 번제를 드리는 이야기가 기록되어 있습니다.

노아의 번제는 이후 아브라함의 번제를 거쳐 모세 때에 다섯 가지 제사 즉, 번제, 소제, 화목제, 속죄제, 속건제로 이어지게 됩니다. 그리고 '제사장 나라의 5대 제사'는 예수님의 십자가 사건 이후 '하나님 나라의 예배'로 이어집니다.

● 네 번째 포인트

무지개를 통한 하나님의 새로운 언약 이야기입니다.

노아의 번제를 받으신 하나님께서는 노아에게 다시는 홍수로 땅을 멸하시지 않겠다는 약속의 증표로 무지개를 보여주십니다. 이 무지개 언약은 하나님께서 주시는 은혜의 언약입니다.

통(通)으로 성경을 보면 성경에는 크게 '네 번의 언약'이 나옵니다.

첫 번째 언약은 하나님께서 노아에게 주신 '은혜 언약'입니다. 이 은혜 언약은 하나님의 전적인 은혜로 이루어진 무조건적인 언약입니다. 하나님께서는 이 은혜 언약을 노아에게 주셨고 이후 아브라함과 이삭과 야곱에게 주십니다.

두 번째 언약은 모세 시대에 하나님과 이스라엘 백성 사이에서 체결된 '쌍무 언약'입니다. 쌍무 언약은 은혜 언약과 달리 서로의 의무를 부담하는 조건적인 언약입니다. 하나님께서는 이스라엘 백성들에게 "너희는 내게 대하여 제사장 나라가 되며 거룩한 백성이 되리라"(출 19:6)고 말씀하셨고, 이스라엘 백성들은 하나님께 "명령하신 대로 우리가 다 행하리이다"(출 19:8)라고 서로 계약을 한 언약입니다.

세 번째 언약은 예레미야 때의 '새 언약 예고'입니다. 하나님께서는 새 날이 이르면, 이스라엘 집과 유다 집에 새 언약을 맺으시겠다고 예고하셨습니다.

네 번째 언약은 예수님께서 1,500년 된 유월절을 첫 번째 성찬식으로 바꾸시면서 피로 세우신 '예수님의 새 언약'입니다.

"이 잔은 내 피로 세우는 새 언약이니 곧 너희를 위하여 붓는 것이라"(눅

22:20)

하나님께서는 노아에게 은혜 언약과 함께 "생육하고 번성하여 땅에 충만하라"(창 9:1)는 복을 허락하셨습니다. 이는 하나님께서 또다시 땅에 식물들을 나게 하시고, 그 식물들을 인간에게 주시는 수고를 아끼지 않으시겠다는 약속인 것입니다.

● 다섯 번째 포인트
뒷걸음쳐 들어간 노아의 두 아들 이야기입니다.

노아의 세 아들에게 아버지 노아는 태산과 같이 큰 존재였습니다. 홍수로 세상 모든 사람들이 다 죽을 때 노아는 하나님의 은혜를 입어 자신과 가족 모두를 살려낸 실로 위대한 가장이었기 때문입니다.

홍수 후, 노아의 가족들은 포도 농사를 짓기 시작했습니다. 어느 날 포도주를 많이 마시고 취한 노아가 벌거벗고 자는 모습을 둘째 아들 함에게 보이고 맙니다. 그런데 함은 옷가지나 이불로 덮어드리기보다는 자기 두 형제에게 아버지의 수치를 말합니다. 놀란 셈과 야벳은 아버지의 수치를 가리기 위해 옷을 가져다가 자기들의 어깨에 메고 뒷걸음쳐 들어가 아버지의 부끄러움을 덮습니다.

우리 예수님께서도 우리의 허다한 죄와 허물 그리고 부끄러움을 보혈의 피로 덮어주셨습니다. 예수 그리스도의 십자가는 우리의 죄를 덮으신 하나님의 사랑입니다.

디저트 DESSERT

하나님의 눈물을 땀으로 흘린 순종의 사람 노아, 뒷걸음쳐 들어가 아버지의 부끄러움을 덮은 노아의 두 아들, 그리고 우리 예수님처럼, 하나님의 마음과 눈길이 머무는 곳에 우리의 시선이 머물기를 바랍니다. 또한 다른 사람의 허물을 뒷걸음쳐 들어가 덮어주는 멋진 그리스도인이 되기를 꿈꿉니다.

4일

족보, 약속의 성취 (창 10~11장)

애피타이저 APPETIZER

화살같이 빠르게 지나가는 세월이지만 그 하루하루는 하나님께서 허락하신 복된 날입니다. 세월을 아끼고, 시간을 아껴 하나님의 말씀인 성경을 더욱 가까이하기를 바랍니다.

세상의 뉴스는 우리의 눈과 귀를 사로잡습니다. 그러나 세상의 뉴스보다 먼저 진정한 굿뉴스 '오직 성경'이 우리의 눈과 귀와 생각과 마음에 가득하기를 소망합니다.

성경통독 BIBLETONGDOK

《일년일독 통독성경》 창세기 10~11장

통通으로 숲이야기 ; 통숲 TONG OBSERVATION

● 첫 번째 포인트

노아, 홍수 가운데서도 살아남아 '족보'를 남깁니다.

사실 단단히 마음먹고 올 한 해 성경을 처음부터 끝까지 다 읽어야겠다고 결심하는 분들이 첫 번째 좌절하는 곳이 바로 창세기 10장입니다.

노아 자손들의 이름들이 기록되어 있는 족보를 보면 아무 감동도 없기 때문입니다. 밑줄 칠 곳이 사실 한 절도 없지요. 그러나 다른 모든 성경과 마찬가지로 창세기 10장 또한 은혜롭고, 재미있고 감동 그 자체입니다.

창세기 10장의 진가를 알려면 먼저 창세기 9장 1절을 읽어야 합니다. 노아 시대의 홍수로, 당시 노아의 가족 8명 외에 세상의 모든 사람들이 다 죽었습니다. 그런데 창세기 9장 1절을 보면 하나님께서 홍수 후에 노아와 그 아들들에게 생육하고 번성하며 땅에 충만하라는 복을 주십니다. 사실 이 말씀은 창조 후 하나님께서 아담에게 해주셨던 말씀입니다.

> "하나님이 그들에게 복을 주시며 하나님이 그들에게 이르시되 생육하고 번성하여 땅에 충만하라, 땅을 정복하라, 바다의 물고기와 하늘의 새와 땅에 움직이는 모든 생물을 다스리라"(창 1:28)

사실, 아담은 어차피 자기밖에 없었으니(?) 하나님 말씀대로 생육하고 번성하면 되었습니다.

그러나 노아는 수많은 사람들과 함께 사회생활을 경험했었고 동시대 살았던 모든 사람들이 한꺼번에 다 죽은 이 시점! 마치 무인도에 떨어진 것처럼 자기 가족 8명만 살아남은 이 시점에 하나님께서 생육하고 번성하여 땅에 충만하라는 말씀을 주신 것입니다.

노아는 이 약속을 받고 아담 이상으로 충분히 더 감동했을 것입니다. 그 결과로, 마침내 노아의 가문은 족보를 기록할 정도로 생육하고 번성하게 되었습니다. 정말 하나님께서 주신 약속대로 이루어진 것을 보게 됩니다.

그러니 창세기 10장의 족보는 전체를 다 밑줄 그어야 할 만큼 귀한 말씀입니다. 하나님의 약속이 허공에 흩어지지 않고 역사 속의 현실이 되었다는 것! 정말 놀라운 하나님이십니다.

그 신실하신 하나님이 바로 우리의 아버지이십니다.

● 두 번째 포인트
족보는 하나님의 약속의 성취입니다.

'족보' 하면 지루하다는 생각부터 합니다. 일단 우리는 성경의 족보에 나오는 사람들에 대해 별 관심이 없기 때문입니다. 그리고 발음도 잘 안 되는 그 사람들의 이름들을 다 읽기가 힘이 듭니다.

그러나 만약 그 족보에 여러분들의 이름이 있다고 생각해보십시오. 아마도 내 이름에는 형광펜으로 밑줄을 치고 싶을 것입니다. 이다음에 우리 모두 천국에 가면 노아 가문 사람들도 다 만나게 될 텐데 그분들에게 "성경 66권 중에 가장 은혜로운 곳이 어디입니까?"라고 물으면 아마 그분들은 1초도 망설임 없이 "창세기 10장이 최고지요."라고 엄지척할 가능성이 높습니다.

성경에는 족보가 생각보다 많이 나옵니다. 일단 〈창세기〉만 보아도 아담의 족보, 가인의 족보, 노아의 족보, 셈의 족보, 아브라함의 족보가 나옵니다. 이 지루한 족보를 재미있게 읽는 방법 세 가지를 제시합니다.

첫째, 가령 창세기 10장의 족보를 재미있게 읽으려면 먼저, 창세기 9장 1절을 읽습니다.

둘째, 하나님의 약속이 허공에 흩어지지 않고 역사 속의 한 사람, 한 사람의 현실이 되었다는 것에 초점을 맞춥니다.

셋째, 하나님의 눈길이 머무는 곳은 하늘의 별들보다 터에 무늬를 놓은 한 사람, 한 사람이라는 사실로 족보를 바라보면 됩니다.

인생들 모두는 하나님의 관심의 대상입니다. 하나님께서는 성경 족보에 기록된 한 사람 한 사람을 모두 주목하셨습니다.

♬ 내 이름 아시죠 내 모든 생각도
내 흐르는 눈물 그가 닦아주셨죠 ♬

감사 그 자체입니다.

● 세 번째 포인트

하나님의 뜻은 '가라(go)'입니다.

바벨탑 사건에는 '세 가지 헛소리'가 들어 있습니다.

첫째, 탑 꼭대기를 하늘에 닿게 하자.

둘째, 우리의 이름을 내자.

셋째, 흩어짐을 면하자.

하나님께서는 하나님의 형상을 닮은 인간들이 온 지면 곳곳으로 퍼져서 하나님이 베푸신 복과 은혜를 널리 알리며 살기를 원하셨습니다. 그런데 노아 이후 다시 많아진 사람들은 하나님의 뜻과는 반대로 흩어짐을 면하고자 했습니다. 즉, 하나님의 말씀에 불순종하고 교만하였으며 스스로 높아지려고 했습니다.

사람들의 교만은 결국 바벨탑을 쌓았습니다. '바벨(בבל)'은 '섞다', '섞이다'라는 뜻의 '발랄(בלל)'에서 파생된 말로 '혼란'이라는 뜻입니다. 여기에서 언어의 혼잡이 유래됩니다.

사람들이 바벨탑을 쌓기 시작하며 세 가지 헛소리를 하자 하나님께서는 그들의 언어를 혼잡하게 하셨습니다. 스스로 흩어지기를 거부한 그들의 언어를 혼잡하게 하심으로 사람들을 온 지면으로 흩으신 것입니다.

하나님의 뜻은 언제나 정해주신 방향, 그곳으로 '가라'입니다. 이를테면 온 지면으로 흩어져라. 그 다음, 지시할 땅 가나안으로 가라. 큰 민족을 이루기 위해 애굽으로 내려가라. 출애굽하여 약속의 땅, 가나안으로 가라. 70년 동안 바벨론 포로로 가라. 다시 예루살렘으로 가라. 그리고 예수님의 십자가 사건 이후 "땅 끝으로 가라."입니다.

하나님께서 바벨탑 사건으로 언어를 혼잡하게 하셔서 사람들을 흩으셨지만 오순절 성령 강림 때에는 각 나라 사람들이 각기 다른 말을 하는데도 모두 알아듣게 하십니다. 각 나라 사람들이 각기 다른 말을 하여도 모두 알아듣게 하신 말씀은 다름 아닌, 바로 하나님의 큰일 '예수님의 십자가 이야기'였습니다.

● 네 번째 포인트

노아의 큰아들 셈의 족보는 노아의 번제가 아브라함에게 학습되어졌다는 것을 충분히 짐작케 합니다.

노아의 큰아들 셈의 족보를 통해 하나님의 견고한 구원 계획을 봅니다. 바벨탑 사건 속에서 하나님께서는 새 시대를 위한 한 사람 아브라함을 준비하십니다.

사실 우리는 숫자에 연연합니다. 숫자의 많고 적음에 따라 힘이 생기기도 하고 힘이 빠지기도 합니다. 그러나 하나님께서는 각 시대마다 노아, 아브라함, 모세, 사무엘, 다윗 등 '한 사람'이 준비되면 새 시대를 여십니다. 어느 시대든지 하나님께 순종하는 한 사람이 세워지면 세상이 바뀝니다.

아브라함은 유프라테스강과 티그리스강 사이의 비옥한 땅

갈대아 우르에서 살고 있었습니다. 그런데 하나님께서는 아브라함에게 고향, 친척, 아버지의 집을 떠나 '보여줄(지시할) 땅'으로 가라고 명령하십니다. 그러자 아브라함이 하나님의 명령에 순종하여 갈대아 우르를 떠납니다. 그리고 아브라함은 삶의 장소를 옮길 때마다 하나님께 제단을 쌓고 번제를 드립니다. 이는 노아의 번제가 아브라함에게까지 학습되었다는 사실을 짐작케 하는 대목입니다.

● 다섯 번째 포인트
세계 공용어는 '오직 성경'입니다.

21세기 현재, 세계에는 대략 230여 개의 나라와 6,800여 개 정도의 언어가 있다고 합니다. 이렇게 많은 언어가 세상에 존재하는 것은 바로 바벨탑 사건 때문입니다.

그런데 놀라운 사실은 온 세계 그리스도인의 언어는 오직 한 가지 '성경'이라는 사실입니다. 하나님께서 하나님을 드러내신 계시의 책은 바로 '성경'입니다. 그러므로 계시가 없다면 성경도 없고 성경이 없다면 신학도 없습니다.

우리 피조물들은 오직 성경으로만 하나님의 계시(하나님의 뜻)

를 알 수 있습니다. 모든 그리스도인은 '성경'이라는 세계 공용어를 가지고, 수많은 세계 언어들을 통하여, 하나님의 큰일 즉 '예수님의 십자가 이야기'를 전해야 합니다.

디저트 DESSERT

하나님께서는 오늘도 성경을 통해 우리의 나아갈 바를 밝히 보이십니다. 하나님께서 우리에게 '가라'고 지시하시는 삶의 방향은 오직 하나님의 말씀인 성경에 기록되어 있습니다.

5일

아브라함, 세계 최초 야습 승리 (창 12~14장)

애피타이저 APPETIZER

저는 매일 소박한 식탁을 앞에 두고 일용할 양식을 주신 하나님께 감사를 드립니다. 그리고 이 시간 양식이 없어 굶주리는 우리의 이웃들에게도 하나님께서 일용할 양식 주시기를 기도합니다. 사람들은 일주일, 한 달, 그리고 그 이상의 것을 쌓아둘 때 행복할 것이라고 생각합니다. 그러나 예수님께서 우리에게 가르쳐 주신 기도는 하늘 아버지께 일용할 양식을 구하라는 것입니다.

매일 우리에게 일용할 양식을 주시는 하늘에 계신 우리 아버지! 그분께 감사와 찬송과 영광을 올립니다.

매일 우리 영혼이 하나님을 송축하기를 소망하며 굿뉴스! '하나님의 복된 소식' 성경으로 행복한 날 되기를 소망합니다.

성경통독 BIBLETONGDOK

《일년일독 통독성경》 창세기 12~14장

통通으로 숲이야기 ; 통숲 TONG OBSERVATION

● 첫 번째 포인트

성경은 한마디로, '아브라함과 다윗의 자손 예수 그리스도의 세계' 입니다.

창세기 1장에서 11장까지는 원역사 즉, 역사 이전의 역사 'pre-history'입니다. 원역사는 때와 장소들을 정확하게 서술하지는 않습니다. 그런데 오늘부터는 역사적인 '역사'가 시작됩니다. 바로 하나님의 역사 이야기입니다.

하나님의 역사란, 사람들이 땅에서 하나님의 뜻에 동참한 이야기입니다. 하나님의 역사를 기록한 이 성경에는 대략 2,000여 년의 시간, 1,500여 곳의 공간과 5,000여 명의 인간이 등장합니다. 2,000년의 시간에는 '자손' 이야기가 들어 있습니다. 1,500곳의 공간에는 '땅' 이야기가 들어 있습니다. 그리고 5,000명의 인간 이야기 속에는 하나님께 순종한 사람들과 하나님께 불순종한 사람들이 들어 있습니다.

창세기 12장에 등장한 아브라함은 성경에 기록된 5,000명의 인간 가운데 하나님께 순종한 대표적인 하나님의 사람입니다. 그리고 아브라함은 '믿음의 조상'입니다. 그러니 우리는 '순종과 믿음' 하면 바로 아브라함이 생각나야 합니다.

하나님께서 아브라함을 얼마나 좋아하셨는지 창세기 18장에 보면 "여호와께서 이르시되 내가 하려는 것을 아브라함에게 숨기겠느냐"(창 18:17) 그리고 이사야 41장에 "그러나 나의 종 너 이스라엘아 내가 택한 야곱아 나의 벗 아브라함의 자손아"(사 41:8) 라고 말씀하셨습니다.

아브라함에 대해 앞으로 계속해서 자세히 살펴보겠지만 아브라함에 대한 최고의 평가는 마태가 우리 예수님을 소개하면서 "예수님은 아브라함의 후손이야. 그리고 예수님은 다윗의 후손이야."라고 자랑스럽게 아브라함의 이름을 언급한 것입니다.

● 두 번째 포인트

아브라함은 하나님의 역사 속에서 '순종의 아이콘'이 되었습니다.

세상에서 월등하게 뜨는 사람을 '스타'라고 말합니다. 그리고 스타 위에 스타가 있는데, 그 사람을 '레전드' 즉, '전설'이라고 부릅니다. 그런데 또 전설 위에 전설이 바로 '아이콘(icon)'입니다. 아브라함은 순종에 있어 스타를 넘어, 전설을 넘어, 아이콘입니다. 순종의 아이콘 아브라함! 세상을 이기는 놀라운 힘, 믿음은 순종으로 표현됩니다.

하나님을 믿는 아브라함은 하나님의 말씀에 순종하여 자기가 살던 곳을 떠나 하나님께서 '보여줄 땅'으로 떠났습니다. 아브라함의 첫 번째 순종을 통하여 하나님과 아브라함의 깊은 관계 맺기의 첫 단추가 잘 채워집니다. 순종과 그 순종에 의한 실천이 사건을 일으킵니다.

창세기 12장 4절에 "아브라함이 여호와의 말씀을 따라갔고…", '따라갔고'라는 동사 안에는 하나님의 말씀에 순종하여 짐을 꾸리고 발걸음을 옮기는 '아브라함의 땀'이 들어 있습니다.

성경을 통독하면서 우리는 '땀' 흘리는 '동사'들을 놓치지 말아야 합니다. 믿는 자의 땀 흘림은 시대를 움직이는 동력이기 때문입니다.

● 세 번째 포인트

세계 최초 '아브라함의 야습'은 이후 기드온 야습의 '교본'이 됩니다.

전쟁사에서 기원전 5세기 페르시아 제국이 야습을 처음 시도했다고 기록하고 있습니다. 그런데 기원전 20세기에 아브라함이 318명의 훈련된 병사들을 데리고 자기 조카 롯을 구하는 전쟁에 가담하여 기습과 야습을 감행했다고 성경에 기록되어 있습니다.

성경에는 창세기 14장에서부터 벌써 인간들의 '전쟁사'가 나옵니다. '믿음의 조상'이자 '순종의 아이콘'인 아브라함이 전쟁에 가담하게 된 이유는 조카 롯 때문이었습니다.

아브라함은 갈대아 우르에서 하란을 거쳐 가나안땅에 이르기까지 조카 롯과 함께했습니다. 가나안에 들어와 아브라함과 롯, 모두 큰 부자가 되었습니다. 그러자 아브라함과 롯은 한집에 살기 어렵게 되었습니다. 이때 아브라함은 조카 롯에게 "네가 좌하면 나는 우하고 네가 우하면 나는 좌하리라"(창 13:9)라며 양보를 제시했습니다.

그렇게 해서 아브라함의 조카 롯이 먼저 선택한 땅이 소돔과 고모라였던 것입니다. 당시 소돔과 고모라는 젊은이들이 많이 거주하는 아주 '핫(hot)'한 곳이었다고 합니다. 그런데 소돔과 고모라의 실상은 사실 '빛 좋은 개살구'였습니다.

사해 근방의 소돔을 비롯한 고모라, 아드마, 스보임, 벨라라는 5개 도시국가는 사실 12년 동안이나 앗수르 4개 도시국가인 시날, 엘라살, 엘람, 고임에 조공을 바치는 나라였습니다. 그런데 조공을 바치던 13년째 되던 해에 앗수르 왕에게 바치던 조공을 중단했습니다. 그러자 곧바로 전쟁이 발발했습니다.

앗수르 4개 도시국가는 유인과 매복 전술로 소돔과 고모라 등의 도시국가들을 완벽하게 제압했습니다. 그리고 수많은 전리품과 노예들을 이끌고 자국으로 돌아가고 있었습니다. 이때 아브라함이 잡혀간 롯을 구하기 위해 평소 집에서 강하게 훈련시켰던 318명을 이끌고 전쟁에 가담하여 기습과 야습으로 전쟁의 승패를 바꾸어놓았던 것입니다.

이후 사사 시대에 기드온이 미디안과의 전쟁에서 아브라함의 야습을 따라합니다. 기드온의 야습은 아브라함의 야습에 횃불과 나팔과 항아리로 업그레이드를 한 것입니다. 그래서 전쟁사에서 길이 남을 놀라운 승리를 했습니다.

● 네 번째 포인트

아브라함이 제사장 멜기세덱의 '전쟁 해석'에 동의합니다.

전쟁에 승리한 아브라함은 떡과 포도주를 가지고 아브라함을 맞으러 나온 하나님의 제사장 살렘 왕 멜기세덱을 만나 축복을 받고 전리품의 십분의 일을 제사장에게 바칩니다.

이 사건은 이후에 시편과 히브리서에 표현된 대로 "멜기세덱의 서열에 따라 영원한 제사장"(시 110:4; 히 7:17)이 되시는 예수님 그리고 떡과 포도주로 "나를 기념하라"(눅 22:19)라고 하신 성찬식과 연결이 됩니다.

그리고 아브라함의 이 전쟁은 이후 다윗에게 "전쟁은 여호와께 속한 것"(삼상 17:47)이라는 아주 중요한 가르침이 되었습니다.

● 다섯 번째 포인트

아브라함은 물질 처리 방식 세 가지를 가르쳐주고 있습니다.

첫째, 아브라함은 조카 롯과의 혈연관계에 있어서 "네가 좌하면 나는 우하고 네가 우하면 나는 좌하리라"(창 13:9) 이렇게 양보하며 살았습니다.

둘째, 아브라함은 하나님과의 관계에 있어서 수고의 분복으로 하나님께 최초의 십일조를 바쳤습니다. 십일조는 하나님께 감사를 표한 것이고, 멜기세덱의 제사장 직분을 인정한 것입니다.

셋째, 아브라함은 이웃과의 관계에 있어서 소돔 왕에게 "네게 속한 것은 실 한 오라기나 들메끈 한 가닥도 내가 가지지 아니하리라"(창 14:23)라고 말하며 자기가 수고한 것이 아닌 남의 것은 취하지 않았습니다.

'들메끈'은 보잘것없는 사소한 것을 상징합니다. 이는 아브라함이 이웃과의 관계에서 얼마나 청렴했는지를 보여줍니다.

디저트 DESSERT

아브라함은 하나님을 알고, 믿고, 순종하고, 체험하고, 하나님께 영광을 돌린 '영적인 하나님의 사람'이었습니다. 우리도 영적인 하나님의 사람이 될 수 있습니다. 성경을 통해 날마다 하나님을 알아가고 있기 때문입니다.

6일

무지개, 할례, 언약궤, 십자가(창 15~17장)

애피타이저 APPETIZER

성경으로 이렇게 매일 행복할 수 있다는 것이 참으로 감사하고 감격스럽습니다.

물이 바다 덮음 같이 하나님의 말씀이 온 세상에 가득하기를 오늘도 소망하며 굿뉴스! '하나님의 복된 소식' 성경으로 행복한 하루를 시작하겠습니다.

성경통독 BIBLETONGDOK

《일년일독 통독성경》 창세기 15~17장

통通으로 숲이야기 ; 통숲 TONG OBSERVATION

● 첫 번째 포인트

이삭의 출생으로 하나님의 계획 '모리아산 번제'가 준비됩니다.

다메섹 엘리에셀도 아니고, 이스마엘도 아니고 … 하나님께서 아브라함에게 끝내 '이삭'을 주신 이유는 하나님의 계획 '모리아산 번제'를 위한 큰 밑그림이었습니다.

하나님께서 주신 '땅과 자손에 대한 약속'을 믿으며 순종의 삶을 살아가던 아브라함은 가나안 전쟁 후 보복의 두려움과 함께 나이가 들어가는데도 자손이 생기지 않자 점점 두려워졌습니다. 그러자 하나님께서 말씀하십니다.

"두려워하지 말라 나는 네 방패요 너의 지극히 큰 상급이니라"(창 15:1)

아브라함이 두려워하고 있을 때, 이후 여호수아가 두려워하고 있을 때 그들에게 찾아오셔서 "두려워하지 말라."라고 말씀하십니다. 하나님은 하나님의 사람들이 두려워할 때, 이렇게 친히 찾아주셔서 언제나 든든한 방패가 되어주시고 사명을 주심으로 오히려 큰 상급을 받을 기회를 만들어주십니다. 이것이 성경 속 하나님의 사람들을 통해 우리가 '용기'를 가지게 되는 이유입니다. 이제 아브라함이 자신이 두려워하는 문제에 대해 하나님께 여쭈었습니다.

> "나는 자식이 없사오니 나의 상속자는 이 다메섹 사람 엘리에셀이니이다"(창 15:2)

당시 고대 근동의 관습대로라면, 후사가 없는 가정에서는 종을 양자로 삼는데 아브라함은 다메섹 사람 엘리에셀을 자신의 후사로 염두에 두었던 것입니다. 그런데 하나님의 대답은 "네 몸에서 날 자"(창 15:4)라는 것입니다. 그리고 아브라함의 자손이 '셀 수 없는 하늘의 뭇별처럼 많아질 것'이라고 말씀하십니다.

아브라함은 이러한 하나님의 말씀을 믿었습니다. 여기에서 아브라함의 '믿음'은 히브리어 '아만(אמן)'에서 유래한 단어로 이는 양육, 보존, 의탁, 신뢰를 뜻합니다. 하나님의 말씀을 믿는 '믿음'은 인간이 의롭게 되는 유일한 방법입니다.

한편, '아브라함의 몸에서 날 자'라는 하나님의 말씀에 대해 아브라함의 아내 사라는 당시 고대 근동의 관습으로 이 문제를 해결해보려고 시도합니다.

즉, 자신의 여종 하갈을 통해 아브라함의 후사를 얻고자 했습니다. 이 일은 실행으로까지 옮겨져 이스마엘이 태어나고, 결국 아브라함 가정에 더 큰 문제가 되고 맙니다. 하나님의 약속을 믿고 기다리는 중에 이렇게 인간적인 방법들이 동원되기도 했습니다만 하나님의 뜻은 아브라함을 '모든 민족의 아버지'로 사라를 '모든 민족의 어머니'로, 삼으시고자 했던 것입니다.

그래서 아브라함이 99세에 하나님과의 언약을 징표로 할례를 행한 후에 아브라함이 100세 때 사라를 통해 '약속의 아들' 이삭을 태어나게 하십니다. 이제 드디어 하나님의 계획 '모리아산 번제'가 준비되어졌습니다.

● 두 번째 포인트
창세기 15장의 약속은 출애굽기 1장에서 성취됩니다.

창세기 15장에서의 하나님의 약속, 즉 '셀 수 없는 하늘의 뭇별'은 출애굽기 1장에서 이스라엘 자손이 '생육하고 불어나 번성하여 온 땅에 가득하게 되었다'는 말씀으로 성취됩니다. 하나님께서 아브라함에게 '자손과 땅'에 대한 약속을 다시 한번 주십니다.

그러자 아브라함이 질문합니다.

"내가 이 땅을 소유로 받을 것을 무엇으로 알리이까"(창 15:8)

하나님께서 말씀하십니다.

"삼 년 된 암소와 삼 년 된 암염소와 삼 년 된 숫양과 산비둘기와 집비둘기 새끼를 가져올지니라"(창 15:9)

아브라함은 그 모든 것을 가져와 중간을 쪼개서 하나님 앞에 두고 지키기 시작했습니다. 그런데 하나님께서 아브라함을 깊이 잠들게 하시더니 아브라함에게 그의 후손들이 400년 동안 이방에서 객이 될 것과 그 후에 그들이 다시 이 땅에 돌아오게 될 것을 말씀해주셨습니다.

이 말씀은 아브라함에게 요셉의 입(入)애굽과 모세의 출(出)애굽의 '400년의 밑그림'을 크게 보여준 것입니다.

그리고 하나님께서는 아브라함에게 애굽강에서부터 큰 강 유브라데까지 아브라함의 후손들이 차지할 땅이라고 말씀해주셨습니다. 그 지역은 당시 가나안 7족을 포함한 열 개 부족들이 살고 있던 땅이었습니다.

이후 야곱의 70명의 가족들보다 본의 아니게(?) 먼저 선발대로 애굽에 들어간 요셉이 그 형들에게 "나를 이리로 보낸 이는 당신들이 아니요 하나님이시라"(창 45:8)라고 말했던 것은 요셉이 그의 증조부 아브라함에게 주신 이 '하나님의 약속'을 이미 알고 있었다는 증거입니다.

● 세 번째 포인트
땅에 대한 약속은 아브라함, 모세, 다윗까지 3차에 걸쳐 성취됩니다.

하나님은 아브라함에게 약속의 땅 가나안과 관련하여 네 번이나 말씀하셨습니다.

첫째, 갈대아 우르에서, "보여 줄 땅으로 가라"(창 12:1)

둘째, 가나안에 도착했을 때, "내가 이 땅을 네 자손에게 주리라"(창 12:7)

셋째, 조카 롯이 떠난 후 "너는 일어나 그 땅을 종과 횡으로 두루 다녀 보라 내가 그것을 네게 주리라"(창 13:17)

넷째, 조카 롯을 구출한 후 "내가 이 땅을 애굽 강에서부터 그 큰 강 유브라데까지 네 자손에게 주노니"(창 15:18)

결국 하나님의 이 약속은 500년 후 모세 때에 가나안땅의 동서남북 경계가 만들어지고 1,000년 후 다윗과 솔로몬 때에 완전하게 성취되었습니다.

● 네 번째 포인트

성경에서 중요한 언약의 징표 네 가지는 즉, 무지개, 할례, 언약궤, 십자가입니다.

첫째, 하나님께서 노아 홍수 이후 언약의 징표로 '무지개'를 주셨습니다.

둘째, 하나님께서 아브라함에게 언약의 징표로 '할례'를 행하게 하셨습니다. 할례의 시작은 이삭이 출생하기 1년 전, 아브라함이 '즉시' 시행하였습니다. 할례의 끝은 사도행전 '제1차 예루살렘 공의회' 결의 후 '즉시' 종료되었습니다.

셋째, 하나님께서 모세 때에 이스라엘 백성들과 '제사장 나라 언약'을 맺으시고 징표로 '언약궤'를 만들게 하셨습니다.

넷째, 하나님께서 우리 모든 인간의 죄를 사하여 주시는 징표로 예수님의 '십자가'를 주셨습니다.

● 다섯 번째 포인트

"그 이름을 이삭이라 하라." & "그 이름을 예수라 하라."

아기가 태어나기 전에 이름을 짓는 경우도 있지만 일반적으로 아기가 태어나면 이름을 짓습니다. 야곱의 열두 아들의 이름도 그들이 모두 태어나고 난 후에 지어졌습니다. 모세의 경우는 '물에서 건져냈다'는 뜻인데 생후 3개월이 지나 애굽 공주에 의해 지어졌습니다. 그런데 이삭은 태어나기도 전에 하나님께서 이름을 지어주셨습니다.

"네 아내 사라가 네게 아들을 낳으리니 너는 그 이름을 이삭이라 하라" (창 17:19)

마찬가지로 우리 예수님도 태어나시기 전에 하나님께서 가브리엘 천사를 통해 예수님의 이름을 지어주셨습니다.

"보라 네가 잉태하여 아들을 낳으리니 그 이름을 예수라 하라"(눅 1:31)

이삭과 예수님의 이름이 중요한 이유에 대해서는 모리아산 번제에서의 이삭과 갈보리산의 예수님의 십자가 이야기 때 자세하게 다시 한번 설명하겠습니다.

디저트 DESSERT

하나님의 사람 아브라함은 하나님의 말씀을 듣고, 믿고, 순종함으로 의인이 되었다고 성경은 기록하고 있습니다. 성경이 말하는 의인은 도덕적인 성인군자를 말하는 것이 아닙니다. 성경의 의인은 아브라함처럼 하나님의 말씀을 듣고, 믿고, 순종하는 사람입니다.

우리도 아브라함처럼 하나님을 기쁘시게 하는 믿음과 순종의 사람이 되기를 꿈꿉니다.

7일

'나라'는 왜 필요한가? (창 18~21장)

애피타이저 APPETIZER

세상에서 보내는 매일의 삶은 힘들고 고단할 수 있습니다. 그러나 지금 이 시간에도 하나님 우편에서 우리를 위해 기도하시는 예수님을 생각하며 오늘도 힘차게 용기 내기를 소망합니다.

성경통독 BIBLETONGDOK

《일년일독 통독성경》 창세기 18~21장

● 첫 번째 포인트

아브라함 '개인'과 그의 '가정'을 선택하신 이유는 의와 공도의 '나라'를 세우시기 위함이었습니다.

성경은 개인, 가정, 그리고 나라 이야기를 통(通)으로 담고 있습니다. 모세가 태어난 지 석 달 만에 갈대 상자에 놓인 것은 분명 '모세 개인'의 일입니다. 동시에 아버지는 갈대 상자를 만들고, 어머니는 태웠으며, 누나가 망을 봄으로써 완벽하게 뜻이 잘 맞고 화목했던(?) '모세의 가정' 이야기이기도 합니다. 그런데 그 가정이 죽을 확률 99%인 갈대 상자에 어린 모세를 태운 이유는 무엇입니까? 그것은 그 가정이 민족은 이루고 있으나 '나라'를 가지지 못했기 때문입니다.

예수님께서 베들레헴에 태어나신 것은 예수님의 '개인 이야기'입니다. 동시에 요셉과 마리아와 함께한 '가정 이야기'입니다.

그런데 베들레헴까지 가서 예수님이 탄생하신 이유는 무엇입니까? 그것은 로마 제국이 모든 식민지 백성들에게 고향에 가서 호적을 하라고 했기 때문입니다. 즉 로마 제국과 유대 '나라' 이야기가 예수님의 탄생 이야기와 함께합니다.

또 '나라' 이야기를 크게 구분하면, 구약성경은 '제사장 나라'입니다. 그리고 신약성경은 '하나님 나라'입니다.

하나님께서는 제사장 나라의 언약에서 하나님 나라의 새 언약으로 가는 세계 경영 과정에서 '5대 제국' 즉 앗수르, 바벨론, 페르시아, 헬라, 로마 제국을 사용하십니다. 이처럼 성경은 개인과 가정과 나라 이야기를 통(通)으로 담고 있습니다.

하나님께서 아브라함을 선택하신 이유는 아브라함을 통해 의와 공도의 '나라'(창 18:19)를 세우고자 하심이었습니다. 그리고 하나님의 계획인 '의와 공도의 나라'를 위해 이삭은 태어난 지 8일째 되던 날 할례를 통해 믿음을 학습받기 시작했습니다.

이삭은 아버지 아브라함의 충분한 사랑을 받으며 자랐습니다. 그리고 이삭은 아버지로부터 하나님께 올려드리는 제사, 번제를 잘 배웠습니다. 그렇게 이삭은 청소년이 되기까지 하나님의 계획에 따라 '모리아산 번제 시험'으로 준비되고 있었던 것입니다.

● 두 번째 포인트

하나님께서는 인생들에게 회개할 기회를 주시기 위해 심판을 유보하고 싶어 하십니다.

소돔과 고모라의 멸망을 아브라함보다 더 막고 싶으셨던 분은 하나님입니다. 소돔과 고모라 성안에서 의인을 찾으면 멸하지 않겠다고 한 번, 두 번, 세 번 거듭 말씀하시는 하나님의 대답 속에서 할 수만 있다면 심판을 유보하고 싶어 하시는 하나님의 마음을 충분히 짐작할 수 있습니다.

하나님께서 소돔과 고모라와 같이 죄악이 가득한 곳까지도 심판을 유보하고 싶어 하신 이유는 그들에게까지도 회개할 기회를 주시고자 함입니다.

에스겔 선지자를 통해 하나님의 마음을 드러내신 적이 있습니다.

> "나는 악인이 죽는 것을 기뻐하지 아니하고 악인이 그의 길에서 돌이켜 떠나 사는 것을 기뻐하노라 이스라엘 족속아 돌이키고 돌이키라 너희 악한 길에서 떠나라 어찌 죽고자 하느냐"(겔 33:11)

아브라함은 소돔과 고모라를 구하기 위해 하나님께 기도하며 하나님을 '주'라고 부릅니다. 여기에서 '주(אדני)'는 주권자, 통치자라는 뜻으로 아브라함이 하나님의 주권을 철저히 인정하고 있음을 보여줍니다. 그리고 아브라함은 하나님 앞에서 자신을 티끌이나 재와 같다(창 18:27)며 낮춥니다.

'티끌'은 히브리어로 '아팔 와에펠(עפר ואפר)'인데 이는 자신의 존재 가치를 철저히 부정하는 최대의 겸손을 나타내는 것입니다. 그러나 이와 같은 하나님과 아브라함의 안타깝고 슬픈 흥정(?)에도 불구하고 결국 소돔과 고모라는 공의의 하나님으로부터 그들의 죄에 대해 처벌을 받게 됩니다.

소돔에 살던 롯의 가정이 내린 세 가지 어리석은 선택이 성경에 기록되어 있습니다.

첫째, 롯의 어리석은 선택입니다. 롯은 아버지와 같은 아브라함이 양보하며 땅을 먼저 선택하라고 했을 때에 여호와의 동산 같고 애굽땅과 같이 보였던 소돔과 고모라를 선택했습니다.

둘째, 롯의 아내의 어리석은 선택입니다. 롯의 아내는 소돔과 고모라가 멸망할 때 재물에 대한 욕심 때문에 뒤를 돌아보는 선택을 하므로 소금 기둥이 되었습니다.

셋째, 롯의 두 딸들의 어리석은 선택입니다. 롯의 두 딸들은 소돔과 고모라의 방식을 따라 자손을 보는 어리석은 선택을 했습니다. 이후 큰딸의 아들은 모압의 조상이 되고, 작은딸의 아들은 암몬 자손의 조상이 됩니다.

● 세 번째 포인트
아브라함의 실수를 하나님께서는 뒷걸음쳐 들어가 덮어주십니다.

아브라함이 같은 실수를 두 번이나 반복했습니다. 그 이유는 너무나 아름다운 아내를 두었기 때문입니다. 아브라함은 가나안에 정착해 사는 동안 흉년이 들자 한 번은 애굽으로, 또 한 번은 블레셋으로 잠시 살기 위해 내려간 적이 있었습니다. 그때마다 아브라함의 가장 큰 걱정은 아름다운 아내 사라였습니다. 그래서 아브라함이 짜낸 꼼수가 바로 자기 아내를 누이라고 말한 것이었습니다. 아브라함이 애굽 왕 바로를 만나기 전에 사라에게 말합니다.

"그대는 나의 누이라 하라"(창 12:13)

그리고 블레셋의 그랄 왕 아비멜렉에게도 "나의 누이라."라고 말한 것입니다(창 20:2).

아브라함이 걱정했던 대로 사라의 미모는 가는 곳마다 문제였습니다. 그런데 사라를 누이라고 속인 것은 더 큰 문제를 일으켰습니다. 문제가 너무 커지자 하나님께서는 직접 개입하셔서 아브라함의 실수를 뒷걸음쳐 들어가 덮어주십니다.

● 네 번째 포인트
하나님과 아브라함 가정의 웃음, 그가 바로 '이삭'입니다.

아브라함과 사라의 길고 긴 기다림 끝에 드디어 그 가정이 이삭이라는 열매를 얻게 되었습니다. 사라는 처음에 "아들이 있을 것이다."라는 천사의 말을 듣고 속으로 웃었습니다. 그런데 1년 후 정말 그녀의 품에 아들을 안고는 진정한 웃음을 짓습니다. 그래서 이삭의 이름 뜻이 바로 '웃음'입니다.

하나님께서는 특별히 이삭의 이름과 예수님의 이름을 친히 지어주셨습니다. 그리고 이삭과 예수님을 첫째, 정하신 때에, 둘째, 초자연적인 방법으로 이 땅에 태어나게 하셨습니다. 이는 이삭과 예수님을 향한 하나님의 특별한 뜻과 계획이 있으셨기 때문입니다. 그것은 '모리아산 번제'와 '갈보리산 번제'라는 놀라운 하나님의 미래 계획입니다.

● 다섯 번째 포인트

하갈에게도 광야 샘물을 보게 하십니다.

아브라함 가정에 이삭이 태어난 일은 정말 기쁘고 감사한 일이었습니다. 그런데 이삭이 태어나기 전에 하갈을 통해 태어난 이스마엘이 문제였습니다. 우리가 하나님께서 이삭의 생명은 귀히 여기시고 이스마엘의 생명은 경히 여기시나 하는 의문을 가질 수도 있습니다. 그러나 결코 그렇지 않습니다. 하나님께서는 모든 생명을 하나같이 다 소중히 여기십니다. 다만 '모든 민족'을 향한 특별한 '복의 통로'로서의 사명이 이삭에게 있었을 뿐입니다.

하나님께서는 이스마엘을 위해 간절하게 우는 하갈에게 광야에서 샘물을 볼 수 있도록 눈을 밝게 해주셨습니다. 그리고 이스마엘에게도 큰 민족을 이루게 하시겠다는 약속을 주셨습니다.

창세기 25장에 나오는 이스마엘의 족보를 통해 하나님께서 이스마엘에게 주신 약속도 신실하게 지키셨다는 사실을 확인할 수 있습니다.

디저트 DESSERT

신실하신 하나님께서는 '하나님의 때에, 하나님의 사람을 통해서, 하나님의 일'을 하십니다. 그런데 때와 기한은 하나님께 있습니다. 성경을 통해 우리는 '하나님의 사람'의 자리를 꿈꿉니다.

8일

모리아산, 2000년 후 갈보리산 (창 22~24장)

애피타이저 APPETIZER

우리 인생에서 최고의 '그 순간'은 언제입니까? 예수님의 최고의 순간은 십자가에서 "다 이루었다."라고 말씀하신 바로 그 순간입니다.

그렇다면 우리가 함께 만날 아브라함의 그 순간은 언제일까요? 아브라함의 그 순간은 모리아산에서 창조주 하나님의 친구가 되는 바로 그 순간입니다.

성경통독 BIBLETONGDOK

《일년일독 통독성경》 창세기 22~24장

통通으로 숲이야기 ; 통숲 TONG OBSERVATION

● 첫 번째 포인트

하나님께서는 시험장에 아무나 들여보내지 않으십니다.

하나님께서는 아무나 시험하시지 않습니다. 시험을 받을 만한 준비가 된 자, 그리고 시험장에 들어가 진지하게 시험에 응할 만한 성숙한 사람에게 시험을 치르게 하십니다.

성경에 보면, 아브라함, 욥, 훈련받은 60만 명의 만나세대, 다윗, 그리고 우리 예수님께서 시험을 받으셨습니다. 이들은 모두 정말 어려운 고난도의 시험을 멋있게 통과한 하나님의 사람들이고, 하나님의 아들 예수 그리스도이십니다.

하나님께서 아브라함을 시험하셨습니다. 아브라함이 시험을 치를 만한 실력을 갖추었기 때문입니다. 하나님께서 콕 집어 말씀하신 대로 100세에 아브라함에게 주신 '아브라함이 사랑하는 독자 이삭'을 하나님께 번제로 바치라는 시험이었습니다.

하나님께는 시험이었지만 아브라함에게는 실전이었고 현실이었습니다. 그런데 놀랍게도 아브라함은 좌고우면하지 않고 거침없이 하나님께로 전진합니다. 아브라함은 이삭이 자신의 목숨보다 소중한 사랑하는 아들이지만 동시에 이삭이 자신의 소유가 아니라는 사실을 정확하게 알고 있었던 것입니다.

'이삭이 없어지면 하나님의 언약의 성취는 어떻게 되는 것인가?' 하는 신앙적인 갈등도 있었을 것입니다. 그러나 아브라함은 하나님의 요구에 순종하기로 합니다. 즉 요구 사항 그 자체에 집중한 것이 아니라 요구하시는 분이 누구신가에 집중한 것입니다. 이런 아브라함이니 하나님의 시험대에 오를 만합니다.

● 두 번째 포인트
유대인의 가정교육은 아브라함 가정에서 시작되었습니다.

유대인 가정에서는 자녀들이 부모에게 무엇이든지 질문할 수 있다고 합니다. 왜냐하면 유대인 부모들은 자녀들이 하는 어떤 질문도 성경으로 답할 수 있다고 생각하기 때문입니다. 유대인들은 그들의 가정교육의 시작을 아브라함부터라고 말합니다. 아브라함과 이삭의 대화가 유대인 가정교육의 가장 중요한 시작이었습니다. 아버지 아브라함과 아들 이삭이 모리아산으로 올라가면서 대화를 합니다. 아들의 어깨에는 번제에 쓸 나무가, 아버지의 손에는 불과 칼이 들려 있습니다.

이삭이 질문합니다.

"아버지, 번제에 쓸 불과 나무는 있는데 번제할 어린 양은 어디 있습니까?"

이삭의 이 질문은 너무나도 월등하고 영특했습니다. 번제에 대해 그동안 아버지께 잘 배웠기 때문입니다.

그러자 아브라함이 말합니다.

"번제할 어린 양은 하나님께서 친히 준비하실 거야."

놀랍게도 아브라함은 그 중요한 순간에 아들에게 '여호와 이레'를 스스로 고백하고 또한 교육한 것입니다.

● 세 번째 포인트

모리아산 번제는 2,000년 후 갈보리산 번제의 예표였습니다.

아브라함이 번제를 위한 모든 준비를 마칩니다. 그리고 이삭을 결박하여 제단 나무 위에 놓습니다.

이때 이삭은 하나님께서 준비하신 번제의 제물이 '나'라는 사실을 깨닫습니다. 그 순간, 이삭은 아버지의 행동에 순종할 것인지 도망할 것인지 결단해야 합니다.

아브라함은 결박한 이삭의 심장에 드디어 칼을 겨눕니다. 이때 하늘에서 급하게 아브라함을 부르십니다.

"아브라함아 아브라함아!"

"그 아이에게 손을 대지 말라. 아무 일도 하지 말라. 네가 네 아들 독자까지도 내게 아끼지 아니하였으니 내가 이제야 네가 하나님을 경외하는 줄을 아노라."

하나님의 심장이 터지는 순간입니다. 아브라함과 이삭 사이에 절대적인 사랑과 신뢰 그리고 순종이 없었다면 이 모리아산 번제는 없습니다.

절대적으로 하나님을 믿고 순종하는 아브라함과 아버지의 사랑을 믿고 그 아버지에게 순종하는 이삭, 즉 아버지와 아들의 믿음과 순종이 하나님의 가슴을 터지게 만든 것입니다. 그런데 하나님께서 아브라함과 이삭에게 원하신 것은 '거기까지'였습니다. 사실 하나님께서 모리아산에서의 아브라함과 이삭의 번제를 그토록 기뻐하신 이유는 2,000년 후에 모든 인생들을 위한 갈보리산 번제를 준비하고 계셨기 때문입니다.

갈보리산 십자가 번제에서는 하나님 아버지께서 그의 아들 예수 그리스도를 중간에 '스톱(stop)' 없이 끝까지 우리를 위하여 화목제물로 내어주셨습니다. 하나님과 아브라함은 모리아산과 갈보리산에서 서로를 위해 목숨과 같은 아들을 내어주는 경험을 공유했습니다. 그러니 하나님께서 아브라함을 '내 벗, 나의 친구'라고 말씀하신 것입니다.

성경은 한마디로 예수님의 십자가 화목제물을 통한 '하나님의 사랑 이야기'를 인간들에게 알게 하신 책입니다.

> "사랑은 여기 있으니 우리가 하나님을 사랑한 것이 아니요 하나님이 우리를 사랑하사 우리 죄를 속하기 위하여 화목제물로 그 아들을 보내셨음이라"(요일 4:10)

● 네 번째 포인트

아브라함 평생의 동역자 '사라'가 역사에 남긴 소망의 흔적은 두 가지입니다.

먼저, 막벨라굴입니다. 막벨라굴은 아브라함이 가나안땅에서 대가를 지불하고 처음으로 소유를 삼은 땅입니다. 그 막벨라굴에 사라가 묻히고, 아브라함이 묻힙니다. 그리고 이삭이 묻히고, 리브가가 묻힙니다. 이후 그곳에 레아와 애굽에서 죽은 야곱이 묻힙니다. 이처럼 이스라엘에게 '약속의 땅'으로 뿌리가 되는 막벨라굴은 아브라함의 평생의 동역자 사라가 가장 먼저 묻힘으로 시작됩니다.

다음은 사라의 믿음입니다.

'여호와께 능하지 못할 일이 없다'는 것을 보여준 사라가 이후 사무엘의 어머니 한나와 예수님의 육신의 어머니 마리아에게 소망이 됩니다. 하나님께서 사라에게 행하신 일을 지금 자신에게도 행하실 수 있다는 믿음과 기도가 결실을 맺게 한 소망이 된 것입니다. 한나를 통해서는 사사 시대를 종식하고 제사장 나라 미스바세대를 열었던 사무엘을, 마리아를 통해서는 온 세상의 구원 사역을 위해 예수 그리스도를 오시게 한 것입니다.

● 다섯 번째 포인트

다메섹 엘리에셀의 기도는 아브라함에게 배운 기도입니다.

사라가 죽자 아브라함은 이삭을 위해 다메섹 엘리에셀에게 중요한 미션을 맡깁니다. 이삭의 아내를 구해오는 중차대한 일이었습니다. 아브라함은 이 일을 다메섹 엘리에셀에게 맡기며 세 가지를 부탁합니다.

첫째, 가나안 족속에서 택하지 말 것

둘째, 아브라함의 고향, 친척, 족속 가운데 택할 것

셋째, 이삭을 가나안에서 데리고 나가지 말 것

다메섹 엘리에셀은 아브라함의 사자가 되어 이 일을 담당했습니다.

여기에서 '사자'란 히브리어로 '말라크(מלאך)'인데 보냄을 받은 자, 전달자, 천사, 선지자, 제사장의 뜻을 가지고 있습니다. 다메섹 엘리에셀은 하나님의 뜻을 전하는 자, 그리고 실천하는 자가 되어 아브라함의 사자로서 일을 맡았던 것입니다.

창세기 24장을 보면 다메섹 엘리에셀의 기도가 아주 자세히 기록되어 있습니다. 다메섹 엘리에셀의 기도는 세 가지였습니다.

첫째, 이삭의 신붓감은 아브라함과 사라의 사명을 이을 '다음 세대 계승자'가 되어야 한다는 소망으로 기도했습니다.

둘째, 이삭의 아내는 '여호와 이레'의 하나님께서 준비하셨음을 믿고 기도했습니다.

셋째, 하나님께서 준비하신 '그 신붓감'을 우물가 조건으로 만나게 해주시기를 기도했습니다.

다메섹 엘리에셀은 기도를 채 마치기도 전에 응답을 받습니다. 다메섹 엘리에셀의 이 기도는 아브라함에게서 이미 충분히 배웠다는 것을 알 수 있습니다. 그의 기도는 아브라함의 믿음과 순종 그리고 여호와 이레의 삶이 그대로 반영되어 있습니다.

디저트 DESSERT

아브라함은 자신의 목숨보다 더한 아들까지도 기꺼이 하나님께 내어드림으로 하나님의 벗, 친구가 되었습니다.

예수님께서는 우리의 친구가 되어주시겠다고 말씀하십니다. '예수 나의 친구' 이 사실이 정말 우리에게 가장 놀라운 굿뉴스입니다.

9일

'다음 세대' 이삭 (창 25~27장)

애피타이저 APPETIZER

'순종과 양보의 사람 이삭'을 만날 것입니다. 성경을 통해 아브라함과 이삭을 충분히 알아서 천국 가서 그들을 만날 때 나눌 이야기가 참 많았으면 좋겠습니다.

천국에서 성경의 '유명 인사들'을 직접 만나게 되면 얼마나 반가울지 생각만 해도 설렙니다. 그 설렘을 가슴에 담고 1년 365일 차근차근 하나님의 사람들을 만나보도록 하겠습니다.

성경통독 BIBLETONGDOK

《일년일독 통독성경》 창세기 25~27장

통通으로 숲이야기 ; 통숲 TONG OBSERVATION

● 첫 번째 포인트

하나님의 꿈이 아브라함에게서 '다음 세대 이삭'으로 계승됩니다.

아브라함의 신앙이 다음 세대로 계승됩니다. 아브라함은 175세에 하나님의 부름을 받고 사라가 묻혀 있는 막벨라굴에 묻힙니다. 이삭과 이스마엘이 아버지 아브라함의 장례를 함께 치릅니다. 막벨라굴은 아브라함이 사라의 장례를 치르기 위해 대가를 치르고 가나안 사람들에게 산 땅이었습니다.

아브라함은 막벨라굴이 있는 땅, 가나안에 꿈의 기초를 놓고 떠납니다. 그 대단한 사람, 아브라함 이야기는 창세기 12장에서 25장까지 14장으로 아주 짧게 기록되어 있습니다. 그리고 아브라함이 죽은 후, 그의 아들 이스마엘과 이삭의 족보가 등장합니다. 이는 아브라함의 죽음이 끝이 아니라, 새로운 시작이라는 뜻입니다. 즉 이스마엘도 하나님의 말씀대로 한 민족을 이루었고 아브라함의 신앙은 이삭에게 계승되었다는 것을 보여줍니다.

그러므로 하나님의 역사는 아브라함 한 사람에서 시작하여 아브라함의 후손들이 큰 민족을 이루고 그 민족을 통해 '모든 민족'을 복 받게 하시려는 하나님의 일이 계속되는 것을 보여줍니다.

● 두 번째 포인트

이삭은 문제가 생기면 인간적인 방법으로 대안을 찾기보다는 하나님께 간구하고 기다립니다.

아브라함은 75세에서 100세가 되기까지 25년을 기다려 이삭을 그의 품에 안았습니다. 그런데 그 사이에 다메섹 엘리에셀과 이스마엘이라는 대안을 찾았었습니다. 반면, 이삭은 그의 아버지 아브라함의 경우처럼 후손에 대한 두려움이 있었음에도 인간적인 대안을 찾기보다는 하나님께 간구하며 기다리는 방법을 택했습니다.

"이삭이 그의 아내가 임신하지 못하므로 그를 위하여 여호와께 간구하매 여호와께서 그의 간구를 들으셨으므로 그의 아내 리브가가 임신하였더니"(창 25:21)

하나님께서는 이삭의 간구를 들으시고 이삭과 리브가에게

에서와 야곱, 쌍둥이 아들을 주십니다. 그리고 "큰 자가 어린 자를 섬기리라"(창 25:23)라고 말씀하십니다. 하나님의 뜻이 작은아들 야곱이 큰아들 에서를 대신하여 '장자'의 권한을 가지는 것임을 미리 말씀하신 것입니다.

'장자권'은 히브리어로 '베코라(בכרה)'입니다. 이는 '첫 태를 여는 자'라는 뜻으로 가족 대표로서의 권한과 곱절의 재산을 상속받는 권한을 가지는 것입니다.

이 '장자권'의 문제는 결국 에서와 야곱의 갈등을 야기시킵니다. 그러나 장자의 축복을 받은 야곱은 하나님의 예언의 성취이기도 합니다.

● 세 번째 포인트

이삭, '순종'으로 기적을 체험하고 '양보'로 품위를 보여줍니다.

모리아산에서 이삭의 순종은 아들이 아버지에게 그리고 피조물이 창조주 하나님께 할 수 있는 '최상의 순종'을 보여준 것이었습니다. 그 순종의 사람 이삭이 이제 '양보하는 일'로 세상을 또 한 번 크게 놀라게 합니다.

아브라함 때처럼 이삭도 흉년을 맞습니다. 그러자 이삭도 그의 아버지 아브라함처럼 블레셋의 땅 '그랄'로 삶의 거처를 옮깁니다. 하나님께서는 이삭에게 애굽으로 내려가지 말고 지시하는 땅에 거주하라고 말씀하십니다. 그리고 아브라함에게 주셨던 땅과 자손에 대한 말씀을 이삭에게도 해주십니다.

이삭은 하나님의 말씀에 순종하여 애굽으로 내려가지 않고 흉년임에도 그랄에서 농사를 짓습니다. 그러자 하나님께서는 이삭에게 100배의 결실을 맺게 해주셨습니다. 이 100배 결실은 콩 심은 데 콩 난다는 인과율의 법칙이 아닙니다.

자연적 원리를 넘어선 하나님의 직접적인 기적이었습니다. 이삭에게 주신 이 100배의 기적은 이후 요셉이 애굽에서 바로의 꿈을 통한 '7년 풍년과 7년 흉년 문제'를 대처할 때에 "하나님이 그가 하실 일을 바로에게 보이심이니이다"(창 41:25)라고 말한 근거가 됩니다.

풍년과 흉년은 하나님께서 하시는 일이라는 사실을 이삭을 통해 야곱과 그의 아들 요셉까지도 알게 되었던 것입니다. 그렇게 블레셋의 땅 그랄에서 이삭이 100배의 결실을 통해 거부가 되고 점점 창대해지자 그랄 사람들이 아브라함 때에 아브라함의 종들이 파놓은 우물을 흙으로 메워버립니다.

목축업과 농경을 기반으로 하는 사회에서 이는 마치 전쟁을 선포하는 것과 같습니다. 그리고 그것은 그 땅을 떠나라는 의미입니다. 그러자 이삭은 그들과 문제를 일으키지 않으려고 거처를 그랄 골짜기로 옮기고 다시 우물을 팝니다.

그런데 이번에는 그랄의 목자들과 이삭의 목자들이 우물을 가지고 다투는 일이 생깁니다. 그러자 이삭은 그랄의 목자들에게 우물을 양보하고 또다시 우물을 파면서 끝까지 그랄의 목자들과 다투지 않았습니다.

이삭은 언제나 온유함으로 사람들을 대했고 양보로 하나님을 믿는 사람의 고상함과 품위를 보여주었습니다. 결국 아비멜렉과 그의 친구 아훗삿, 그리고 군대 장관 비골이 이삭을 찾아와 말합니다.

> "여호와께서 너와 함께 계심을 우리가 분명히 보았으므로 우리의 사이 곧 우리와 너 사이에 맹세하여 너와 계약을 맺으리라"(창 26:28)

● 네 번째 포인트

'아브라함에서 이삭으로' vs '이삭에서 야곱으로'

아브라함에서 이삭으로의 계승이 순조로운 배턴터치(baton touch)였다면 반면 이삭에서 야곱으로의 배턴터치는 매끄럽지 못했습니다. 그 이유는 이삭과 리브가가 하나님의 말씀에 좀 더 예민하지 못했기 때문입니다.

하나님께서는 이삭과 리브가에게 에서와 야곱 쌍둥이를 주시며 분명히 '큰 자가 어린 자를 섬길 것'이라고 말씀해주셨습니다. 그렇다면 이삭과 리브가는 에서와 야곱을 기르면서 하나님의 말씀과 하나님의 마음을 헤아려 이 문제를 지혜롭게 해결해야 했습니다. 그런데 이삭과 리브가는 각자 자신의 생각대로 에서와 야곱을 편애했습니다.

두 아들 사이에 '장자권 문제'로 갈등의 조짐이 보였음에도 그 문제를 간과했습니다. 결국 이 문제는 두 아들이 한집에 함께 살 수 없게 만들었고 20년 동안이나 형제가 원수처럼 만나지 못하고 따로 살게 만드는 결과를 초래하고 말았습니다.

● 다섯 번째 포인트
아버지의 축복은 아들의 미래 이야기가 됩니다.

성경은 아버지가 아들에게 축복해주는 멋진 장면들이 있습니다. 노아가 셈과 야벳에게, 이삭이 야곱에게, 야곱이 그의 열두 아들에게 축복해줍니다. 결국 아버지들의 축복은 아들들의 미래

이야기가 됩니다.

하나님 아버지께서 하늘 문을 여시고 그의 독생자 예수 그리스도를 기뻐하시면서 말씀하십니다.

"이는 내 사랑하는 아들이요 내 기뻐하는 자니"(마 17:5)

그리고 이어서 우리에게 복을 주십니다.

"너희는 그의 말을 들으라"(마 17:5)

예수님의 복된 말씀을 듣는 것, 오늘 우리의 가장 복된 미래입니다.

디저트 DESSERT

이삭의 '기다림과 순종 그리고 양보'의 모습은 정말 멋있습니다. 오늘 우리도 이삭처럼 하나님의 마음과 생각을 헤아려보고 이웃과의 관계를 잘 만들어보기를 소망합니다.

10일

빈손 야곱, 십일조 언약(창 28~30장)

애피타이저 APPETIZER

인생의 여정 길에 누군가 용기와 꿈을 준다면 정말 행복할 것입니다. 그런데 그분이 하나님이시라면 얼마나 행복하고 감사한 인생이겠습니까?

야곱의 인생을 함께 살펴보며 야곱이 고단한 삶 속에서 어떻게 하나님을 의지하고 하나님의 꿈을 이어갔는지 살펴보겠습니다.

성경통독 BIBLETONGDOK

《일년일독 통독성경》 창세기 28~30장

통通으로 숲이야기 ; 통숲 TONG OBSERVATION

● 첫 번째 포인트

가나안에서 출생한 야곱은 가나안을 '두 번'이나 떠납니다.

한 번은 형 에서를 피해 북쪽 하란으로, 또 한 번은 흉년을 피해 남쪽 애굽으로 떠납니다. 그런데 야곱이 가나안을 떠날 때마다 하나님께서 꿈으로 야곱을 찾아오십니다.

첫 번째는 형 에서를 피해 북쪽 하란으로 도망하던 길에 벧엘에서 돌을 베개 삼고 자면서 야곱이 꿈을 꿉니다. 꿈에 하나님께서 말씀하십니다.

"나는 여호와니 너의 조부 아브라함의 하나님이요 이삭의 하나님이라 네가 누워 있는 땅을 내가 너와 네 자손에게 주리니"(창 28:13)

야곱과 그의 자손에게 가나안땅을 주시겠다고 약속하시며 고향으로 무사히 돌아올 수 있도록 하시겠다는 약속도 주십니다.

여기서 한 가지, 하나님께서 이 약속의 말씀을 주실 때 '나는 아브라함의 하나님, 이삭의 하나님'이라고 스스로 소개(?)하셨습니다. 그런데 이 하나님의 이름은 이후 출애굽할 때 '야곱의 하나님'으로까지 업그레이드되어 '아브라함의 하나님, 이삭의 하나님, 야곱의 하나님'으로 이스라엘 백성에게 다시 소개됩니다.

"하나님이 또 모세에게 이르시되 너는 이스라엘 자손에게 이같이 이르기를 너희 조상의 하나님 여호와 곧 아브라함의 하나님, 이삭의 하나님, 야곱의 하나님께서 나를 너희에게 보내셨다 하라 이는 나의 영원한 이름이요 대대로 기억할 나의 칭호니라"(출 3:15)

오랜 세월이 지난 후, 흉년을 피해 가나안을 떠나 하란과는 정반대 방향 즉 남쪽 애굽으로 떠날 때 브엘세바에서 또 꿈을 꿉니다.

지난 젊은 시절, 형과의 갈등 때문에 가나안을 떠나 하란에 가서 20년을 살았던 야곱은 하나님의 약속대로 다시 가나안으로 돌아왔습니다. 그런데 노년에 야곱은 또다시 가나안을 떠나야 했습니다. 이번에는 살아생전 다시 돌아오지 못할 길이며 죽어서야 돌아올 길을 말입니다.

이때 하나님께서 브엘세바에서 야곱의 꿈으로 찾아오신 것입니다.

"나는 하나님이라 네 아버지의 하나님이니 애굽으로 내려가기를 두려

워하지 말라 내가 거기서 너로 큰 민족을 이루게 하리라"(창 46:3)

그러면서 야곱에게 용기와 확신을 주십니다.

"내가 너와 함께 애굽으로 내려가겠고 반드시 너를 인도하여 다시 올라올 것이며 요셉이 그의 손으로 네 눈을 감기리라"(창 46:4)

● 두 번째 포인트

빈털터리 야곱이 하나님께 십일조를 약속합니다.

야곱은 형 에서를 속여 '장자권'을 받아냈고 아버지를 속여 장자의 축복까지 받아냈습니다. 그러나 야곱의 실상은 말 그대로 '장자의 권한만' 가지게 되고 장자가 받는 갑절의 재산 상속은 커녕 차자의 몫까지도 챙기지 못한 채 도망자가 되고 말았습니다. 야곱은 당장 먹을 음식과 입을 옷까지도 걱정해야 하는 빈털터리 신세로 길거리에서 노숙하며 돌을 베개 삼아 잠을 자야 했습니다.

그런데 그 험악한 형편 속으로 하나님께서 꿈을 통해 야곱을 찾아오십니다. 하나님께서는 야곱에게 땅과 자손의 복을 주시며 야곱이 어디를 가든지 지켜주시겠다고 말씀하십니다. 더 놀라운 사실은 다시 가나안으로 돌아오게 해주시겠다는 약속을 말씀하신 것입니다.

그러자 야곱은 그 다음 날 아침에 일찍 일어나 베개로 삼았던 돌로 기둥을 세우고 거기에 기름을 붓고 그곳 이름을 '벧엘'이라 이름을 짓습니다. '벧엘'은 성경 전체에서 예루살렘 다음으로 많이 등장하는 성경의 지명입니다.

야곱은 벧엘에서 이 하나님의 말씀을 듣고 자신이 다시 평안하게 가나안으로 돌아오게 된다면 자신이 기둥으로 세운 돌베개는 하나님의 집이 되게 하겠고 하나님께서 자신에게 주신 모든 것에서 십일조를 바치겠다고 서원합니다.

'서원'은 히브리어로 '네데르(נדר)'입니다. 이는 '자신의 입술을 통해서 하나님께 자신을 바치는 행위'를 말합니다.

야곱의 십일조 서원은 야곱의 할아버지 아브라함이 롯 구출 전쟁 후 살렘 왕 멜기세덱에게 바쳤던 십일조에서 배운 것입니다. 아브라함이 조카 롯을 구하기 위해 318명을 데리고 전쟁에 참여했던 것은 말 그대로 'all or nothing(전부 아니면 아무것도 아닌)'이었습니다. 아브라함이 전쟁에서 이기면 모든 것을 가지게 되지만 전쟁에서 지면 아브라함은 자신의 생명까지도 내어놓아야 했기 때문입니다.

그런데 아브라함은 그 전쟁에서 'all' 곧 전부를 차지했습니다. 그래서 아브라함이 최초로 십일조를 바쳤던 것입니다. 야곱 또한 그의 할아버지 아브라함처럼 목숨을 건 전쟁터와도 같은 하란을 향해 떠나고 있었습니다.

그래서 야곱은 할아버지 아브라함처럼 하란에서 승리하고 살아 돌아오게 된다면 자신도 하나님께 십일조를 바치겠다고 서원했던 것입니다. 하나님께서는 벧엘에서 빈털터리 야곱의 십일조 서원을 받으셨습니다.

● 세 번째 포인트
하란에서 태어난 야곱의 열두 아들은 400년 후 애굽에서 열두 지파가 됩니다.

야곱은 외삼촌 라반의 집에서 20년을 살면서 눈 붙일 겨를 없이 일한 결과로 많은 재물을 얻게 되었습니다. 또한 사랑하는 라헬을 아내로 얻기 위해 '7년을 며칠같이' 여길 정도였습니다. 이렇게 우여곡절 끝에 야곱은 네 명의 아내를 통해 열두 명의 아들과 한 명의 딸을 낳습니다. 물론 열두 번째 막내아들 베냐민은 가나안으로 돌아오는 여정 중에 태어났습니다.

아브라함에서 이삭으로, 그리고 이삭에서 야곱으로 힘겹게 이어지던 자손의 복이 야곱 대에 이르러 열두 명의 아들로 풍성해졌습니다. 그러나 풍성해진 가족들 사이에서 야곱의 사랑은 아내 라헬에게 더 각별했습니다. 그 라헬에 대한 사랑은 아들 요셉에게까지 이어집니다.

요셉에 대한 야곱의 사랑은 지독한 편애가 되어 가족 간에 갈등을 빚게 됩니다. 이후 이 형제 갈등은 창세기 후반 이야기로 이어지고, 긴 세월이 흐른 뒤 남쪽 애굽에서 열두 형제는 요셉의 주도하에 화해하게 됩니다. 이렇게 하란에서 태어난 이들은 가나안에서 잠시 머물다가 애굽으로 내려가서 열두 지파의 뿌리가 됩니다.

● 네 번째 포인트
흥정의 달인 야곱, 도리어 흥정에 속습니다.

야곱은 어려서부터 흥정의 달인(?)이었습니다. 형 에서와 팥죽을 가지고 흥정을 해 장자의 명분을 얻는 일에 성공했습니다. 그러나 그 일로 인해 야곱은 결국 도망자가 되고 말았습니다.

또 야곱은 하란에서 외삼촌 라반과 두 번 흥정했습니다. 첫 번째 흥정은 라헬을 아내로 맞이하기 위해 7년간 일하겠다는 것입니다. 그런데 야곱은 외삼촌에게 속아 결국 14년을 일하게 됩니다.

두 번째 흥정은 일한 품삯입니다. 라반이 품삯을 열 번이나 속인 탓에 야곱은 이 흥정에 또 속습니다.

야곱은 자식을 얻는 과정에서도 흥정했습니다. 라헬과의 흥정으로 빌하를, 레아와의 흥정으로 실바를 아내로 맞이했습니다. 그리고 야곱의 두 아내 라헬과 레아는 합환채를 갖고 서로 흥정했습니다. 이러한 야곱의 흥정은 도리어 흥정에 속고 가정 갈등의 원인이 되기도 했습니다.

● 다섯 번째 포인트

야곱은 하란에서 가나안으로 가져갈 수 있는 재산만 모읍니다.

야곱은 6년에 걸쳐 재산을 모아 번창합니다. 야곱은 눈 붙일 겨를도 없이 일하며 재산을 모았는데 모두 가나안으로 가져갈 만한 것만 모은 것입니다. 왜냐하면, 야곱은 하란에서 평생 살 뜻이 전혀 없었고 반드시 가나안으로 돌아가겠다는 생각이었습니다.

빈털터리로 시작했던 야곱의 재산은 그야말로 "매우 번창하여 양 떼와 노비와 낙타와 나귀가 많았더라"(창 30:43)라고 기록할 정도였습니다. 아버지 이삭의 재산을 물려받은 형 에서의 재산과 비교해도 결코 적지 않았습니다.

야곱은 하란에서 20년 동안 목축업을 전공했습니다. 이 때문에 이후 야곱의 자손들이 애굽으로 내려가서 고센땅에 머물 때 목축업으로 큰 성과를 냅니다. 특히 수백 년이 지난 후 출애굽 때 벽돌 굽는 고된 노동 속에서도 약 2만 3천 히브리 가정에서 1년 된 어린 양을 유월절 양으로 모두 잡을 수 있을 만큼 목축업으로 흥왕했습니다.

디저트 DESSERT

아브라함에게는 '보여줄 땅'이었던 가나안땅이 이삭을 거쳐 야곱 대에 이르러 마침내 '약속의 땅 가나안'이 되는 것을 보았습니다. 하란을 향해 가던 중 지쳐 쓰러져 돌베개를 베고 잠든 야곱을 찾아오셔서 큰 꿈으로 미래를 그려주셨던 하나님께서 오늘 우리에게도 꿈과 용기를 주시며 격려해주십니다.

하나님의 말씀이 내 발의 등이요, 내 길의 빛입니다. 성경이 우리를 살리는 굿뉴스입니다.

11일

야곱과 에서, 20년 만에 화해 (창 31~33장)

애피타이저 APPETIZER

'케이블 뉴스 네트워크(Cable News Network)', 일명 'CNN'이라 불리는 미국의 케이블 뉴스 채널이 1980년에 창설하면서 하루 24시간 뉴스를 보도하겠다고 했을 때, 대다수의 사람들이

"누가 하루 종일 뉴스를 보고 있겠느냐?"

"너희들은 1년 안에 망할 것이다."라며 비웃었다고 합니다.

그런데 어떻습니까? CNN은 1년 안에 망하기는커녕 전 세계적으로 승승장구할 뿐 아니라 오히려 각 나라에서 유사한 '24시간 뉴스 방송'을 수없이 양산해냈습니다.

사람들은 하루 24시간 뉴스에서 눈을 떼지 못합니다. 신문과 TV, 컴퓨터와 스마트폰을 통해 국내 뉴스와 세계 뉴스를 하루 종일 봅니다. 그래서 정작 굿뉴스인 성경을 듣고 읽을 시간이 없는 것입니다.

그런데 세상의 뉴스는 시간이 조금만 지나면 '아웃 오브 데이트(Out of date)' 즉, 유효기간이 지나버립니다. 그리고 계속해서 새로운 뉴스들이 우리의 관심을 빼앗아갑니다.

그러나 하나님의 말씀인 성경은 태초부터 종말까지 언제나 '복된 소식' 변함없는 굿뉴스입니다.

성경통독 BIBLETONGDOK

《일년일독 통독성경》 창세기 31~33장

통通으로 숲이야기 ; 통숲 TONG OBSERVATION

● 첫 번째 포인트

가나안을 도망 나온 야곱이 20년 만에 다시 하란에서 도망 나옵니다.

야곱은 형 에서를 피하기 위해 어머니 리브가의 조언에 따라 하란으로 잠깐 도망했습니다. 그곳에서 잠시 우거하고자 했던 야곱은 20년 동안이나 살게 됩니다. 야곱은 하란에서 가정도 꾸리고, 재산도 많아지게 됩니다. 그런데 야곱의 재산이 많아지자 라반의 아들들이 마치 야곱이 라반의 재산을 빼앗은 것처럼 여겼습니다. 외삼촌이자 장인인 라반도 야곱을 대하는 태도가 달라졌습니다.

바로 그 즈음에 하나님께서 야곱에게 가나안으로의 귀환을 말씀하십니다.

"여호와께서 야곱에게 이르시되 네 조상의 땅 네 족속에게로 돌아가라 내가 너와 함께 있으리라"(창 31:3)

위기를 직감한 야곱은 가나안으로 돌아가야겠다고 생각하고 레아와 라헬을 들로 불러내어 모의한 후 20년 전처럼 또다시 '도망'이라는 방법을 선택합니다. 야곱은 라헬과 레아의 동의를 얻자 가족들과 목축들을 모두 이끌고 가나안으로의 도망을 실행합니다.

이 사실을 알게 된 라반이 야곱을 뒤쫓습니다. 하지만 하나님께서 라반에게 나타나셔서 "야곱에게 선악간에 말하지 말라"(창 31:24)라고 말씀하십니다. 여기에서 '선악간'이란, 히브리어로 '미토브 아드라(מטוב עד - רע)'인데 이는 선에서부터 악까지, 즉 선이든 악이든 시비를 가리지 말라는 것입니다.

하나님께서는 야곱을 보호하사 라반으로 하여금 야곱의 길을 막지 못하게 하시고 오히려 언약을 맺고 야곱을 축복하게 해 주십니다.

● 두 번째 포인트
야곱, 20년 만에 만나는 형 에서와의 대면을 두려워합니다.

야곱은 하란으로 도망해 20년 동안이나 살았음에도 여전히 형을 두려워합니다. 사실 두려움은 과거에 대한 기억을 기초로 생겨납니다. 야곱의 두려움은 20년 전 자신을 죽이려 했던 형 에서에 대한 과거의 그 기억이 아직도 생생했기 때문입니다. 그런데 한술 더 떠서 야곱에게 두려움을 가중시키는 소식이 들려왔습니다. 그것은 형 에서가 400명이나 되는 장정을 거느리고 야곱을 만나러 오고 있다는 것입니다.

사실 형 에서는 강력한 부족으로 성장해 20년 만에 돌아오는 아우를 맞이하려고 했습니다. 그런데 야곱은 과거 가나안에서 형을 피해 도망했던 그 시간에 기억이 멈추어 있었기 때문에 형에 대한 두려움으로 가득했던 것입니다.

"내가 주께 간구하오니 내 형의 손에서, 에서의 손에서 나를 건져내시옵소서 내가 그를 두려워함은 그가 와서 나와 내 처자들을 칠까 겁이 나기 때문이니이다"(창 32:11)

이제는 자기 혼자 죽는 것이 아니라, 처자들도 함께 죽을까봐 두려움이 배가 된 것입니다. 그러자 야곱은 온갖 꾀를 다 짜내기 시작합니다. 형 에서를 위해 예물을 준비하면서도 혹 싸움을 대비해 자신의 가족과 가축들을 두 떼로 나누는 등 야곱 나름의 계획과 준비를 합니다.

야곱은 형 에서에게 먼저 예물로 암염소 200마리, 숫염소 20마리, 암양 200마리, 숫양 20마리, 젖 나는 낙타 30마리와 그 새끼들, 암소 40마리, 황소 10마리, 암나귀 20마리와 그 새끼 나귀 10마리를 보냈습니다. 정말 야곱의 '통 큰 뇌물'입니다. 사실, 지난 시간 피나는 노력으로 만든 재산인데 말입니다.

야곱은 자기보다 앞서 형 에서에게 이 많은 예물을 보내놓고도 두려워 얍복 나루에서 날이 새도록 천사와 씨름하며 축복을 갈구합니다. 재미있는 사실은 야곱의 '장자 명분'으로 시작된 일이 결과적으로는 형 에서에게 많은 실리를 주게 된 것입니다.

에서는 아버지 이삭의 전 재산을 야곱과 나누지 않고 모두 물러받았습니다. 그리고 거기에 더해 야곱에게 예물까지 받아 가축을 더 늘리기까지 했습니다.

그러나 장자의 명분은 그냥 명분이 아닙니다. 장자의 명분은 아브라함과 언약을 맺으신 하나님의 약속의 계승자가 되기 때문입니다. 하나님의 언약은 하나님의 뜻에 따라 아브라함에서 이삭으로, 이삭에서 야곱으로 계승됩니다.

● 세 번째 포인트

얍복 나루에서, 한 사람의 이름이 나라 이름 '이스라엘'이 됩니다.

야곱은 형 에서를 만나러 가던 중 얍복 나루에서 하나님께서 보내신 자와 날이 새도록 씨름을 하게 됩니다. '씨름하다'란 말은 히브리어로 '아바크(אבק)'입니다. 이는 '먼지를 일으키며 뛰어가다'라는 뜻으로 야곱이 있는 힘을 다해 하나님께서 보내신 자와 씨름을 했다는 것입니다.

야곱이 얼마나 끈질기게 하나님께 기도했는지 허벅지 관절이 어긋날 정도였습니다. 하나님을 향한 야곱의 열정을 보게 됩니다. 하나님께서 보내신 자와의 씨름에서 이긴 야곱에게 하나님께서는 이름을 바꿔주십니다.

야곱의 이름은 '발꿈치를 잡다' 즉 '딴죽을 건다'라는 부정적인 의미가 담겨 있습니다. 그런데 하나님께서 야곱의 이름을 '이스라엘'로 바꾸어주십니다. '이스라엘'은 '하나님과 겨루어 이김' 이라는 뜻으로 이는 '하나님의 사랑을 입은 자'의 의미를 가지고 있습니다.

세계의 많은 나라들은 나라의 처음 이름을 계속 유지하기보다는 새로운 통치자에 의해 나라의 이름이 바뀌곤 했습니다. 우리나라만 해도 고조선, 고구려, 백제, 신라, 통일신라, 고려, 조선, 대한제국, 대한민국으로 나라 이름이 바뀌었습니다. 영국의 과거 이름은 브리타니아였고, 이란의 과거 이름은 페르시아였습니다. 이라크의 과거 이름은 바벨론이었습니다.

그런데 야곱의 열두 아들은 열두 지파가 되었고, 출애굽한 히브리 민족은 그들의 나라 이름을 '이스라엘'이라고 지었습니다. 이후 이스라엘은 '한 민족 두 국가'가 되어 '북이스라엘과 남유다'로 불리기도 했으나, 그들은 지금도 여전히 그들의 나라 이름으로 '이스라엘'을 사용하고 있습니다.

사도행전 1장에서 예수님의 제자들이 부활하신 예수님께 '이스라엘 나라'에 대해 묻는 장면이 나옵니다.

"주께서 이스라엘 나라를 회복하심이 이 때이니이까"(행 1:6)

이처럼 아브라함의 후손들에게 '이스라엘'은 언제나 '나라' 그 자체였던 것입니다.

● 네 번째 포인트
야곱과 에서는 20년 만에 형제 화해를 합니다.

하나님께서는 야곱이 그토록 두려워하던 형 에서와 화해의 길을 열어주셨습니다. 하나님께서는 늘 인생들을 위해 '화해의 식탁'을 준비하셨습니다.

첫째, 아브라함의 장례 때에 이삭과 이스마엘 사이에 화해의 식탁을 준비해주셨습니다.

둘째, 야곱과 외삼촌 라반 사이에 화해의 식탁을 준비해주셨습니다.

셋째, 야곱과 에서 사이에 화해의 식탁을 준비해주셨습니다.

넷째, 요셉과 그의 형제들 사이에 화해의 식탁을 준비해주셨습니다.

다섯째, 앗수르 제국에 의해 혼혈족이 되었던 북이스라엘의 사마리아인들과 유대 민족 사이에 900년 만에 예수님을 통해 화해의 식탁을 준비해주셨습니다.

여섯째, 예수님의 십자가를 통해 하나님과 우리 사이에 죄로 인해 막혀 있었던 담을 허시고 화해의 식탁을 준비해주셨습니다.

하나님께서 준비하신 화해의 식탁에 참여하기 위해 인생들은 집착을 내려놓고 다른 이를 받아들일 준비를 해야 합니다.

● 다섯 번째 포인트

가나안은 아브라함에게 '보여줄 땅'이었다면 야곱에게는 '고향 땅'이 되었습니다.

야곱은 20년 만에 '고향' 가나안으로 돌아옵니다. 처음 아브라함에게 가나안은 하나님께서 '보여줄 땅'이었습니다.

"여호와께서 아브람에게 이르시되 너는 너의 고향과 친척과 아버지의 집을 떠나 내가 네게 보여 줄 땅으로 가라"(창 12:1)

그런데 아브라함과 이삭을 지나 이제 야곱에게 가나안은 20년 만에 돌아가고픈 '고향'이었습니다. 야곱에게 가나안은 고향 땅이 된 것입니다.

아브라함은 가나안에서 은 400세겔을 주고 막벨라굴을 샀습니다. 막벨라굴에는 아브라함과 사라, 이삭과 리브가, 야곱과 레아가 묻혔습니다. 그리고 야곱은 가나안에서 100크시타를 주고 세겜에서 장막을 치고 거주했던 밭을 샀습니다. 이후에 야곱이 산 세겜 땅에 요셉이 묻힙니다.

디저트 DESSERT

야곱은 사랑하는 가족을 떠나 홀로 하란에 가서 20년을 살았습니다. 그런데 이후에 보면 야곱의 아들 요셉도 홀로 애굽에 가서 22년을 살게 됩니다. 야곱, 요셉 모두 고향을 떠나 고된 삶을 살았지만, 하나님께서는 그들을 지키시고 보호해주심으로 하나님의 뜻을 이루어가십니다.

대체적으로 야곱을 말할 때 허벅지 관절이 어긋날 때까지 기도해서 복 받았다는 점, 또 빈손으로 시작해서 부자가 되었다는 점에 관심과 호감을 가집니다. 그러나 시간이 흐르고 그가 자녀들에게 유언할 때에 야곱은 자신의 재산 축적 방법을 말하지 않습니다. 오직 하나님을 믿는 믿음만을 아들들에게 계승해줍니다.

과거의 기억 때문에 두려워하기보다는 오히려 지금까지 지켜주신 하나님의 은혜를 기억하며 성경으로 용기 내고 성경으로 행복한 하루 되십시오.

12일

3대째 장례식장 막벨라굴 (창 34~36장)

애피타이저 APPETIZER

매일 영양 가득한 음식을 골고루 먹으면 건강해지는 것은 당연합니다. 매일 하나님의 말씀인 성경을 듣고, 읽고, 통(通)으로 공부하면 건강한 영성의 사람이 되는 것 또한 당연합니다.

우리는 성경을 통해 독수리가 날개 치며 오르듯 힘차게 살 수 있는 소망이 생깁니다.

성경통독 BIBLETONGDOK

《일년일독 통독성경》 창세기 34~36장

통通으로 숲이야기 ; 통숲 TONG OBSERVATION

● 첫 번째 포인트

교육이 흔들리면 모든 것이 흔들리게 됩니다.

야곱은 20년 전, 벧엘에서 하나님께서 주신 약속을 잊고 세겜에서 밭을 사서 그곳에 정착하려고 했습니다. 그런데 세겜에서 사고가 발생하고 말았습니다.

야곱의 둘째 아들 시므온과 셋째 아들 레위가 여동생 디나가 하몰의 아들 세겜에게 당한 수치에 대해 복수하겠다고 나선 것입니다. 할례를 이용해 세겜의 남자들을 다 죽이고 세겜성을 노략한 것입니다. 야곱의 아들들이 행한 이 노략은 복수라는 명분 아래에 행한 인간의 가장 추악한 모습이었습니다.

'할례'는 아브라함이 99세 때에 실행한 '하나님과의 약속의 증표'였습니다. 이삭은 태어난 지 8일 만에 할례를 받으며 하나님과 언약을 맺었습니다. 그런데 야곱의 아들들이 그 할례를 가지고 말도 안 되는 끔찍한 일을 저지른 것입니다.

야곱 가정은 할례에 대한 기본적인 교육조차 제대로 되어 있지 않았던 것입니다. 그러니 모든 것이 흔들릴 수밖에 없었습니다. 결국 세겜에서의 일로 야곱은 그곳을 떠나야 했습니다. 언약 가문으로서의 명예가 실추되었을 뿐 아니라 세겜 사람들의 보복이 발생하면 야곱 가문의 존립 자체가 위태로워질 수 있었기 때문입니다.

이후 야곱이 애굽에서 죽기 전 열두 아들에게 유언을 남길 때 시므온과 레위는 세겜에서의 이 사건으로 인해 흩어지는 처벌을 받게 될 것이라는 유언을 받습니다.

> "시므온과 레위는 형제요 그들의 칼은 폭력의 도구로다"(창 49:5)
>
> "그 노여움이 혹독하니 저주를 받을 것이요 분기가 맹렬하니 저주를 받을 것이라 내가 그들을 야곱 중에서 나누며 이스라엘 중에서 흩으리로다"(창 49:7)

결과적으로 400년이 지난 후 가나안땅을 분배할 때 시므온 지파는 유다 지파의 분깃에서 일부를 받게 되고(수 19:9), 레위 지파는 분깃 없이 제사장 직분으로 기업을 받게 됨으로(수 18:7) 흩어집니다.

야곱이 하란에서 20년 동안 눈 붙일 겨를도 없이 살아남느라 자식에 대한 신앙 교육에 소홀했던 것입니다. 이 신앙 교육의 실패는 세겜에서 여실히 그 실체를 드러냈습니다. 교육이 흔들리면 결국 모든 것이 흔들리게 됩니다.

● 두 번째 포인트

야곱, 가족이 시작된 지 20년 만에 벧엘에서 신앙의 기초를 시작합니다.

세겜 사람들의 보복 가능성으로 인해 그 땅에 정착할 수 없게 된 그 시점에 하나님께서 야곱에게 다시 벧엘로 올라가 제단을 쌓으라고 말씀하십니다. 야곱의 가정을 새롭게 세워주고자 부르신 것입니다. 야곱은 지난 20년간 하란에 사는 동안 하나님께서 벧엘에서 주셨던 약속을 잊고 살았던 것입니다. 그런데 하나님께서는 야곱에게 주신 약속을 잊지 않고 계셨습니다.

> "내가 너와 함께 있어 네가 어디로 가든지 너를 지키며 너를 이끌어 이 땅으로 돌아오게 할지라 내가 네게 허락한 것을 다 이루기까지 너를 떠나지 아니하리라"(창 28:15)

하나님께서는 야곱이 위기에 처할 때마다 이 약속을 신실하게 지키고 계셨습니다.

첫째, 하란에서 외삼촌 라반과의 위기에 처했을 때 야곱이 가나안으로 돌아갈 수 있도록 인도하셨습니다.

"나는 벧엘의 하나님이라 네가 거기서 기둥에 기름을 붓고 거기서 내게 서원하였으니 지금 일어나 이 곳을 떠나서 네 출생지로 돌아가라"(창 31:13)

둘째, 얍복 나루에서 형 에서를 만나기 전 두려움에 처했을 때 야곱을 축복해주십니다(창 32:29).

셋째, 세겜 사람들과의 위기에서 말씀하십니다.

"일어나 벧엘로 올라가서 거기 거주하며 네가 네 형 에서의 낯을 피하여 도망하던 때에 네게 나타났던 하나님께 거기서 제단을 쌓으라"(창 35:1)

야곱의 가족들이 20년 동안 소지하고 있던 이방의 신상들과 귀고리들을 다 세겜 땅에 묻습니다. 야곱이 드디어 20년 만에 다시 벧엘로 올라갑니다. 그리고 몸을 정결하게 하고 의복을 갈아입은 후 20년 전에 하나님의 약속을 들었던 바로 그곳, 벧엘에서 돌 기둥을 세우고 그 위에 '전제물'을 붓고 또 그 위에 기름을 부었습니다.

'전제'는 히브리어로 '네쎄크(נֶסֶךְ)'입니다. 이는 '쏟다', '붓다'라는 뜻으로 '전제물'은 피나 포도주나 기름과 같은 것을 부어드리는 제사 방식을 말합니다. 이렇게 야곱은 가족이 시작된 지 20년 만에 '벧엘'에서 가족 구성원 모두에게 신앙의 기초를 놓게 합니다.

● 세 번째 포인트

야곱은 라헬이 죽자 요셉과 베냐민으로 편애를 이어갑니다.

벧엘에서 길을 떠나 에브랏으로 가는 길에 라헬이 베냐민을 낳다가 죽습니다. 라헬은 야곱이 7년을 하루와 같이 여기며 사랑하고 결혼한 야곱의 아내였습니다. 그토록 사랑하던 아내 라헬이 죽자 야곱의 사랑은 '요셉 편애'로 바뀝니다.

이후 요셉이 죽었다고 생각한 22년 동안은 베냐민을 편애합니다. 그러므로 야곱은 20년간 라헬을 사랑하고 22년간 베냐민을 편애했습니다. 야곱의 이 지독한 편애는 오랜 시간 후 놀랍게도 '흉년'이 고쳐줍니다. 다시 말해, 흉년이 계속되면서 야곱은 가족들을 위해 베냐민에 대한 편애를 내려놓게 됩니다.

● 네 번째 포인트

아브라함 가문의 3대째 '장례식장은 막벨라굴'이 됩니다.

아브라함의 장례는 이스마엘과 이삭이 막벨라굴에서 함께했고 이삭의 장례는 에서와 야곱이 막벨라굴에서 함께합니다. 이후 애굽에서 죽은 야곱의 장례는 열두 아들이 모두 막벨라굴에서 함께합니다. 이렇게 아브라함 가문의 3대째 장례식장은 모두 막벨라굴이었습니다.

막벨라굴 장례식장은 큰 의미를 지니고 있습니다. 왜냐하면 하나님의 약속, 즉 '땅과 자손'에 대한 약속을 그들이 믿고 그 믿음을 자녀에게 교육함으로 신앙이 계승됨을 막벨라굴 장례식장을 통해 실현해가기 때문입니다.

이후 역사에서 보면 막벨라굴 장례식장은 첫째, 애굽에서 죽은 야곱의 장례식을 이 막벨라굴에서 행하므로 출애굽의 기초(창 50:12~13)가 되며, 둘째, 이스라엘이 가나안땅 점령 후, 갈렙이 이 땅을 선택하여 삶의 근거지로 삼으며(수 14:13~14), 셋째, 900여 년 후, 다윗이 온 이스라엘의 왕으로 옹립될 때 이 막벨라굴이 있는 헤브론에서 기름 부음을 받습니다(삼하 5:1~5).

● 다섯 번째 포인트

에돔의 족보는 에서를 향한 하나님의 약속의 성취입니다.

20년 동안 형 에서는 가나안에서, 동생 야곱은 하란에서 각각 살았습니다. 그러다가 20년 만에 형제가 상봉했습니다.

앞에서 살펴보았듯이 동생 야곱은 20년 전 기억으로 여전히 형을 두려워하고 있었지만 하나님께서 형제 화해의 식탁을 준비해주심으로 두 형제는 20년 만에 화해할 수 있었습니다. 두 형제는 이후 아버지 장례도 함께 치르며 형제의 우애를 나누었습니다.

용서는 하나님의 은혜의 통로입니다. 화해는 하나님께서 주신 복을 담는 그릇입니다.

창세기 36장의 에돔 족보는 에서를 향한 하나님의 예언의 성취입니다. 이는 하나님께서 아브라함에게 '하늘의 뭇별처럼 많은 자손'을 주시겠다는 약속(창 15:5)이 에서의 자손을 통해서도 성취되었다는 것을 의미합니다. 사실 에서의 후일에 대해서 일찍이 두 번이나 하나님의 말씀이 있었습니다. 한 번은 리브가의 태중에서 또 한 번은 아버지 이삭의 축복을 통해서입니다.

> "두 국민이 네 태중에 있구나 두 민족이 네 복중에서부터 나누이리라 이 족속이 저 족속보다 강하겠고 큰 자가 어린 자를 섬기리라"(창 25:23)
>
> "너는 칼을 믿고 생활하겠고 네 아우를 섬길 것이며"(창 27:40)

이후 하나님의 말씀대로 에서는 세일산에 거주하며 에돔 민족을 형성하게 됩니다.

에서 자손들 가운데 많은 족장들이 등장하는데 '족장'은 히브리어로 '알루프(אַלּוּף)'입니다. 이는 '가르치는 자' 또는 '천 명의 통솔자'라는 뜻으로 한 부족을 지배하는 권한을 가진 우두머리를 뜻합니다.

창세기 36장에서 보듯 이렇게 에서에게서 나온 족장들이 많습니다. 이들은 에서가 아버지 이삭에게 축복을 받을 때의 말씀처럼 야곱, 즉 이스라엘 민족과 형제 민족으로 잘 지내야 했습니다.

그런데 이후 〈오바댜〉에서 보면 에서의 후손을 책망하는 이야기가 나옵니다. 그것은 이스라엘 민족이 바벨론 제국에 멸망하고 예루살렘이 함락될 때 에돔이 이를 기뻐하며 바벨론 제국에 협조까지 했기 때문입니다. 형제의 환난을 즐거워했던 에돔을 향해 하나님께서는 오바댜 선지자를 통해 심판을 선언하십니다.

디저트 DESSERT

야곱은 개인적으로 하나님 체험이 많았습니다. 꿈에서도 하나님을 만났고 하나님께서 보내신 자와 씨름을 하기도 했습니다. 그러나 야곱은 여러 상황에서의 두려움 때문에 인간적인 방법을 찾아 해결하려고 했습니다. 그럼에도 불구하고 그때마다 하나님께서는 계속해서 야곱과 동행하시며 야곱과 그의 가족들을 신앙 교육으로 이끄셨습니다. 아브라함과 이삭과 야곱을 통해 모든 민족에게 주실 약속을 계속해서 이행하고 계셨던 것입니다.

하나님께서 준비하신 성경을 통한 교육의 길, 그리고 직접 '길'이 되셔서 따를 수 있도록 해주신 예수님의 길, 그 길을 하나님과 동행하며 걸어가는 멋진 그리스도인을 꿈꿔봅니다.

13일

야곱의 편애만큼 (창 37~38장)

애피타이저 APPETIZER

자가용을 타는 대다수의 영국 시민들은 도로에서 대중교통인 버스가 먼저 갈 수 있도록 양보하는 것을 좋아하다 못해, 즐길 정도입니다. 그 이유는 양보를 받은 버스 기사님들이 자가용 운전자에게 고마움을 표시하기 위해 창문을 열고 '엄지척!'을 해주기 때문입니다. 그 모습을 보기 위해 저도 영국 유학 중에 버스에 얼마나 많이 양보를 했는지 모릅니다.

서로에게 힘이 되라고 격려해주는 이 엄지척!을 많이 하면 좋겠습니다. 여러분 모두 성경으로 엄지척!입니다.

성경통독 BIBLETONGDOK

《일년일독 통독성경》 창세기 37~38장

통通으로 숲이야기 ; 통숲 TONG OBSERVATION

● 첫 번째 포인트

야곱의 편애, 그 깊이만큼 다른 아들들은 아버지로부터 멀어집니다.

야곱이 그토록 사랑하는 라헬이 죽자 야곱의 사랑은 요셉에게로, 그 다음에는 베냐민으로 이어집니다. 야곱에게는 사랑이었겠지만 야곱의 남은 세 명의 부인들과 열 명의 아들들에게는 불공평이었고 아버지의 독선이자, 지독한 편애였습니다. 이러한 야곱의 편애는 가정의 불화를 만드는 불씨가 되었습니다.

야곱은 20년 만에 형 에서를 만나러 나가면서 자신의 편애를 극명하게 드러냈었습니다. 오해에서 시작된 두려움은 점점 커져서 자신과 자신의 가족들까지 해할까 두려웠습니다. 그래서 야곱은 '3단계 포지션'까지 만드는 작전을 생각해냅니다.

야곱은 형 에서와 '가장 먼저 만나게 되는 최전선'에 빌하와 실바, 그리고 그들이 낳은 아들들을 세웠습니다. 그 다음 순서로 레아와 레아가 낳은 아들들을 세웠습니다. 맨 마지막 안전선 안에는 라헬과 라헬이 낳은 요셉을 세웠습니다.

라헬은 그때 남편의 사랑을 확인하고 '인생 최고'의 정점(?)을 찍었을 것입니다. 그러나 레아와 레아가 낳은 야곱의 아들들, 빌하와 실바 그리고 그녀들이 낳은 야곱의 아들들은 아버지 야곱에 대해 말 그대로 '절망'했을 것입니다. 결국 야곱의 편애는 야곱 가정의 갈등과 비극을 초래하게 됩니다.

● 두 번째 포인트
옷으로 아버지를 속인 야곱이 옷으로 열 명의 아들들에게 속습니다.

이 사건의 시작은 야곱의 편애 때문이었고 요셉의 꿈은 거기에 기름을 부은 격이 되었습니다. 과거에 야곱은 형 에서의 옷을 입고 아버지 이삭을 감쪽같이 속인 적이 있었습니다. 이 일은 얼마 가지 못해 곧 들통나고 말았습니다.

그런데 이제 야곱은 자신의 열 명의 아들들에게 옷으로 더 감쪽같이 속게 됩니다. 야곱의 열 명의 아들들은 요셉이 입었던 채색옷에 숫염소의 피를 묻혀서 야곱에게 가져옵니다.

야곱은 요셉이 짐승에게 찢기고 먹힌 줄로 알고 오래도록 애

통해합니다. 그런데 야곱의 열 명의 아들들은 그 연출과 연기가 얼마나 뛰어났는지 야곱을 감쪽같이 속였을 뿐 아니라 22년 동안 대동단결(?)해서 아버지 야곱에게 요셉을 판 것에 대해 끝내 아무 말도 하지 않았습니다.

혼자 채색옷을 입으며 아버지 야곱의 편애를 한 몸에 받았던 요셉이 애굽에 노예로 팔린 이 사건은 놀랍게도 22년 후에 해석됩니다. 그동안 해석되지 않았던 고난이 하나님의 큰 구원 계획의 한 단계였다는 것을 요셉이 깨닫게 된 것입니다.

이후 형들에게 팔려 애굽으로 내려간 지 22년 만에 다시 형들을 만나게 됐을 때, 요셉이 열 명의 형들에게 말합니다.

> "하나님이 큰 구원으로 당신들의 생명을 보존하고 당신들의 후손을 세상에 두시려고 나를 당신들보다 먼저 보내셨나니"(창 45:7)

● **세 번째 포인트**

유다는 세 번에 걸쳐 형제 관계를 설계합니다.

유다는 레아가 낳은 야곱의 넷째 아들입니다. 그런데 유다는 마치 장자처럼 가족 내에서 늘 리더십을 발휘합니다. 유다는 열두 명이나 되는 형제들 사이에서 크게 세 번 형제 관계를 설계했습니다.

첫 번째 설계는 “요셉을 팔자”(창 37:27)입니다.

요셉이 채색옷을 입고 세겜을 거쳐 도단까지 열 명의 형들을 찾아오자 요셉의 형들은 “요셉을 죽이자, 살리자, 팔자.”라며 의견이 분분했습니다. 이때 유다의 설계 “요셉을 팔자.”가 최종 결정이 되어 요셉은 이스마엘 상인들에게 팔려 애굽으로 내려가게 됩니다.

두 번째 설계는 이후 아버지에게 자신을 담보로 베냐민을 자신에게 맡겨 달라고 말한 것입니다(창 43:9).

요셉을 잃었다고 믿고 있었던 아버지 야곱은 베냐민만은 결코 잃지 않겠다는 각오로 살고 있었습니다. 당시 가나안 흉년이 지속되는 가운데 애굽 총리의 명령과 굶고 있는 가족들을 위해서 야곱은 반드시 베냐민을 내어놓아야만 했습니다. 그럼에도 불구하고 가족 어느 누구도 야곱을 설득할 수 없었습니다. 그러자 유다가 아버지 야곱이 안심할 수 있는 최선의 카드를 제시했습니다.

유다는 자신이 베냐민을 위한 담보가 되어 책임질 테니 베냐민을 자신에게 맡겨 달라고 아버지를 설득했습니다. 그러자 야곱은 진심어린 유다의 제안을 받아들여 베냐민을 내어줍니다. 결국 유다의 이 설계로 열두 형제가 애굽에서 처음 모이게 됩니다.

유다의 세 번째 설계는 베냐민 대신 자신이 남겠다는 것입니다(창 44:33).

애굽 총리 요셉이 은잔 사건을 만들고 베냐민을 애굽의 종으로 삼겠다고 합니다. 이때 유다가 아버지 야곱을 위해 베냐민은 아버지께로 보내고 자신이 베냐민 대신 애굽에 남아 종이 되겠다고 나선 것입니다. 유다의 이 선택이 요셉의 응어리진 마음과 아버지 야곱의 마음을 모두 녹였습니다.

어쨌든, 유다의 제안에 따라 형제들이 요셉을 이스마엘 사람들에게 팔았으므로 요셉은 애굽으로 가게 됩니다.

통(通)으로 보면, 하나님께서 아브라함에게 하셨던 말씀 즉 "네 자손이 이방에서 객이 되어 그들을 섬기겠고 그들은 사백 년 동안 네 자손을 괴롭히리니"(창 15:13)라는 말씀이 성취되기 시작한 것입니다.

● 네 번째 포인트

유다는 죽은 두 아들을 가슴에 묻으며 아버지 야곱의 마음을 헤아립니다.

〈창세기〉를 읽으면서 37장을 읽고 38장 없이 39장으로 넘어가도 이야기 흐름에는 큰 문제가 없습니다. 그만큼 창세기 38장의 내용은 독특합니다. 그렇다면 창세기 38장은 그냥 넘어가도 될까요? 아닙니다.

성경은 66권 전체가 '원 스토리(one story)', '하나의 이야기'로 이야기가 이어지고 이어집니다. 성경 전체 숲에서 볼 때 창세기 38장은 매우 중요한 장입니다.

창세기 38장은 야곱의 넷째 아들인 유다가 주인공입니다. 아버지의 지독한 편애에 맞서 유다는 가출을 합니다. 그리고 유다는 아브라함 가문이 지켜야 할 혈통의 순수성을 버리고 가나안 여인과 결혼해 아들 셋을 낳습니다. 그런데 유다의 세 아들 가운데 두 아들이 하나님 보시기에 악을 행함으로 죽임을 당합니다.

하나님 보시기에 악함으로 죽었지만 그럼에도 불구하고 아버지 입장에서는 그 두 아들을 가슴에 묻을 수밖에 없었습니다. 그렇게 두 아들을 가슴에 묻고 나서야 아버지 야곱의 울음이 유다의 귓전에 울려옵니다. 요셉이 짐승에 의해 죽은 줄 알고 밤새 울었던 아버지 야곱의 그 슬픈 울음이 말입니다.

그제야 유다가 아버지에 대해 사랑과 연민을 갖습니다. 그러나 아버지 야곱은 여전히 바뀌지 않고 있습니다. 오히려 전보다 더 편애의 늪에 빠져 베냐민에게 집중할 따름입니다. 그런데 바로 이 유다가 아버지 야곱을 보듬게 됩니다.

● 다섯 번째 포인트
다말은 유다를 크게 바꿔놓습니다.

유다가 실질적으로 아버지 야곱에게로 돌아가게 된 계기는 유다의 며느리 다말이 만듭니다. 다말은 유다의 큰며느리였습니다. 유다의 큰아들 엘이 하나님 보시기에 악하여 죽게 됩니다.

그러자 당시의 '계대결혼법' 즉 '형사취수법'에 의해 다말은 유다의 둘째 아들 오난을 통해 자식을 얻고 그 아들이 엘의 후손이 되게 해야 했습니다. 그런데 둘째 아들 오난이 그 일을 싫어했습니다. 그래서 그도 하나님 앞에서 죽게 됩니다.

유다의 두 아들이 죽은 것은 그들이 하나님 보시기에 악했기 때문입니다. 하지만 아버지 입장에서는 며느리에게 탓을 하고 싶었을 것입니다. 그래서 유다는 다말을 친정으로 보내고 셋째 아들은 다말에게 주지 않을 생각이었습니다.

그런데 결국 며느리 다말을 통해 유다는 손자(?)라 해야 할지, 아들이라 해야 할지 애매한(?), 쌍둥이 베레스와 세라를 얻게 됩니다. 유다는 처음에 다말이 임신했다는 이야기를 듣고 다말을 불에 태워 죽이라고 말했습니다. 정숙하지 못한 며느리에 대해 가차 없이 처벌하려 했던 것입니다.

그런데 다말이 자신으로 인해 임신했다는 사실을 알고 유다의 모든 의(義)가 깨지게 됩니다. 그리고 유다는 다말을 향해 "나보다 옳도다." 하며 자신의 잘못을 인정합니다. 유다는 베레스와 세라를 데리고 아버지 야곱에게로 돌아갑니다. 유다는 자신의 모든 부끄러움을 안고 아버지에게 돌아가서 그때부터 실질적인 장자의 모든 역할을 맡습니다.

놀라운 사실은 마태복음 1장, 예수님의 족보를 보면 "아브라함과 다윗의 자손 예수 그리스도의 계보라 아브라함이 이삭을 낳고 이삭은 야곱을 낳고 야곱은 유다와 그의 형제들을 낳고 유다는 다말에게서 베레스와 세라를 낳고"(마 1:1~3)라고 기록되어 있습니다.

다시 말해, 요셉도 아니고 베냐민도 아닌 바로 '유다와 그의 형제들'이라고 기록된 것입니다. 그리고 이어 "유다는 다말에게서 베레스와 세라를 낳고 …"라고 기록됩니다.

이후 요한계시록에도 유다(유대)의 이름이 언급됩니다.

"장로 중의 한 사람이 내게 말하되 울지 말라 유대 지파의 사자 다윗의

뿌리가 이겼으니 그 두루마리와 그 일곱 인을 떼시리라 하더라"(계 5:5)

유다의 성숙은 결국 그 가정이 화해할 수 있는 계기를 만들었으며 그는 이후 유다 지파를 세우고, 다윗의 가문을 이룹니다. 즉, 유다는 아브라함의 후손이고, 다윗의 조상이며 그 가문에서 우리 예수님이 태어나시게 된 것입니다.

디저트 DESSERT

언뜻 보면 창세기 38장의 유다 이야기는 요셉 이야기 흐름 속에서 '왜 거기에 이 이야기가 있나?'라는 생각이 듭니다. 그러나 성경 전체 이야기 숲에서 보면 이후 유다 지파가 다윗의 가문이 되어 예수 그리스도의 이야기까지 이어지는 꼭 필요하고 중요한 이야기로 그 자리에 기록되어 있습니다.

성경 66권이 '한 권의 이야기'가 되는 참으로 놀라운 포인트라 하겠습니다.

14일

국가 자연 재난 대책 3가지 (창 39~41장)

애피타이저 APPETIZER

성경 66권 중 〈창세기〉 다음 책은 〈출애굽기〉입니다. 〈출애굽기〉는 말 그대로 애굽에서 나온 기록입니다. 그렇다면 애굽에서 나오기 전에 애굽으로 들어간 '입(入)애굽' 이야기가 우선되어야 합니다.

애굽으로 들어간 이야기, '입애굽' 이야기는 창세기 37장에서부터 50장까지입니다. 입(入)애굽과 출(出)애굽 이야기는 '데칼코마니(décalcomanie)'입니다.

입애굽 이야기가 창세기 37장에서 50장까지라면 열네 장 정도 분량입니다. 출애굽 이야기는 출애굽기 1장에서 18장까지, 열여덟장 정도입니다. 두 이야기 분량이 비슷합니다. 그리고 '입애굽의 지도자 요셉'과 '출애굽의 지도자 모세' 둘 다 애굽에서 출발해서 입신양명한 사람들입니다.

요셉은 30세에 애굽 총리가 되었고, 모세는 생후 3개월에 애굽 왕자가 되었습니다. 출애굽 이야기만큼이나 재미있는 입애굽 이야기를 지금부터 시작하겠습니다.

성경통독 BIBLETONGDOK

《일년일독 통독성경》 창세기 39~41장

통通으로 숲이야기 ; 통숲 TONG OBSERVATION

● 첫 번째 포인트

요셉, 바로, 야곱, '세 사람의 꿈'을 합하면 '하나님의 꿈'이 나옵니다.

채색옷을 입고, 아버지의 사랑을 한 몸에 받던 요셉은 하루아침에 노예 신세가 되어 애굽으로 팔려갔습니다. 요셉의 꿈과 요셉의 현실은 너무 달랐습니다.

우리는 요셉 하면 채색옷, 요셉 하면 꿈, 요셉 하면 애굽 총리, 여기에 주목합니다. 그런데 요셉의 이 모든 이야기는 하나님의 꿈, 다시 말해 '모든 민족을 위한 한 민족'을 준비하시기 위함이었습니다. 아브라함에게 말씀하셨던 '모든 민족', "땅의 모든 족속이 너로 말미암아 복을 얻을 것이라"(창 12:3) 하신 말씀이 요셉을 통해 서서히 그 그림이 그려지고 있는 것입니다.

성경에는 요셉의 꿈 말고도 바로의 꿈, 야곱의 꿈, 바벨론 느부갓네살 왕의 꿈, 다니엘의 꿈, 요셉과 마리아의 꿈 등 꿈 이야기가 많이 등장합니다. 그런데 우리는 '꿈' 하면 일단 '요셉의 꿈'을 가장 먼저 떠올립니다. 사실, 요셉의 꿈은 애굽 왕 바로의 꿈이나 아버지 야곱의 꿈과 비교하면 그렇게까지 과대평가(?)할 꿈은 아닙니다.

가볍게 표면적으로만 비교해본다면 '요셉의 꿈'은 그가 애굽에서 총리가 되는 '개인적인 꿈'입니다. '바로의 꿈'은 '애굽이라는 한 나라의 꿈'입니다. 그런데 '야곱의 꿈'은 '모든 민족을 위한 한 민족의 꿈'입니다. 요셉의 꿈보다는 바로의 꿈이, 바로의 꿈보다는 야곱의 꿈이 … 꿈의 사이즈가 점점 커집니다.

이 세 사람의 꿈을 다시 살펴보면 참으로 놀랍습니다. 요셉의 꿈이 시작되지 않았다면 바로의 꿈은 해석되지 못했을 것입니다.

바로의 꿈은 14년 국가 비상 시스템을 운영해야 하는 '스펙터클(spectacle)한 꿈'이었습니다. 바로의 꿈이 현실이 되면서 요셉은 아버지 야곱을 만나게 되는데 더 놀라운 것은 '야곱의 꿈'이 심상치 않다는 것입니다.

앞서 살펴보았듯이 야곱의 꿈은 창세기에서 크게 두 번 나옵니다. 첫 번째 꿈은 하란으로 도망할 때 벧엘에서 꾼 꿈이고, 두 번째 꿈은 입애굽을 앞두고 브엘세바에서 꾼 꿈입니다. 입애굽을 앞두고 브엘세바에서 꾼, 이 야곱의 꿈은 아브라함의 후손들이 애굽으로 내려가 430년을 살면서 '민족'을 이루게 되는 굉장히 큰 규모의 꿈입니다.

> "하나님이 이르시되 나는 하나님이라 네 아버지의 하나님이니 애굽으로 내려가기를 두려워하지 말라 내가 거기서 너로 큰 민족을 이루게 하리라"(창 46:3)

이렇게 요셉의 꿈과 바로의 꿈, 그리고 야곱의 꿈은 대단합니다. 그런데 이 세 사람의 꿈을 합하면 '모든 민족을 위한 한 민족'을 세우시는 우리 하나님의 꿈이 됩니다.

앞으로 출애굽 이후 예수님의 십자가 사건까지 아주 중요한 핵심 이야기가 될 '제사장 나라'를 위한 하나님의 꿈이 시작됩니다.

● 두 번째 포인트

30세에 요셉은 〈보디발 가정 학교〉와 〈감옥 학교〉를 졸업합니다.

아버지의 가장 큰 사랑을 받던 아들에서 하루아침에 애굽의 노예가 된 요셉! 요셉은 말도 통하지 않는 낯선 땅 애굽에서 바로의 친위대장 보디발의 집 노예로 애굽 생활을 시작했습니다. 하지만 고난 중에도 하나님께서 요셉과 함께하시므로 요셉은 '형통한 자'가 됩니다. '형통'하게 된 것은 하나님께서 함께하시기 때문입니다.

'형통하다'는 히브리어로 '찰라흐(צָלַח)'입니다. 이는 '돌진하다', '통하여 가다', '번성하다', '승리를 얻다' 등의 의미로 창세기 39장에서 세 번이나 나옵니다.

보디발의 집에서 요셉은 가정 총무가 되기까지 온갖 고생을 합니다. 그리고 요셉은 보디발의 집 가정 총무가 되어 애굽 농경 사회의 실물경제, 즉 장바구니 경제를 익히게 됩니다. 그런데 얼마 후 요셉은 정말 억울한 이유로 감옥에 갇히는 죄수의 신분이 됩니다. 그러나 하나님께서는 감옥에 있는 요셉과 함께하시며 범사에 형통하게 하셨습니다.

요셉은 억울한 감옥 생활 중에도 최선을 다해 간수장의 일을 돕습니다. 얼마나 일을 잘했던지 요셉이 한 일은 간수장이 다시 확인하지 않아도 될 만큼이었습니다. 그러던 중에 요셉은 감옥 안에서 바로의 신하들인 술 맡은 관원장과 떡 굽는 관원장을 만나게 됩니다.

술 맡은 관원장과 떡 굽는 관원장 중 누가 죄를 지은 자인지 명확하게 밝혀지지 않자 바로가 두 사람 모두를 감옥에 넣었던 것입니다. 결국, 두 관원장에 대한 요셉의 꿈 해석대로 떡 굽는 관원장은 그의 죄가 드러나 죽고, 억울하게 옥에 갇혔던 술 맡은 관원장은 복직이 됩니다. 요셉은 감옥 안에서 자신도 모르는 사이에 이렇게 정치와 행정, 그리고 사회 일탈 세력들의 범죄, 더 나아가 그들의 범죄를 막을 방도까지 배우고 있었습니다.

이후에 총리가 된 후 요셉은 보디발의 집에서 장바구니 실물 경제를 그리고 감옥 안에서 정치 행정을 모두 배웠음을 깨닫게 됩니다. 그런 면에서 요셉에게 보디발의 집과 감옥은 모두 학교였습니다. 학교에는 입학과 졸업이 있고, 커리큘럼(curriculum)이 있고, 가르치는 선생님이 있습니다.

요셉은 '보디발 가정 학교'와 '감옥 학교'를 입학해서 30세에 졸업했고 하나님께서 예비하신 커리큘럼으로 공부했습니다. 그리고 애굽에서 만난 모든 사람들이 요셉의 선생님이었습니다.

● 세 번째 포인트

총리 요셉의 국가 재난 대책은 세 가지입니다.

누구나 다 알고 있듯이 요셉이 애굽 총리의 자리에 오르게 된 것은 바로의 꿈 때문이었습니다. 그런데 요셉이 바로의 꿈만 해석했다면 요셉은 왕실 기념품 정도 받고 다시 감옥으로 돌아갈 수도 있었을 것입니다. 그런데 요셉이 그날 그 자리에서 곧바로 애굽 총리의 자리에 오르게 된 것은 14년 국가 재난에 대한 확실한 대안과 대책을 제시했기 때문입니다.

요셉의 국가 재난 대책은 세 가지였습니다.

첫째, 7년 풍년 동안 소출의 5분의 1을 국가가 거둬들인다! 5분의 2도 아니고, 6분의 1도 아닌, 정확히 5분의 1이어야 합니다.

둘째, 전국에서 거둬들인 소출은 중앙이 아닌 각 지방에 분산 저장한다! 7년 동안은 저장, 보관하는 일만 집중해야 하고 8년째부터는 잘 팔아야 하기 때문입니다.

셋째, 14년 내각은 비상 내각으로 운영한다! 풍년 7년과 흉년 7년, 14년 전체를 국가 비상 상황으로 대처해야 하기 때문입니다.

요셉의 이 세 가지 대안이 얼마나 구체적이고 탁월한지 바로와 왕실의 모든 사람들이 놀라서 말합니다.

"이와 같이 하나님의 영에 감동된 사람을 우리가 어찌 찾을 수 있으리요"

"너는 내 집을 다스리라 내 백성이 다 네 명령에 복종하리니 내가 너보다 높은 것은 내 왕좌뿐이니라"

"내가 너를 애굽 온 땅의 총리가 되게 하노라"(창 41:38~41)

● 네 번째 포인트

바로의 선택! 요셉은 권력의 몸통이 되고 자신은 권력의 깃털이 되는 것입니다.

요셉이 애굽에서 총리가 되기 전까지 그의 이력은 어느 것 하나 내세울 것이 없었습니다. 그러나 바로에게는 요셉이 절대적으로 필요했습니다. 그래서 바로는 자신과 애굽의 미래를 위해 요셉에게 그가 할 수 있는 모든 투자를 아끼지 않았습니다.

첫째, 바로는 요셉에게 '임기가 보장된 국가 비상 내각 14년 총리'로 임명했습니다.

둘째, 바로는 요셉에게 인장 반지, 세마포 옷, 그리고 금사슬을 주어 총리로서 완벽한 권한을 행사할 수 있는 힘을 실어주었습니다.

셋째, 바로는 요셉을 버금 수레에 태워 퍼레이드를 하게 함으로 요셉이 애굽에서 2인자가 되었다는 사실을 온 백성에게 공식화했습니다.

넷째, 바로는 요셉의 이름을 '사브낫바네아' 즉 '비밀을 밝혀내는 자'라는 뜻의 이름으로 개명해주었습니다. 이는 요셉이 애굽의 공직자로서 불편함이 없도록 해준 것입니다.

다섯째, 바로는 요셉을 온의 제사장 보디베라의 딸 아스낫과 결혼시켰습니다. 고대 사회의 계급은 왕, 사제, 귀족, 평민, 노예 순이었습니다. 바로가 요셉을 귀족 위의 계급인 사제의 딸과 결혼시킴으로 요셉의 신분을 완벽하게 세탁해주었던 것입니다.

이렇게 바로는 고대 사회에서 상상할 수 없는 '소유와 경영의 분리'를 통해 어마어마한 성과를 내게 됩니다. 바로는 요셉이 14년 동안 완벽한 권력의 몸통이 되게 했습니다. 그리고 자신은 권력의 깃털이 되어, 14년 국가 비상사태를 오히려 지렛대로 삼아 애굽을 부강한 나라가 되게 했습니다.

● 다섯 번째 포인트

요셉은 14년 동안 '국가 재난 대책 프로젝트'를 이끕니다.

요셉은 총리가 되자, 그날부터 책임 총리로 '14년 국가 재난 대책 프로젝트'에 돌입합니다. 애굽에 비상 공직 체계를 시작한 것입니다. 예전에 야곱은 하란에서 20년 동안 '눈 붙일 겨를 없이' 목축업에 종사하며 살았습니다. 그런데 요셉은 애굽에서 14년 동안 '눈 붙일 겨를 없이' 국가 재난 대책 프로젝트에 집중하며 살았습니다.

요셉은 먼저, 풍년 7년 동안 그해 소출의 1/5을 거둬들이고 그 소출을 각 성읍에 분산 저장하여 보관하는 일에 심혈을 기울였습니다. '마침내' 8년째 흉년이 들었습니다. 이때 바로는 자신의 선택과 결정에 대해 얼마나 큰 자부심을 가졌겠습니까? 7년 풍년에 이어 흉년 2년 차, 다시 말해 요셉 총리 9년 차에 애굽 왕실은 쌓을 수 없을 만큼의 큰 부를 획득하기 시작합니다.

그렇게 요셉의 몸값이 최고 정점일 때, 가나안에 살고 있었던 열 명의 형들이 양식을 사기 위해 애굽으로 내려옵니다. 그리고 많은 우여곡절 끝에 형제 화해를 이루고 아버지 야곱을 애굽으로 초대합니다. 그토록 보고 싶은 아버지를 애굽으로 초대한 것은 당장은 아버지를 만나 뵈러 갈 시간조차 없을 만큼 요셉이 바빴기 때문입니다.

입애굽 이야기와 출애굽 이야기는 따로 떼어서 볼 것이 아니라 하나의 이야기로 함께 보아야 합니다. 우리는 입애굽의 선발대이며 지도자인 요셉을 만나보았습니다. 입애굽과 출애굽은 모두 하나님의 뜻이 땅에서 이루어진 이야기입니다.

우리도 하나님의 뜻이 이 땅에서 이루어지도록 하나님의 일에 동역하는 멋진 하루 보내기를 바랍니다.

15일

22년 만에 이룬 형제 상봉(창 42~44장)

애피타이저 APPETIZER

성경에는 지난날의 모든 고난이 어느 한순간 하나님의 뜻으로 해석되는 놀라운 장면들이 있습니다.

하나님의 사람 욥도 이유를 알 수 없는 고난을 당했습니다. 또한 요셉도 이유를 알 수 없는 고난을 당했습니다. 그런데 하나님의 사람들은 시간이 지나 하나님의 때에 그 고난이 해석되는 놀라운 하나님의 은혜를 체험합니다.

우리 인생의 모든 고난도 어느 날 욥과 요셉처럼 하나님의 말씀인 성경으로 해석될 수 있습니다. 그래서 성경 한 권이면 충분합니다.

성경통독 BIBLETONGDOK

《일년일독 통독성경》 창세기 42~44장

통通으로 숲이야기 ; 통숲 TONG OBSERVATION

● 첫 번째 포인트

7년 풍년에 이은 흉년 2년 차에 고대 근동은 식량 전쟁이 시작됩니다.

애굽의 '7년 풍년'은 단지 애굽 지역만의 풍요가 아니었습니다. 왜냐하면 풍년은 하나님께서 이른 비와 늦은 비 그리고 햇빛과 바람을 주심으로 가능한데 그 모든 것은 당시 애굽뿐 아니라 애굽 주변 고대 근동의 모든 나라들에게도 동일하게 주신 하나님의 은혜였기 때문입니다.

창세기 2장의 기록입니다.

"여호와 하나님이 땅에 비를 내리지 아니하셨고 땅을 갈 사람도 없었으므로 들에는 초목이 아직 없었고 밭에는 채소가 나지 아니하였으며 안개만 땅에서 올라와 온 지면을 적셨더라"(창 2:5~6)

밭에서 땅의 식물이 나게 하는 길은 하나님께서 하늘로부터 비를 내려주시고 거기에 인간이 땅을 갈며 수고할 때 가능합니다.

그러므로 풍년은 하나님의 수고와 인간의 수고가 함께 작용할 때 발생하는 것입니다. 반면, 흉년은 하나님께서 하늘에서 비를 내려주시지 않거나 인간이 게을러서 밭에 나가 일하지 않으면 곧바로 발생합니다. 그러므로 인간들이 아무리 노력해도 하나님께서 하늘로부터 비를 내려주시지 않고 거기에 햇빛과 바람을 주시지 않는다면 인간은 생존 그 자체가 불가능한 존재인 것입니다.

요셉 당시, 애굽과 그 주변 고대 근동의 모든 나라들은 하나님의 은혜로 7년 동안이나 계속해서 풍년을 누렸습니다. 그런데 이어진 그 다음 해에 과연 지난 7년 동안 풍년이 있었나 싶을 만큼 지독한 흉년이 왔고, 그 다음 해에 또 흉년이 이어지자 고대 근동의 모든 나라들은 식량 비상사태에 돌입하게 됩니다.

흉년이 2년째 지속되자 모든 사람들은 오직 식량을 구할 생각 외에는 아무것도 할 수 없게 됩니다. 인간은 쌓아놓은 식량이 줄어드는 것만으로도 불안해하는 존재입니다. 그런데 흉년으로 먹을 식량이 없다면 인간은 아무것도 할 수 없는 패닉 상태가 되고 마는 것입니다.

그렇게 흉년이 2년째 계속되어 가는 때에 애굽에는 식량이 넘치도록 산더미처럼 쌓여 있다는 소문이 고대 근동 전체에 퍼져 나가기 시작했습니다. 그러자 고대 근동의 모든 나라, 모든 사람이 하나같이 애굽이라는 나라에 집중하기 시작했습니다. 어떻게 하든지 무조건 애굽에 가야 살 길이 열리는 상황이었습니다.

그 당시 고대 근동의 사람들은 그러한 흉년이 앞으로도 5년이나 계속될 것이라는 사실을 상상도 하지 못했습니다. 그러나 바로와 애굽 궁정의 신하들은 요셉을 통해 이미 그 사실을 알고 있었습니다. 그러니 이들에게 요셉은 거의 신처럼 보였을 것입니다. 때문에 흉년 2년 차, 요셉의 총리 9년 차에 요셉의 몸값은 말 그대로 천정부지로 치솟았습니다.

● 두 번째 포인트
요셉은 22년 만에 만난 형들을 정탐꾼으로 몰아세웁니다.

요셉은 흉년 2년 차에 가나안으로부터 자기 형들도 곡식을 사기 위해 애굽으로 올 것이라는 사실을 충분히 예상했을 것입니다. 당시 애굽은 애굽 백성들은 물론 고대 근동 전역으로부터 곡식을 사러 온 사람들로 북새통을 이루고 있었기 때문입니다.

애굽은 요셉이 지난 7년의 풍년 동안 지방 적재적소에 곡식을 모아 잘 저장해놓았기 때문에 어떤 작은 혼란도 없었습니다. 오히려 각 지방에 잘 저장해둔 곡식을 팔면서 바로의 재산은 매일 최고치를 갱신하고 또 갱신했습니다.

드디어 요셉의 열 명의 형들이 곡식을 사기 위해 애굽으로 내려왔습니다. 요셉의 예상대로 베냐민의 모습은 보이지 않았습니다. 요셉의 마음속에는 혹시 형들이 자기처럼 베냐민도 죽이지 않았을까 하는 의심이 들었을 것입니다.

요셉은 주도면밀한 사람입니다. 그래서 완벽한 애굽 총리의 모습으로 형들을 대했습니다. 요셉과 형들 사이에 통역을 세워 언어도 바꿔 사용하면서 대화했습니다. 그렇게 대화하다가 요셉이 갑자기 형들을 정탐꾼으로 몰아세웁니다.

"너희는 정탐꾼들이라 이 나라의 틈을 엿보려고 왔느니라"(창 42:9)

그러자 너무 당황한 형들은 한마디로 정탐이 아니라는 사실을 말하기 위해 "우리는 다 한 사람의 아들들"이라고 말합니다.

요셉이 재차 정탐으로 몰아붙이자 그들은 "우리들은 열두 형제로서 가나안땅 한 사람의 아들들"이라고 다시 말합니다.

여기서 일단 요셉은 감동입니다. 그들 입에서 나온 '한 사람의 열두 아들들'이라는 말 때문입니다. 요셉은 그렇다면 막내아우를 데려와서 정탐꾼이 아님을 증명하라고 명령합니다. 그 말을 들은 열 명의 형들은 정말 하늘이 노랬습니다.

22년 전 요셉에게 행한 악한 행동 때문에 자기들이 이런 벌을 받는다며 지난 22년간 한 번도 입 밖으로 내뱉지 않았던 말들을 하기 시작했습니다. 애굽의 총리가 자신들의 말을 알아듣지 못한다는 생각에 가슴속에 오랫동안 쌓아두었던 죄책감을 참지 못하고 표출했던 것입니다.

> "우리가 아우의 일로 말미암아 범죄하였도다 그가 우리에게 애걸할 때에 그 마음의 괴로움을 보고도 듣지 아니하였으므로 이 괴로움이 우리에게 임하도다"(창 42:21)

그 과정을 통해 요셉은 베냐민이 살아 있다는 것과 아직 아버지 야곱도 생존해 계신다는 정보를 얻게 됩니다.

요셉은 일단 타협안을 제안했습니다.

"일단 곡식은 팔겠다. 대신 막내동생 베냐민을 데려오고 그 사이에 대표 한 사람을 인질로 잡아두겠다." 하며 시므온을 끌어내 결박했습니다.

열 명의 형들에게는 다른 대안이 없었습니다. 당장 곡식을 사가지 않으면 가나안에서 70명의 가족들이 굶어 죽을 위기였기 때문입니다. 그래서 애굽 총리의 명령에 따라 시므온을 애굽에 남겨두고 아홉 명이 곡식을 챙겨 가나안으로 돌아갑니다.

● 세 번째 포인트
야곱은 흉년에, 처음으로 가족들을 감동시킵니다.

흉년은 그렇게 큰 부자였던 야곱까지도 어쩔 수 없게 만들었습니다. 야곱은 열 명의 아들들을 보내 애굽에 가서 곡식을 사오게 했습니다. 그런데 곡식은 구했지만, 아들은 아홉 명만 돌아온 것입니다. 거기에다 이번에는 막내아들 베냐민을 내어놓아야 다시 곡식도 사고 시므온도 되찾아올 수 있다는 것입니다. 말 그대로 진퇴양난이었습니다.

그런데 이때 야곱의 오래된 병 '편애'가 또다시 문제를 일으켰습니다. 야곱이 베냐민을 내어놓지 않겠다는 것입니다. 그러자 요셉의 아홉 명의 형들이 이 문제를 해결하기 위해 노심초사합니다. 먼저 르우벤이 나섰다가 본전도 못 찾았습니다. 결국 유다가 나서서 아버지 야곱이 거절할 수 없는 제안을 함으로 일이 해결됩니다.

"베냐민을 우리와 함께 보내시면 우리와 아버지와 우리의 어린아이들이 죽지 않고 살 것입니다." 그리고 "내가 담보가 되어 베냐민을 지킬 것인데 만일 데려오지 못하면 내가 영원히 죄인이 될 것입니다."라고 말합니다.

야곱이 마침내 결단을 합니다. 야곱의 이 결단에 온 가족이 처음으로 감동합니다.

> "전능하신 하나님께서 그 사람 앞에서 너희에게 은혜를 베푸사 그 사람으로 너희 다른 형제와 베냐민을 돌려보내게 하시기를 원하노라 내가 자식을 잃게 되면 잃으리로다"(창 43:14)

야곱의 "내가 자식을 잃게 되면 잃으리로다." 이 말은 이후 에스더의 "죽으면 죽으리이다"(에 4:16)와 같은 실로 비장한 결심이 아닐 수 없습니다.

야곱의 이 결단과 선언으로 야곱의 70명의 가족들이 모두 살 수 있는 길이 열리게 되었습니다. 야곱의 가족들은 '편애'를 내려놓고 가족 공동체를 살리겠다는 야곱의 결단에 '처음으로' 감동, 감동했을 것입니다.

● 네 번째 포인트

요셉은 자신의 일 처리 솜씨를 총동원해 형제들을 시험해봅니다.

드디어 베냐민까지 만났습니다. 그런데도 요셉은 아직도 자신의 정체를 드러내지 않습니다. 요셉은 오히려 더 주도면밀하고 차분하게 형들을 시험하기 시작합니다.

요셉은 두 번에 걸쳐 형들을 시험합니다. 첫 번째 시험은 파티에서 열한 명의 형제들을 모두 초대하고 그 자리에서 베냐민에게만 다섯 배나 많은 음식을 주는 것이었습니다. 요셉은 형들이 과거에 자신을 시기했던 것처럼 베냐민에 대해서도 시기하고 있는지 그 사실 여부를 확인하려 했습니다.

"요셉이 자기 음식을 주되 베냐민에게는 다른 사람보다 다섯 배나 주매 그들이 마시며 요셉과 함께 즐거워하였더라"(창 43:34)

열 명의 형들은 이 첫 번째 시험을 무사히 잘 통과했습니다.

두 번째 시험은 우리가 이미 잘 알고 있는 '은잔 테스트'입니다. 요셉의 청지기가 가나안으로 돌아가는 야곱의 아들들을 모두 잡아왔을 때 이들은 어느 누구도 요셉의 은잔을 훔치지 않았기 때문에 만약 은잔이 발견된다면 훔친 자는 죽이고 나머지 열 명은 모두 종이 되겠다고 큰소리를 쳤습니다.

그런데 은잔이 베냐민의 자루에서 발견됩니다. 그러자 자기들이 처음 큰소리쳤던 말에서 은잔이 발견된다면 그 사람을 죽이라는 말은 빼고, 열한 명 전체가 연대책임을 지고 다 종이 되겠다고 말합니다.

그러자 요셉이 달콤한 제안을 합니다. 그렇게까지 할 것은 없고 은잔이 자루에서 발견된 자만 종이 되고 열 명은 맘 편하게 너희 아버지에게로 가라고 합니다. 그런데 바로 이때 유다가 나섭니다. 자기가 베냐민 대신 종으로 남겠다고 한 것입니다.

유다의 명연설, '창세기 44장 18절에서 34절'을 다시 한번 읽어봅시다.

모리아산에서 아브라함과 이삭이 하나님의 가슴을 터지게 했던 것처럼 이때 유다의 연설로 요셉의 가슴도 터지고 맙니다. 그렇게 '샤프(sharp, 날카롭고 예리한)'했던 요셉이 형 유다 때문에 펑펑 울어버리고 만 것입니다. 열 명의 형들은 이렇게 요셉의 고난도 시험을 두 번이나 멋지게 통과했습니다.

● 다섯 번째 포인트
유다의 연설 속에는 세 가지 포인트가 있습니다.

유다는 왜 자신이 베냐민의 잘못을 대신해 애굽에 남아 종이 되고 베냐민은 돌려보내야 하는지 형제들 앞에서 짧게, 그러나 감동적으로 연설합니다.

유다의 연설 속에 들어 있는 세 가지 포인트는 다음과 같습니다.

첫째, 유다는 요셉이 가장 알고 싶은 '시기 문제'에 대해 정확한 답을 말했습니다. 요셉은 22년 전 자기에게 했던 것처럼 형들이 베냐민에 대해 시기하고 있는지 알고 싶었습니다. 그런데 유다가 베냐민을 대신해 종이 되겠다고 함으로 이 문제는 해결됩니다.

둘째, 유다의 연설에는 아버지를 살리고 싶은 마음이 들어 있습니다. 그래서 베냐민을 아버지께로 돌려보내기 위해 자신이 종이 되겠다고 나선 것입니다. 이후 야곱이 창세기 50장에서 왜 그렇게 유다에게 큰 축복을 해주었는지 알게 됩니다. 유다는 흉년에 아버지와 가족 공동체를 구하기 위해 자신의 두 아들 돌봄을 포기했고, 자기 자신까지 포기했습니다. 이후 이 모든 것을 야곱이 알았고, 야곱은 유다에게 무척 고마웠던 것입니다.

셋째, 유다의 명연설에는 베냐민을 아끼고 사랑하는 마음이 들어 있습니다. 사실 베냐민은 요셉의 은잔을 훔치지 않았습니다. 베냐민 입장에서는 너무나 억울한 일입니다. 그럼에도 불구하고 당시의 상황은 베냐민이 문제를 일으킨 것이 되었습니다. 그런데 유다가 베냐민 대신 종으로 남겠다고 나서준 것이니 베냐민 입장에서 유다 형이 정말 고마웠을 것입니다.

이후 유다 지파의 다윗과 베냐민 지파의 요나단이 서로 아끼고 사랑합니다. 그들의 우정은 '세기의 우정'이라 할 정도로 아직도 유명합니다. 유다와 베냐민의 사랑은 이스라엘이 한 민족 두 국가로 나뉘게 될 때 다시 한번 빛을 발합니다.

유다 지파의 왕 솔로몬이 죽은 후 이스라엘은 둘로 나뉘게 됩니다. 솔로몬의 아들 르호보암에 대한 반감 때문에 이스라엘 백성들 대부분이 예루살렘을 버리고 북쪽으로 올라가 나라를 다시 세운 것입니다. 그들은 나라 이름 '이스라엘'까지도 가지고 가버렸습니다. 그때 유일하게 베냐민 지파만 북쪽으로 따라 올라가지 않고 유다 지파와 함께 '남유다'라는 나라 이름으로 함께해줍니다.

그리고 세월이 많이 지난 후에도 유다 지파 예수님을 베냐민 지파 사도 바울이 목숨을 바쳐 사랑합니다. 이렇게 유다와 베냐민의 후손들은 그 후 수천 년 동안 서로 아끼고 사랑하며 잘 지냅니다.

유다의 삶 전반부만 보면 민망한 삶의 '끝판왕'입니다. 그런데 유다의 삶 후반부는 이보다 더 멋있을 수가 없습니다.

요셉까지도 울리는 유다! 베냐민의 든든한 형 유다! 아버지 야곱에게 가장 든든하고 믿음직한 아들 유다! 그리고 결국 다윗의 조상이 되는 유다!

우리의 삶도 갈수록 멋있는, 예수 그리스도를 본받는 그리스도인의 삶이 되기를 꿈꿉니다.

16일

요셉의 눈물(창 45~47장)

애피타이저 APPETIZER

야곱의 열두 아들들이 화해함으로 화목한 가정으로 회복되는 정말 아름다운 하나님의 말씀을 대할 것입니다. 부모가 되면 가장 기쁜 일이 자녀들이 화목하게 지내는 것입니다.

우리 예수님께서는 "예물을 제단에 드리려다가 거기서 네 형제에게 원망들을 만한 일이 있는 것이 생각나거든 예물을 제단 앞에 두고 먼저 가서 형제와 화목하고 그 후에 와서 예물을 드리라"(마 5:23~24)고 말씀하시며 형제간에 화목하게 지내는 것이 중요하다는 것을 가르쳐주셨습니다.

육신의 형제도 화목하게 지내야 하지만 주 안에서 형제 자매 된 우리 성도들도 서로 화목하게 지내기 위해 최선을 다해야 할 것입니다.

"보라 형제가 연합하여 동거함이 어찌 그리 선하고 아름다운고"(시 133:1)

성경통독 BIBLETONGDOK

《일년일독 통독성경》 창세기 45~47장

통通으로 숲이야기 ; 통숲 TONG OBSERVATION

● 첫 번째 포인트

70명이 입(入)애굽해서 430년 만에 장정 60만 명이 출(出)애굽합니다.

입(入)애굽의 지도자는 요셉을 비롯해 아버지 야곱 그리고 야곱의 넷째 아들 유다입니다. 그리고 430년 후에 출(出)애굽의 지도자는 모세를 비롯해 모세의 형 아론과 누나 미리암입니다.

입애굽의 지도자 요셉은 노예에서 애굽의 총리가 되었고, 출애굽의 지도자 모세는 노예에서 애굽의 왕자가 되었습니다.

입애굽 때에는 하나님께서 7년 풍년에 이어 7년 흉년으로 나일강을 마르게 하셨습니다. 출애굽 때에는 하나님께서 애굽의 모든 장자들을 죽게 하시고 홍해를 가르셨습니다. 이렇게 입애굽과 출애굽 이야기는 모두 하나님의 기적이 핵심 포인트입니다.

● 두 번째 포인트

요셉의 울음은 다섯 번 이상 성경에 기록됩니다.

성경 속 하나님의 사람들은 땀과 눈물을 참 많이 흘렸습니다. 그만큼 하나님의 마음을 담아 열정으로 애쓰고 수고하며 살았습니다. 그중에서도 '땀' 하면 노아가 생각나고 '눈물' 하면 예레미야 선지자가 먼저 생각납니다. 우리 예수님이 눈물 흘리신 일도 성경에 기록되어 있습니다.

우리가 계속해서 읽고 있는 창세기에는 요셉이 우는 장면이 많습니다. 그 가운데 다섯 번의 울음만 살펴보겠습니다.

첫 번째, 요셉은 도단에서 열 명의 형들에게 살려달라고 애원하며 울었습니다.

그 눈물은 아버지 야곱의 눈물로까지 이어졌습니다. 이제, 두 번째, 세 번째, 네 번째 운 기록은 요셉이 애굽의 총리 관저에서 운 기록입니다.

두 번째, 요셉은 애굽에서 22년 만에 만난 열 명의 형들을 보고 웁니다.

"요셉이 그들을 떠나가서 울고 다시 돌아와서"(창 42:24)

세 번째, 요셉은 22년 만에 만난 동생 베냐민을 보고 웁니다.

"요셉이 아우를 사랑하는 마음이 복받쳐 급히 울 곳을 찾아 안방으로 들어가서 울고 얼굴을 씻고 나와서"(창 43:30~31)

네 번째, 요셉이 유다의 연설을 듣고 웁니다.

"그 정을 억제하지 못하여 … 요셉이 큰 소리로 우니"(창 45:1~2)

요셉이 형들 앞에서 형제의 정을 억제하지 못하고 터뜨려버린 큰 울음이었습니다. 이때 요셉은 울먹이면서 세 가지를 말합니다.

첫째, 자신이 형들의 동생인 요셉이라는 사실을 밝힙니다. 그 전까지 통역을 세워 말하던 요셉이 통역 없이 형들에게 직접 말을 한 것입니다. 그러자 너무 놀란 형들이 요셉을 두려워합니다.

둘째, 요셉은 두려워 떠는 형들에게 "근심하지 마소서."라고 말합니다.

"하나님이 큰 구원으로 당신들의 생명을 보존하고 당신들의 후손을 세상에 두시려고 나를 당신들보다 먼저 보내셨나니"(창 45:7)

여기에서 '생명을 보존하고'는 히브리어로 '하야(חָיָה)'입니다. 이는 '살다', '소성하다'라는 뜻으로, 모든 생명체에 적용되는 말입니다. 창조주 하나님은 이 세상을 보존하시며 통치하시는 분입니다. 그것이 하나님의 섭리입니다. 그러므로 '생명을 보존하고'는 절대 주권자이신 하나님의 계속적인 행사가 있어야만 존재와 활동이 가능한 것입니다. '보존'은 만물을 후원하시는 하나님의 계속적인 사역이기 때문입니다.

셋째, 요셉은 아버지를 모시고 고센땅에 와서 5년을 머물 것을 형들에게 제안합니다. 형들이 지금처럼 계속해서 가나안과 애굽으로 오가며 곡식을 사서 나를 것이 아니라, 아버지 야곱을 모시고 애굽으로 내려와 5년 동안 같이 살자는 것입니다. 앞으로도 흉년이 5년이나 계속될 것임을 말해준 것입니다. 요셉은 형들을 시험하면서 그 사이에 치밀하게 '애굽의 고센땅을 준비'하고 있었습니다.

마지막으로 요셉의 다섯 번째 울음은 고센땅에서 아버지 야곱을 만나 얼싸안고 운 울음이었습니다. 가장 큰 기쁨의 눈물이었을 것입니다.

● 세 번째 포인트

야곱의 가족들은 국빈급으로 애굽에 초대됩니다.

창세기 45장을 보면 "요셉의 형들이 왔다는 소문이 바로의 궁에 들리매 바로와 그의 신하들이 기뻐하고"(창 45:16)라고 기록되어 있습니다. 요셉이 22년 만에 형들을 만나 기뻐하는 것이 애굽의 바로와 신하들에게도 기쁨이 되었다는 것입니다.

말 그대로 "요셉이 기쁘면 우리도 기뻐." 바로 그런 것입니다. 뛰어난 정치력의 소유자 애굽 왕 바로는 요셉을 기쁘게 할 아이디어를 냅니다. 즉 요셉의 가족들을 모두 애굽으로 초청하고 애굽의 좋은 땅을 주겠다고 말합니다. 그리고 바로는 통 크게, 지금으로 말하면 '대통령 전용기' 정도 되는 애굽의 수레들을 내어주며 요셉 형들의 가족들과 요셉의 아버지를 그 수레에 모셔 오라고 말합니다.

그러면서 바로는 요셉의 가족들에게 애굽의 좋은 땅을 꼭 주겠다고 다시 한번 강조합니다. 바로가 요셉의 가족들을 국빈급으로 초대한 공식 문건의 내용은 다음과 같습니다.

첫째, 양식을 싣고 가서 요셉 형들의 가족과 요셉 아버지를 그 수레에 모셔 와라, 기구를 아끼지 말라, 그리고 애굽의 좋은 땅을 주겠다.

둘째, 요셉의 열 명의 형들에게는 옷 한 벌씩, 요셉의 동생 베냐민에게는 옷 다섯 벌과 은 300을 준다.

셋째, 요셉의 아버지에게는 수나귀 열 필에 애굽의 아름다운 물품을 실어주고 암나귀 열 필에는 길에서 먹을 곡식과 떡과 양식을 실어 보낸다.

이는 요셉이 애굽의 바로와 왕궁 신하들, 그리고 애굽 백성들에게 얼마나 큰 사랑과 존경을 받고 있었는지 그리고 요셉에 대한 감사가 얼마나 컸는지를 보여주는 것입니다.

사실, 요셉은 시간 분초를 다투며 하루 25시간으로 일하면서 국가 비상 시기를 보내고 있었기 때문에 바로 입장에서는 요셉을 위해서라면 무엇이든지 최고의 것으로 해주고 싶었을 것입니다.

다시 말해, 14년 동안은 요셉의 안위가 곧 애굽 국가의 운명과 다를 바 없었습니다. 요셉이 건강하고, 요셉의 컨디션이 좋아야 애굽은 계속해서 번영을 이룰 수 있었던 것입니다.

그래서 애굽의 바로와 신하들은 요셉이 방성대곡할 때, 정말 깜짝 놀랐고 요셉이 형들을 만나 운 것이었다는 사실에 크게 안도하며 기뻐했던 것입니다. 그러니 요셉을 위해서는 못 해줄 것이 없었던 것입니다.

● 네 번째 포인트

입(入)애굽은 '민족 만들기' 꿈이며 출(出)애굽은 '나라 만들기' 꿈입니다.

'요셉의 꿈'이나 '바로의 꿈'보다 정말 더 놀라운 꿈은 브엘세바에서의 '야곱의 꿈'입니다. 야곱의 꿈은 '모든 민족을 위한 한 민족' 탄생을 위한 즉, 하나님의 뜻을 이 땅에서 실현하게 하는 '민족 만들기' 프로젝트 꿈이었기 때문입니다.

야곱은 22년 동안 죽은 줄로만 알았던 요셉이 애굽에서 총리가 되어 하나님의 뜻인 '7년 풍년과 7년 흉년' 프로젝트에 함께 동역하고 있다는 소식을 듣고 기뻐했습니다. 그리고 흉년이 앞으로 5년 더 남아 있는 상황에서 애굽으로 내려갈 수 있게 된 것은 그 가정의 살 길이 열린 정말 기쁜 일이었습니다. 그리고 무엇보다 야곱은 요셉이 얼마나 보고 싶었겠습니까?

그런데 야곱이 애굽으로 내려가는 일을 주저합니다. 그 이유는 야곱의 할아버지 아브라함에게 가나안땅은 하나님께서 '보여줄 땅'이었고 야곱 자신에게는 '고향 땅'이며 '약속의 땅'이었기 때문입니다.

또한 아브라함이 애굽에 내려가서 겪었던 어려움 그리고 하나님께서 이삭에게 흉년에 애굽으로 내려가지 말라고 하셨던 일이 생각났던 것입니다. 그래서 야곱은 애굽으로 내려가는 일이 두려웠습니다.

그러자 하나님께서 야곱의 꿈에 나타나셔서 입애굽을 통한 하나님의 뜻을 말씀하십니다.

> "애굽으로 내려가기를 두려워하지 말라 내가 거기서 너로 큰 민족을 이루게 하리라 내가 너와 함께 애굽으로 내려가겠고 반드시 너를 인도하여 다시 올라올 것이며 요셉이 그의 손으로 네 눈을 감기리라"(창 46:3~4)

아브라함의 후손들이 하늘의 뭇별처럼 많아져 큰 민족을 이루게 될 것이라는 하나님의 뜻은 앞으로 애굽에서 5년 흉년을 잘 보내기 위해 내려보내는 것이 아닙니다. 민족을 만들기 위한 430년을 살아야 하는 것이었습니다. 하나님의 뜻을 알게 되자 야곱은 주저하지 않고 애굽으로 내려갑니다. 그리고 요셉에게 이 하나님의 뜻을 전합니다.

요셉은 당대에 가장 뛰어난 지식인이자 최고의 행정가였습니다. 요셉은 7년 풍년과 7년 흉년을 미리 알고 대처한 하나님의 사람이었습니다. 하지만 요셉에게 '430년 하나님의 뜻'을 전한 사람은 바로 아버지 '야곱'이었습니다.

이후에 보면, 다니엘도 요셉과 같은 경험을 합니다. 요셉이 애굽에서 행정가로 일했다면 다니엘은 바벨론과 페르시아에서 행정가로 일했습니다.

요셉이 '7년 풍년과 7년 흉년'을 미리 알고 대처한 하나님의 사람이었다면 다니엘은 '하나님께서 계절을 바꾸시고 왕들을 바꾸시는 분'이라는 사실을 안 하나님의 사람이었습니다.

요셉에게 애굽에서의 삶이 430년이 될 것을 알려준 사람이 아버지 야곱이었다면 다니엘에게 바벨론 제국의 수명 70년을 가르쳐준 사람은 바로 예레미야 선지자입니다.

이렇듯 하나님께서는 하나님의 사람들이 서로 협력해서 뜻이 하늘에서 이루어진 것처럼 땅에서도 이루어지게 하십니다. 그러므로 입(入)애굽은 '민족 만들기'를 위한 하나님의 꿈이요 430년 후의 출(出)애굽은 '나라 만들기'를 위한 하나님의 꿈입니다.

● **다섯 번째 포인트**

입애굽의 지도자 요셉의 출애굽 준비 세 가지는 고센땅, 목축업, 교육이었습니다.

애굽에서의 생활이 5년이 아닌 430년이라는 '하나님의 뜻'을 아버지 야곱에게 전해 들은 요셉이 입애굽의 책임자로서 출애굽의 청사진을 미리 그려놓았습니다.

요셉의 첫 번째 준비는 '고센'이었습니다. 당시 애굽에서 요셉의 권력은 최소 14년 동안 말 그대로 '전권을 가진 자'였습니다. 그리고 바로는 요셉의 가족들에게 애굽에서 가장 기름진 좋은 땅을 주겠다고 이미 공헌한 바 있습니다.

따라서 요셉은 애굽 내에서 어떤 땅이든 마음껏 가질 수 있었습니다. 그런데 요셉은 집중하여 고센땅을 선택하고 다섯 명의 형들을 통해 바로에게 그 땅을 얻게 합니다.

두 번째 요셉의 선택은 '목축업'입니다. 당시 애굽은 최첨단 산업인 농업을 주로 하는 '농업 국가'였습니다. 그리고 애굽 사람들은 유난히 목축업을 가증히 여겼습니다. 그것은 애굽 사람들의 배타성과 유목민에 대한 냉대 때문입니다.

애굽 사람들은 과거 유목민들에게 괴롭힘을 당했던 경험이 많았으며 특히 소를 숭배하는 사상을 가지고 있었기에 목축업을 좋아하지 않았습니다.

이 모든 사실을 이미 잘 알고 있는 요셉이 굳이 목축업을 고집했던 이유는 애굽 사람들로부터 혈통의 순수성을 지키고자 했기 때문입니다.

요셉은 자기 자식들과 조카들을 애굽 사람들과 결혼시키지 않아야 아브라함 후손을 잇는 한 민족으로서 하나님의 뜻이 실현될 수 있다고 생각했던 것입니다. 그래서 애굽 사람들이 가증이 여기는 목축업을 선택함으로 처음부터 애굽 사람들과의 '혼맥'을 차단했습니다.

출애굽을 위한 요셉의 세 번째 준비는 '교육'이었습니다. 교육에 대해서는 다음에 이어가도록 하겠습니다.

요셉의 목축업 선택은 이후 출애굽할 때 유월절에 빛을 발하게 됩니다. 각 가정에서 1년 된 어린 양을 거의 한 마리씩 다 잡아야 했는데 그때 그 미션이 그렇게 어렵지 않았던 것은 바로 목축업 선택 때문이었습니다. 목축업은 이전에 하란에서 야곱이 선택했었고 애굽에서 요셉이 선택한 최고의 '유월절 준비'였습니다.

디저트 DESSERT

애굽에서 22년 동안 형들에 대한 요셉의 기억은 항상 도단에서 무서웠던 그 형들의 모습이었습니다. 채색옷, 아버지의 사랑, 두 번의 꿈, 그럼에도 불구하고 요셉에게 과거는 늘 '정지 화면'이었던 것입니다. 그런데 그 사이 형들은 놀랍게 변해 있었고 특히 유다 형의 변화는 감동 그 자체였습니다. 덕분에 가족 모두 미래로 나아갈 수 있게 됩니다.

누군가 먼저 변하면 함께 앞으로 나아갈 수 있습니다. 그 누군가가 내가 된다면 얼마나 좋겠습니까. 성경 속 하나님의 멋진 사람들처럼 우리도 미래를 선도하는 하나님의 사람을 꿈꿉니다.

17일

입(入)애굽과 출(出)애굽 (창 48~50장)

애피타이저 APPETIZER

성경 66권의 첫 번째 책인 〈창세기〉를 끝내는 날입니다. 성경 전체에서 66분의 1이 끝나는 것입니다. 성경은 한 권이자 동시에 66권인 책입니다. 그리고 성경 66권은 각각의 완성된 이야기로 구성되어 있으면서도 결국 하나의 이야기, '예수 그리스도의 십자가' 이야기인 원 스토리(one story)로 완성도가 이루어진 책입니다.

세상에서 이런 책은 오직 '성경' 한 권뿐입니다. 하나님께서 스스로 하나님을 드러내신 계시의 책! 그리고 창조주 하나님께서 피조물인 우리들에게 선물로 주신 책!

우리는 이 성경을 통해 창조주 하나님, 긍휼의 하나님, 공의의 하나님, 아버지 하나님, 사랑의 하나님을 더 많이 알아갈 수 있습니다. 그러므로 하나님의 뜻대로 살기를 꿈꾸며, 그 꿈이 현실이 될 수 있는 길은 오직 기록된 성경을 늘 읽고 듣고 공부하는 방법 외에 다른 길은 없습니다. 그래서 우리는 '오직 성경'입니다.

성경통독 BIBLETONGDOK

《일년일독 통독성경》 창세기 48~50장

통通으로 숲이야기 ; 통숲 TONG OBSERVATION

● 첫 번째 포인트

야곱의 장례식은 출애굽 예행연습이었습니다.

70명의 가족을 이끌고 애굽으로 내려온 야곱을 보고 애굽 왕 바로는 곧바로 야곱의 나이를 물어보았습니다. 겉으로 보아서는 야곱의 나이를 가늠할 수가 없었기 때문입니다. 그러자 야곱이 "내 나그네 길의 세월이 130년입니다. 내 나이가 얼마 못 되니 우리 조상의 나그네 길의 연조에 미치지 못하나 험악한 세월을 보내었습니다."라고 말합니다. 자신의 말대로 야곱은 정말 험악한 나그네 세월을 살았습니다. 그런데 야곱이 애굽에 들어와서는 130세에서 147세까지, 17년간 '험악한 나그네 세월'이 아닌 정말 멋진 '패밀리 스쿨(family school)'로 자손들에게 하나님을 가르쳤습니다.

147세에 야곱이 죽자, 야곱의 장례는 온 가족이 하나가 되는 화해의 장이 되었습니다. 그리고 애굽은 요셉에게 말로 다 할 수 없는 감사와 경의를 표하기 위해 총리 요셉의 아버지, 야곱의 장례를 '70일 국장급'으로 격상시켜주었습니다. 애굽의 왕이 죽으면 장례가 72일인데 야곱의 죽음을 그만큼 크게 존중해주었던 것입니다. 애굽의 원로들과 공직자들은 모두 국정을 중단하고 야곱의 죽음을 애도했으며 애굽에서 가나안의 막벨라굴 장지까지 함께했습니다.

이때는 요셉이 14년 총리직을 끝내고 12년이나 지난 시점이었습니다. 그럼에도 불구하고 지난날 요셉의 공로에 대한 보상으로 애굽은 이렇게 야곱의 장례에 한꺼번에 모두 쏟아부었던 것입니다. 요셉이 아버지 장례를 국장급으로 만들고 애굽 고관들까지 막벨라굴로 행렬한 이유는 아버지 야곱의 후손들이 민족을 이루게 되면 반드시 출애굽을 해야 한다는 것을 장례 행렬을 통해 교육한 것이라고 할 수 있습니다. 즉, 이것은 놀랍게도 출애굽의 예행연습이었습니다.

이와 함께 '두 가지 역사 기록'이 또 있습니다.

첫째, 요셉이 요단강을 건너 아닷 타작 마당에서 아버지를 위해 7일간 크게 애곡할 때, 그 땅 거민 가나안 백성들이 이를 보고 '애굽 사람의 큰 애통'으로 본 것입니다. 그래서 그 땅 이름이 '애굽 사람의 큰 애통'이라는 뜻의 '아벨미스라임'이라고 불립니다.

둘째, 야곱의 시신을 묻기 위해 가나안의 막벨라굴 장지까지 갈 때 어린아이들과 양 떼와 소 떼는 고센땅에 남겨두고 갔는데 이것이 역사 기록으로 남습니다. 이후에 모세와 애굽 왕 바로가 출애굽 이슈를 협상할 때 모세가 여호와께 절기를 지키려고 남녀노소, 양과 소를 데리고 가겠다고 하자 바로는 430년 전 요셉 때의 사실을 근거로 "그렇게 하지 말고 너희 장정만 가서 여호와를 섬기라"(출 10:11)라고 말합니다.

● 두 번째 포인트

야곱은 죽기 전 요셉의 두 아들 머리 위에 손을 얹고 처음으로 '안수'의 방식으로 축복을 해줍니다.

야곱은 죽기 전에 요셉에게 한 가지 맹세를 하게 했습니다. 아브라함이 다메섹 사람 엘리에셀에게 시켰던 것처럼 야곱은 자신의 허벅지 아래에 요셉의 손을 넣고 맹세를 시킨 것입니다.

"너는 나를 애굽에서 메어다가 조상의 묘지에 장사하라"(창 47:30)

그리고 야곱은 요셉의 두 아들에게 축복을 해줍니다. 그런데 야곱이 요셉의 두 아들 므낫세와 에브라임을 축복할 때 이전에 어느 누구도 하지 않았던 방식을 채택합니다.

야곱이 손을 므낫세와 에브라임의 머리에 얹고 축복을 해줍니다. 최초의 안수기도가 시작된 것입니다. 이때 야곱은 자신의 할아버지 아브라함과 아버지 이삭이 "하나님을 섬겼다."라고 말하면서 자신은 "하나님께서 기르셨다."라고 고백합니다. 부끄러운 자아 성찰이 담긴 야곱의 고백이었습니다.

"내 조부 아브라함과 아버지 이삭이 섬기던 하나님, 나의 출생으로부터 지금까지 나를 기르신 하나님"(창 48:15)

여기서 '기르셨다'는 히브리어로 '라아(רָעָה)'입니다. 이는 가축을 '돌보다', '먹이다'라는 뜻입니다.

야곱이 하나님께서 자신의 목자가 되셔서 자신을 먹이시고 기르셨다고 고백한 것입니다. 눈 붙일 겨를도 없이 일하고, 험악한 나그네 세월을 살았는데 사실 그 모든 과정은 하나님께서 자신을 기르신 과정이었다는 것입니다.

그런데 이때 요셉이 깜짝 놀랍니다. 아버지가 오른손을 차남 에브라임의 머리에 얹고 왼손을 장남 므낫세의 머리에 얹어 축복기도를 해주고 있었던 것입니다. 요셉 집안은 대대로 장남과 차남의 갈등이 이어 내려온 트라우마(trauma)가 있었는데 그런 일이 또 발생할까 요셉이 지레 겁을 먹습니다.

그런데 야곱이 요셉의 걱정을 불식시킵니다. 그리고 야곱의 축복대로 에브라임과 므낫세는 형제간에 시기와 질투 없이 각자 큰 복을 받습니다. 특히 동생 에브라임을 섬기게 된 장남 므낫세가 동생을 시기했다는 내용은 성경에 없습니다. 므낫세는 하나님의 주권을 받아들이고 자신에게 주어진 자기 몫의 복을 즐거워했습니다.

이후에 보면, 나이 많은 요나단도 어린 다윗을 시기하지 않았습니다. 더 나아가 우리 예수님은 섬김을 받으러 오신 것이 아니라 섬기러 오셨다고 말씀하시며 제자들의 발을 씻기시고 섬김의 모범을 보여주셨습니다.

예수님의 말씀대로 '섬기는 자가 하늘나라에서 큰 자'입니다.

"너희 중에 누구든지 크고자 하는 자는 너희를 섬기는 자가 되고 너희 중에 누구든지 으뜸이 되고자 하는 자는 너희의 종이 되어야 하리라 인자가 온 것은 섬김을 받으려 함이 아니라 도리어 섬기려 하고 자기 목숨을 많은 사람의 대속물로 주려 함이니라"(마 20:26~28)

● 세 번째 포인트

열두 아들을 위한 야곱의 유언이자 축복은 이후 '제사장 나라의 12+1 세팅'이 됩니다.

애굽 왕 바로 앞에서 자신의 삶은 '험악한 나그네 세월'이었다고 고백했던 야곱이 애굽에서 17년간 자손들에게 하나님을 가르치며 누구보다 멋진 노년을 보냅니다. 그리고 야곱은 죽기 전 열두 명의 아들들에게 유언으로 축복을 해줍니다.

그런데 놀라운 사실은 창세기 49장에서 열두 명의 아들들에게 한 야곱의 유언이 400년 후 민수기 1장에서 이스라엘 열두 지파를 중심으로 '제사장 나라'의 모든 세팅(setting)이 되었다는 것입니다.

야곱의 유언은 민수기 1장 인구조사에서 열두 지파 603,550명과 레위 지파 22,000명으로 현실이 됩니다. 이 부분은 〈민수기〉 때 다시 자세하게 살펴보겠습니다.

특히 레위의 후손들인 레위 지파는 제사장 지파로 하나님의 일을 하게 되면서 야곱의 말대로 이스라엘 각처로 흩어지게 됩니다. 그리고 세겜에서 디나 사건으로 레위와 함께 가정을 큰 위기로 몰았던 시므온의 후손들인 시므온 지파는 유다 지파의 틈새에 끼어 분깃을 받게 됩니다.

야곱이 유언으로 열두 아들을 축복한 일은 이후 모세가 이어받아 이스라엘 열두 지파를 축복하는 일이 됩니다.

> "하나님의 사람 모세가 죽기 전에 이스라엘 자손을 위하여 축복함이 이러하니라"(신 33:1)

● 네 번째 포인트

야곱 장례 후, 요셉의 열 명의 형들은 다시 입애굽을 결정합니다.

야곱의 장례는 실로 대단했습니다. 70일 동안 국장급의 장례 절차가 이루어지면서 온 애굽이 야곱을 애도했습니다. 야곱은 그의 유언대로 애굽에 묻히지 않고 아브라함과 이삭이 묻혀 있는 가나안 막벨라굴에 묻혔습니다.

애굽 왕 바로는 요셉에게 야곱의 유언대로 야곱의 시신을 가나안까지 가서 묻게 했습니다. "바로의 모든 신하와 바로 궁의 원로들과 애굽 땅의 모든 원로와 요셉의 온 집과 그의 형제들과 그의 아버지의 집이 그와 함께 올라가고"(창 50:7~8)라고 기록되어 있습니다.

야곱의 모든 장례 절차는 바로 가나안 막벨라굴에서 끝이 납니다. 여기에서 놀라운 일이 생깁니다. 요셉의 '열 명의 형들'이 믿음의 결단을 내린 것입니다. 그들이 요셉을 따라 다시 애굽으로 내려가겠다고 합니다.

사실, 그들은 이제 더 이상 애굽으로 내려가지 않아도 됩니다. 흉년이 끝난 지도 12년이나 되었고 대대로 이어온 약속의 땅 가나안은 다시 풍요로운 땅이 되었기 때문입니다. 무엇보다 애굽에서 요셉의 사회적 위치는 너무나 높고 사실 무섭기까지 한 존재였습니다. 게다가 이제 아버지까지 돌아가셨으니 요셉이 과거 자신들의 잘못에 대해 응징을 할까 두렵기도 했습니다.

그럼에도 열 명의 형들이 다시 '입(入)애굽'하겠다는 결단을 합니다. 그 이유는 아버지 야곱에게 교육받았던 '하나님께서 명령하신 대로 애굽에서 아브라함의 후손 민족 만들기'에 순종하기 위함이었습니다. 이는 야곱이 애굽에서 지난 17년 동안 자손들의 신앙 교육에 얼마나 성공했는지를 보여주는 것입니다. 아브라함, 이삭, 야곱의 신앙이 야곱의 열두 아들들에게 이렇게 계승되었습니다.

● 다섯 번째 포인트

요셉의 인생은 크게 세 가지로 정리됩니다. 자연 재난 극복, 아버지의 장례, 교육(family school)입니다.

우리는 요셉 하면 대체로 채색옷, 요셉의 꿈, 보디발 아내의 유혹을 이김, 그리고 총리가 되어 해피엔딩~! 그렇게 생각합니다. 하지만 통(通)으로 보면 요셉의 인생은 크게 세 가지로 정리됩니다.

첫째, 요셉은 14년간의 자연 재난을 극복한 위대한 행정가였습니다. 14년간의 국가 비상사태를 완벽하게 막아냄으로 요셉은 애굽에서 바로와 궁정 신하들과 애굽의 온 백성들에게 사랑과 존경 그리고 감사를 받았습니다. 또한 요셉은 자신의 가족 공동체를 살려냈습니다.

둘째, 요셉은 애굽에서 자신의 모든 공을 아버지 장례에 쏟아부었습니다. 요셉은 입애굽의 지도자로 출애굽을 완벽하게 준비했던 것입니다. 그래서 요셉은 아버지 야곱의 장례를 출애굽 예행연습이 되게 했습니다.

셋째, 요셉 인생의 하이라이트는 바로 '교육'이었습니다. 아버지의 시신을 가나안 막벨라굴에 묻고 돌아올 때 열 명의 형들이 요셉을 두려워하자 요셉은 형들에게 "당신들은 두려워하지 마소서 내가 당신들과 당신들의 자녀를 기르리이다"(창 50:21)라고 약속합니다. 이는 요셉이 형들의 자녀들을 자기 자식 수준으로 교육시키겠다는 말입니다.

요셉이 아버지 장례를 치렀을 때는 약 56세입니다. 이후 요셉은 110세에 죽습니다. 그렇다면 요셉은 아버지 장례 후 약 54년을 산 것인데 그 기간 동안 요셉이 중점적으로 한 일이 바로 교육이었던 것입니다. 야곱이 노년에 애굽에서 17년간 자손들을 교육했다면 요셉은 은퇴 후 애굽에서 54년 동안 자기 자식들과 조카들과 손자들을 교육했습니다. 이렇게 애굽에서 야곱의 후손들은 아브라함, 이삭, 야곱의 신앙 즉 '아 · 이 · 야 신앙 패밀리 스쿨(family school)'로 신앙을 계승했습니다.

이때 패밀리 스쿨 교육 내용은

첫째, 아브라함과 이삭과 야곱의 신앙 역사 과목

둘째, 그들이 애굽에서 해야 할 '민족 만들기' 실천 과제

셋째, 반드시 출애굽해서 가나안에 정착해야 하는 미래 과제입니다.

요셉의 교육이 얼마나 크게 성공했는지 400년 후 출애굽할 때 그 정신없는 와중에도 요셉의 해골을 챙겨 나갑니다. 그리고

요셉은 아버지 야곱이 세겜에서 사서 요셉에게 물려준 땅에 묻히게 됩니다.

"또 이스라엘 자손이 애굽에서 가져 온 요셉의 뼈를 세겜에 장사하였으니 이곳은 야곱이 백 크시타를 주고 세겜의 아버지 하몰의 자손들에게 산 밭이라 그것이 요셉 자손의 기업이 되었더라"(수 24:32)

디저트 DESSERT

야곱의 유언이 이후 제사장 나라 이스라엘로 이어지는 놀라운 하나님의 말씀을 보았습니다. 그리고 요셉의 유언이 출애굽의 비전이 되는 감동도 보았습니다. 입애굽 지도자들의 이러한 헌신이 있었기에 이후 400년 후에 출애굽이 이루어지게 된 것입니다. 이제, 입애굽의 지도자만큼이나 멋진 출애굽의 지도자 모세를 만날 것입니다. 기대하십시오.

그리고 성경으로 '아 · 이 · 야 신앙 패밀리 스쿨' 즉 아브라함, 이삭, 야곱의 신앙을 교육한 패밀리 스쿨처럼 우리 각 가정도 성경으로 교육하는 패밀리 스쿨을 꿈꿉니다.

18일

제국 체험 (출 1~2장)

애피타이저 APPETIZER

어떤 유명한 분이 라면을 드시면서 라면이 점점 줄어드는 것이 너무나 아깝고 가슴 아프다(?)고 해서 그 말이 많은 사람들에게 재미있는 이야기로 회자된 적이 있습니다. 그런데 사실 우리도 성경을 읽으면서 그런 마음이 들지 않습니까?

지난 17일 사이에 〈창세기〉 한 권을 다 마쳤으니 말입니다. 이제 65권밖에 남지 않았습니다. 한 권, 한 권 … 한 글자, 한 글자 … 정말 귀하고 아까운 성경 이야기!

살아계신 하나님의 말씀인 성경을 우리가 읽고 공부할 수 있다는 그 사실이 참 행복합니다. 우리는 새롭게 〈출애굽기〉를 시작하면서 상상도 못 해본 큰 기쁨을 맛보게 될 것입니다. 〈창세기〉 이야기 위에 〈출애굽기〉를 읽고 공부하면 하나님을 아는 지식의 폭이 더 커지게 될 것이기 때문입니다. 이것이 하나님께서 우리에게 베풀어주시는 놀라운 은혜입니다.

성경통독 BIBLETONGDOK

《일년일독 통독성경》 출애굽기 1~2장

통通으로 숲이야기 ; 통숲 TONG OBSERVATION

● 첫 번째 포인트

창세기 12장의 '자손에 대한 하나님의 약속'은 출애굽기 1장에서 성취됩니다.

구약성경의 마지막 책인 〈말라기〉와 신약성경의 첫 번째 책인 〈마태복음〉 사이에는 400여 년의 시간이 들어 있습니다. 이 시기를 '신구약 중간기 400년'이라고 부릅니다.

그런데 놀랍게도 구약성경의 첫 번째 책인 〈창세기〉와 두 번째 책인 <출애굽기> 사이에도 400여 년의 시간이 들어 있습니다.

400여 년의 시간 탓에 창세기 50장과 출애굽기 1장은 공기부터 다릅니다. 창세기 50장은 애굽에서 요셉의 가족들이 훈훈하게 지내는 이야기로 끝이 났습니다. 마치 가을 추수 때처럼 넉넉하고 푸근했습니다.

그런데 출애굽기 1장은 갑자기 한겨울 한파가 몰아쳐온 것처럼 너무나 춥습니다. 애굽은 400년 동안 왕조가 두 번 바뀌었고 애굽 사람들은 히브리 사람들이 애굽에서 왜 그렇게 많이 살고 있는지 이유조차 모를 정도였습니다. 애굽의 왕조가 두 번이나 바뀌는 동안 아브라함의 후손들은 애굽에서 하나님의 말씀대로 생육하고 번성하여 하늘의 별처럼 숫자가 많아졌습니다.

야곱의 가족 70명으로 시작했던 애굽 생활은 400여 년 만에 아브라함의 후손들이 자그마치 장정만 60만 명이나 되었습니다. 당시 애굽은 나일강을 중심으로 세계 4대 문명 가운데 한 문명을 이루며 나날이 강대국으로 번성해가고 있었습니다.

그런데 기하급수적으로 늘어만 가는 히브리 민족의 숫자는 애굽 사람들에게 두려움의 이유가 되었습니다. 그러자 애굽 왕실은 3단계에 걸쳐 이 문제를 해결하기 위해 노력합니다.

첫째, 히브리 산파들을 통해 간접 살인 명령을 내립니다.

그런데 히브리 산파 십브라와 부아는 눈에 보이는 애굽 왕 바로보다 눈에 보이지 않는 하나님을 경외함으로 이 프로젝트는 실효를 거두지 못합니다.

둘째, 그러자 애굽은 애굽의 군인들을 동원해 히브리 가정에서 아들이 태어나면 나일강에 던져 죽이는 일을 시행합니다. 이때 모세가 태어났던 것입니다.

셋째, 애굽은 히브리 민족을 애굽의 노예로 삼습니다.

그래서 장정 60만 명을 무임금 • 유노동자 노예로 삼아 국책사업을 시작했습니다. 이때 애굽은 히브리 노예들을 통해 국고성 비돔과 라암셋 등을 건축했습니다.

● 두 번째 포인트
애굽 제국 경험은 '제사장 나라'의 기초가 됩니다.

하나님께서 아브라함의 후손들을 애굽에서 400여 년간 살게 하시며 큰 민족을 이루게 하신 이유는 아브라함의 후손들로 하여금 애굽에서 '제국'을 직접 경험하게 하시고자 함입니다. 그래서 민족적으로 제국을 경험한 그들이 출애굽하여 나라를 세울 때 제국이 아닌, 제사장 나라를 세우게 하시고자 하나님께서 그렇게 큰 그림을 그리셨던 것입니다.

이후 하나님께서 '제사장 나라'를 처음 세우시며 613가지 율법을 주실 때 헌법 제1조와 같은 내용을 다음과 같이 말씀하셨습니다.

"나는 너를 애굽 땅, 종 되었던 집에서 인도하여 낸 네 하나님 여호와니라"(출 20:2)

제국은 공성전(攻城戰), 노예제도, 물질주의로 정의할 수 있습니다. 제국이란, 나라가 강해지면 다른 나라를 공격해 그 나라의 성을 빼앗고 그 백성들을 죽이거나 노예로 끌어다가 무임금 • 유노동자로 사람을 짐승처럼 부리면서 오직 물질주의만을 추구하는 가장 수준 낮은 인간들의 정치 행태입니다.

요셉이 살던 애굽은 '12왕조'였습니다. 이때 12왕조는 흉년이라는 자연 재난으로 인한 고대 근동의 여러 어려운 식량 문제들을 극복하는 데 기여했습니다. 그런데 애굽의 '12왕조'를 무너뜨리고 세운 '힉소스 왕조'는 12왕조 때의 요셉의 혁혁한 공을 알지 못했기 때문에 입애굽 이후 자유롭게 직업을 선택했던 것과는 달리 요셉의 후손들로 하여금 거주 이전과 직업 선택을 제한하게 했습니다.

그 후 힉소스 왕조는 또다시 '18왕조'에게 멸망하는데 '18왕조'는 애굽 역사상 가장 강력한 힘을 가졌던 나라로 그들은 곧바로 제국으로 발돋움하고자 했습니다.

애굽의 18왕조 당시를 배경으로 만들어진 오페라와 뮤지컬이 바로 〈아이다(Aida)〉입니다. 출애굽기 1장의 "요셉을 알지 못하는 새 왕"(출 1:8)은 '18왕조'의 바로였습니다.

애굽의 18왕조는 오페라와 뮤지컬 〈아이다〉의 내용처럼 당시 '누비아'라 불렸던 고대의 에티오피아를 점령해 그 나라의 왕과 공주를 비롯해 수많은 노예들을 끌고 오며 점점 더 제국으로 나아가던 나라였습니다. 그런데 애굽이 제국으로 나아갈수록 애굽의 수많은 젊은 남자들은 애굽의 군인이 되어 나라 밖으로 멀리 원정을 떠나야만 했습니다.

한편, 다른 나라에서 끌려온 노예들과는 달리 아브라함의 후손들은 애굽을 타국이 아닌 자국처럼 느끼며 사는 민족이었습니다. 그런데 바로 그때 애굽 내에서 히브리 민족의 숫자는 기하급수적으로 늘어나고 애굽의 젊은 남자들이 멀리 원정을 떠나고 없는 사이에 혹시 히브리 민족이 애굽을 차지하지 않을까 애굽은 두려워했던 것입니다.

"그가 그 백성에게 이르되 이 백성 이스라엘 자손이 우리보다 많고 강하도다 자, 우리가 그들에게 대하여 지혜롭게 하자 두렵건대 그들이 더 많게 되면 전쟁이 일어날 때에 우리 대적과 합하여 우리와 싸우고 이 땅에서 나갈까 하노라 하고"(출 1:9~10)

그래서 애굽은 한 명의 노예도 아깝지만 그럼에도 불구하고 히브리 사내아이들에 대해 영아 살인 명령을 내렸던 것이고 강제로 '엄하게' 노역을 시켰던 것입니다. 이때 모세가 태어났습니다.

아브라함의 후손들이 애굽에서 '엄하게' 당한 노동, 여기서 '엄하게'는 히브리어로 '페레크(פֶּרֶךְ)'입니다. 이는 견디기 힘들 정도로 억압하며 가혹하게 노동을 착취하는 행위를 말합니다. 즉, 애굽의 노동 착취가 극에 달했다는 것입니다.

이후 신약성경을 보면 헤롯이 베들레헴의 두 살 미만의 사내아이들에 대해 영아 살해 명령을 내렸던 기록을 볼 수 있습니다.

"이에 헤롯이 박사들에게 속은 줄 알고 심히 노하여 사람을 보내어 베들레헴과 그 모든 지경 안에 있는 사내아이를 박사들에게 자세히 알아본 그 때를 기준하여 두 살부터 그 아래로 다 죽이니"(마 2:16)

생명을 경시하는 권력자의 패역함입니다. 아브라함의 후손들은 이렇게 애굽에서 온몸으로 제국을 경험하며 '제사장 나라'를 위해 한 걸음씩 나아가고 있었습니다.

● 세 번째 포인트

모세가 갈대 상자를 탄 이유는 네 가지입니다.

노아는 방주를 탔고, 모세는 갈대 상자를 탔습니다. '방주'와 '상자'는 히브리어로 '테바(תֵּבָה)'인데 같은 단어로 쓰입니다.

모세가 생후 3개월 만에 갈대 상자를 탄 이유는 네 가지입니다.

첫째, 엄마가 태웠기 때문입니다. 생후 3개월 된 아이가 갈대 상자를 스스로 탈 수는 없습니다. 모세의 아버지는 갈대 상자를 만들고, 엄마는 태우고, 누나는 뒤따라가며 망을 보았습니다.

둘째, 이렇게 죽을 확률 99.9%임에도 불구하고 3개월 된 아이를 갈대 상자에 태워 나일강에 보낸 이유는 그들이 민족은 이루었으나, 나라를 가지지 못했기 때문입니다.

셋째, 애굽의 '제국주의 정책' 때문입니다. 당시 애굽은 그동안의 소극적 제국주의에서 적극적 제국주의로 나아가고 있었습니다. 때문에 원정 나간 애굽 남자 군인들 대비 히브리 사내아이들 인구조절 정책을 시행한 것입니다.

넷째, 하나님께서 출애굽의 시기를 결정하셨기 때문입니다. 그래서 하나님께서는 모세가 탄 갈대 상자를 애굽 공주에게로 인도하셨습니다. 모세 한 사람이 준비된다는 것은 곧 하나님께서 계획하신 출애굽의 준비가 시작되었다는 것입니다.

● 네 번째 포인트
80년 동안 모세는 출애굽을 위해 세 가지를 준비했습니다.

80년 동안 하나님께서는 모세를 출애굽의 지도자로 세우시기 위해 세 가지 교육을 시키셨습니다.

첫째, 어머니 요게벳을 통해 신앙 교육을 시키셨습니다. 그래서 모세가 떨기나무 사건 전에 이미 하나님을 알고 있었던 것입니다.

둘째, 40년 동안 애굽에서 왕자가 배우는 제왕학을 통해 협상 교육을 시키셨습니다. 그래서 바로와 대면하여 아홉 번의 협상을 할 수 있었던 것입니다. 누가 왕과 대면할 수 있겠습니까? 전직 왕자였기 때문에 가능했던 것입니다.

셋째, 40년 동안 미디안 광야로 사전 답사를 시키셨습니다. 그래서 40년 광야 생활 동안 양을 쳤던 모세는 출애굽 후 40년 동안 광야에서 양을 돌보듯 히브리 민족을 이끌 수 있었습니다.

● 다섯 번째 포인트

히브리 출신으로 〈애굽일보〉 1면 톱기사에 오른 사람은 요셉과 모세, 두 사람입니다.

입(入)애굽의 지도자 히브리 출신 요셉이 〈애굽일보〉 1면에 대서특필이 되었을 것입니다.

'히브리 노예 요셉, 하루아침에 애굽 총리로 등극하다!'

400여 년이 지난 후, 출(出)애굽의 지도자 히브리 출신 모세도 〈애굽일보〉 1면에 대서특필이 되었을 것입니다.

'촉망받던 애굽 왕자 모세, 지난밤에 망명!'

사실, 모세가 촉망받던 애굽 왕자의 자리에서 하룻밤 사이에 망명자가 된 이유는 일단 동족들의 오해 때문이었습니다.

"그가 이르되 누가 너를 우리를 다스리는 자와 재판관으로 삼았느냐 네가 애굽 사람을 죽인 것처럼 나도 죽이려느냐 모세가 두려워하여 이르되 일이 탄로되었도다"(출 2:14)

동족들은 모세가 애굽 사람을 죽인 것처럼 자신들도 죽이려 한다고 오해했던 것입니다. 모세가 태어난 지 3개월 만에 죽을 확률이 99%였다면 이때는 죽을 확률이 100%였습니다. 그래서 모세는 광야로 도망할 수밖에 없었습니다. 그런데 모세는 80세가 되어 또다시 동족들에게 오해를 받습니다.

"그들에게 이르되 너희가 우리를 바로의 눈과 그의 신하의 눈에 미운 것이 되게 하고 그들의 손에 칼을 주어 우리를 죽이게 하는도다 여호와는 너희를 살피시고 판단하시기를 원하노라"(출 5:21)

이때 동족들은 모세에게 자신들을 애굽의 미운 물건이 되게 하여 죽이려 한다고 또다시 오해합니다. 출애굽 후에도 광야에서 모세는 동족들에게 또 오해를 받습니다.

"네가 우리를 젖과 꿀이 흐르는 땅에서 이끌어 내어 광야에서 죽이려 함이 어찌 작은 일이기에 오히려 스스로 우리 위에 왕이 되려 하느냐" (민 16:13)

동족들은 모세가 광야에서 그들을 죽이고 왕이 되려 한다고 오해한 것입니다. 이렇게 모세는 〈애굽일보〉 1면 대서특필 사건을 남기면서 미디안 광야로 망명을 떠나야 했고 이후에도 출애굽세대 동족들에게 여러 차례 오해를 받기도 했습니다.

모세에 대한 동족(출애굽세대)들의 오해는 안타깝게도 그들의 생명이 끝날 때까지 계속됩니다. 이러한 오해는 모세에게 40년 동안 교육받은 그들의 자손 '만나세대'에 가서야 풀어집니다.

모세의 망명은 앞서 말한 대로 표면적으로는 동족들의 오해에서 비롯되었습니다. 그러나 깊게 들어가 보면, 하나님께서 모세로 하여금 '광야 생활 사전 답사'를 하게 하시기 위함이었습니다. 입애굽의 지도자 요셉이 22년 만에 그의 고난의 문제가 해석되었던 것처럼 출애굽의 지도자 모세도 광야 생활 40년 만에 광야 생활이 해석되기 시작합니다.

디저트 DESSERT

우리는 출애굽기 1장에서 2장까지 읽었습니다. 입애굽의 지도자 요셉처럼, 출애굽의 지도자 모세 또한 하나님의 고된 훈련 과정을 모두 마치고 마침내 실전에 투입된 것을 볼 수 있습니다.

훈련의 과정은 고되지만, 실전에 가면 훈련이 제값을 합니다. 우리의 훈련도 때가 되면 정금처럼 빛나게 될 것입니다. 그날을 기대합니다.

19일

청사진 (출 3~4장)

애피타이저 APPETIZER

1년 365일 매일매일, 오직 성경 굿뉴스로 우리의 신앙이 더욱 성장하고 하나님께 영광 돌리는 삶이 되기를 꿈꿉니다.

창세기 1장에서 우리는 하나님께서 '일주일'이라는 시간을 디자인해주셨다는 사실을 보았습니다. 하루, 일주일, 한 달, 일 년. 그리고 또다시 새롭게 시작할 수 있는 시간들 ….

이 모든 것이 감사입니다. 우리 영혼이 하나님을 송축하는 감사의 나날로 살아가기를 꿈꿉니다.

성경통독 BIBLETONGDOK

《일년일독 통독성경》 출애굽기 3~4장

통通으로 숲이야기 ; 통숲 TONG OBSERVATION

● 첫 번째 포인트

하나님께서는 항상 인간들의 고통을 '보고, 듣고, 알고' 계십니다.

형 에서를 피해 하란으로 도망하던 야곱에게 하나님께서는 "내가 너와 함께 있어 네가 어디로 가든지 너를 지키며"(창 28:15) 라고 말씀하시며 고난 중에 있던 야곱과 함께해주셨습니다.

"여호와께서 요셉과 함께 하시므로 그가 형통한 자가 되어"(창 39:2)

"요셉이 옥이 갇혔으나 여호와께서 요셉과 함께 하시고"(창 39:20~21)

여러 어려움 가운데에서도 요셉이 끝내 낙심하지 않도록 이처럼 하나님께서 함께해주셨습니다. 하나님께서 함께해주셔야 우리의 인생은 끝까지 '형통'할 수 있습니다. 이렇듯 창조주 하나님께서는 피조물인 인간들의 고통을 외면하시는 분이 아닙니다.

앞서 말씀드렸듯이 하나님께서 아브라함의 후손들에게 주신 자손에 대한 복이 400여 년 만에 애굽에서 성취됩니다. 즉 생육하고 번성하여 하늘의 별처럼 숫자가 많아진 것입니다.

그런데 이렇게 번성한 숫자로 인해 애굽은 '인구 조절 정책'과 '영아 살인 명령'을 시행했습니다. 때문에, 하나님의 약속이 멀어지는 것처럼 보였습니다. 그러나 여기에는 하나님께서 히브리 백성들에게 애굽의 제국주의를 경험하게 하신 것과 출애굽의 시기를 계획하신 것, 이 두 가지 뜻이 동시에 들어 있습니다.

이에 하나님께서는 모세를 설득하시며 "내가 애굽에 있는 내 백성의 고통을 분명히 보고 그들이 그들의 감독자로 말미암아 부르짖음을 듣고 그 근심을 알고"(출 3:7)라고 말씀하십니다.

하나님께서는 애굽에서 노예 생활을 하는 히브리 백성들의 고통을 보고, 듣고, 알고 계셨으며 하나님의 때에 하나님의 방법으로 그 문제를 해결해주십니다.

● 두 번째 포인트

인간이 땅에서 체험하는 최고의 기적은 '하나님의 거룩'을 경험하는 것입니다.

'거룩'은 하나님께서 창조 후 일곱째 날에 그날을 복되게 하시며 거룩하게 하심으로 시작되었습니다. 그리고 놀랍게도 하나님께서는 피조물 인간이 시간과 공간 속에서 그 하나님의 거룩에 참여하게 하셨습니다. 그러므로 거룩은 하나님의 피조물이 하나님의 일에 참여하여 동지하고 동역하고 동행하는, 복 중의 복을 일컫습니다.

호렙산 떨기나무 아래에서 모세는 하나님의 '거룩한 땅'을 체험합니다.

"네가 선 곳은 거룩한 땅이니 네 발에서 신을 벗으라"(출 3:5)

모세의 이 체험은 이제 곧 가나안에서 이스라엘 백성 모두가 체험하게 될 '거룩'의 예고편과 같습니다. 즉, 떨기나무 아래에서 모세가 체험한 하나님의 거룩은 '레위기' 거룩의 예고편이었고 '제사장 나라 거룩한 시민'에게 주어질 거룩한 하나님의 법을 먼저 체험하는 것이었습니다.

거룩은 인간이 만들 수 있는 것이 아닙니다. 오직 하나님께서 "거룩하다."라고 말씀하신 것에 인간이 순종함으로 참여할 때 거룩한 것입니다.

● 세 번째 포인트

하나님께서는 '출애굽의 모든 청사진'을 가지고 모세를 설득하십니다.

'청사진'이란 앞으로 있을 실체를 위한 밑그림을 말합니다.

출애굽기 3장은 모세가 애굽에서 6개월 동안 출애굽의 전 과정을 어떻게 이끌게 되는지를 보여주신 청사진입니다.

하나님께서 모세에게 보여주신 출애굽 청사진 6개월 과정은 모두 '다섯 단계'였습니다.

1단계 – 모세를 바로에게 보낸다.

"내가 너를 바로에게 보내어"(출 3:10)

2단계 – 이스라엘 장로들을 모으고, 출애굽의 때를 알린다.

"너는 가서 이스라엘의 장로들을 모으고"(출 3:16)

3단계 – 바로가 모세의 말을 듣지 않고 거절할 것이다.

"애굽 왕이 너희가 가도록 허락하지 아니하다가"(출 3:19)

4단계 – 하나님께서 강한 손으로 치신다.

"여러 가지 이적으로 그 나라를 친 후에야"(출 3:20)

5단계 – 하나님께서 은혜를 주셔서 출애굽할 때에 빈손으로 가지 않을 것이다.

"은 패물과 금 패물과 의복을 구하여 너희의 자녀를 꾸미라 너희는 애굽 사람들의 물품을 취하리라"(출 3:22)

하나님께서는 이스라엘 백성들이 애굽의 노예로 볼품없이 쫓겨나는 것이 아니라 귀한 손님이나 승리자처럼 많은 재물을 가지고 당당하게 출애굽할 것으로 청사진을 그려놓으셨습니다.

하나님께서는 하나님의 때에 출애굽을 결정하신 것입니다.

"이제 내가 … 내 백성 이스라엘 자손을 애굽에서 인도하여 내게 하리라"(출 3:10)

그런데 모세는 하나님의 말씀을 다 듣고도 주저하며 나서지 않습니다. 자신은 힘이 없고, 40년 전 자신이 애굽을 도망치던 그 때보다 애굽은 더 강해져서 더 힘들고 어려운 상황이 될 것임을 알고 있었기 때문입니다.

모세는 애굽의 무서운 힘을 너무나도 잘 알고 있었습니다. 40년이 지났음에도 모세에게 애굽은 여전히 생각만 해도 무서운 나라였고, 40년 전 건드려봤던 민족 문제는 더 뜨거운 감자였습니다. 그래서 모세는 하나님의 말씀에 선뜻 나서지 못했던 것입니다. 그러자 하나님께서 두 가지 방법으로 모세를 설득하십니다.

첫째, 하나님께서 모세에게 화를 내십니다. 그러나 여기에는 하나님의 간절한 마음이 들어 있습니다.

둘째, 하나님께서 모세에게 기적을 체험하게 하십니다. 이때 떨기나무와 지팡이와 나병이 기적의 도구가 됩니다.

결국 모세가 하나님의 말씀에 순종합니다. 이 순종으로 말미암아 모세는 하나님과 동지, 동역, 동행하기 시작합니다. 하나님께 설득당한 모세는 그때부터 다른 사람들을 설득하느라 무척 애를 씁니다.

모세는 먼저 장인과 아내를 비롯해 가족들을 설득해야 했습니다. 그리고 형 아론과 이스라엘 장로들을 설득해야 했습니다. 또 이스라엘 백성들을 설득하고 6개월 동안 아홉 번에 걸쳐 애굽 왕 바로를 설득해야 했습니다.

우리는 모세를 출애굽의 지도자, 불세출의 지도자라고 부릅니다. 그런데 모세는 '명령 한 마디'로 출애굽을 이끈 것이 아니라 '설득 백 마디'로 출애굽을 이끌었던 것입니다.

● 네 번째 포인트

'스스로 계신 하나님'은 우리의 '아버지 하나님'이 되십니다.

하나님께 설득된 모세가 애굽에 있는 자기 동족들에게 하나님의 이름을 어떻게 소개해야 하느냐고 물었습니다. 그러자 하나님께서는 "나는 스스로 있는 자"(출 3:14)라고 답해주셨습니다.

그리고 하나님께서는 "너희 조상의 하나님 여호와 곧 아브라함의 하나님, 이삭의 하나님, 야곱의 하나님"(출 3:15)이라고 말씀하십니다.

출애굽 이후 하나님께서는 이스라엘 백성들에게 "나는 너희를 애굽 땅, 종 되었던 집에서 인도하여 낸 네 하나님 여호와니라"(출 20:2) 라고 말씀해주십니다.

성경에 기록된 우리 하나님은 온 우주 만물을 창조하신 '창조주 하나님'이십니다. 죄지은 아담에게 가죽옷을 지어 입혀주시는 '긍휼의 하나님'이십니다. 노아 홍수를 통해 죄악을 심판하시는 '공의의 하나님'이십니다. 예수님이 기도를 통해 가르쳐주신 우리의 '아버지 하나님'이십니다. 예수 그리스도의 십자가를 통해 우리를 구원해주신 '사랑의 하나님'이십니다. 하나님께서 당신의 아들 독생자 예수 그리스도를 통해 우리로 하여금 '하늘에 계신 우리 아버지'라고 부르게 해주셔서 참으로 감사할 뿐입니다.

"너희 중에 누가 아들이 떡을 달라 하는데 돌을 주며 생선을 달라 하는데 뱀을 줄 사람이 있겠느냐 너희가 악한 자라도 좋은 것으로 자식에게 줄 줄 알거든 하물며 하늘에 계신 너희 아버지께서 구하는 자에게 좋은 것으로 주시지 않겠느냐"(마 7:9~11)

온 천하 만물을 창조하신 창조주 하나님이 우리 아버지라는 사실이 참으로 좋습니다.

● 다섯 번째 포인트

하나님께서는 '낮아지고 엎드리는 사람'을 기다리십니다.

하나님께서 80세가 된 모세를 찾아오셔서 출애굽의 지도자가 되라고 말씀하시자 모세가 이를 거절합니다.

"내가 누구이기에 바로에게 가며 이스라엘 자손을 애굽에서 인도하여 내리이까"(출 3:11)

"오 주여 나는 본래 말을 잘 하지 못하는 자니이다"(출 4:10)

"오 주여 보낼 만한 자를 보내소서"(출 4:13)

광야 생활 40년 동안 과거 혈기 왕성했던 모세는 없어지고 80세의 모세는 결이 썩을 대로 다 썩어 있었던 것입니다. 그런데 하나님께서는 혈기 왕성한 그 모세가 아닌 이제, 오직 하나님만을 의지하는 모세가 필요하셨던 것입니다.

이후 모세는 필요하면 언제든지 하나님께 "급히 땅에 엎드려 경배"(출 34:8)했습니다. 그리고 모세는 언제든지 백성들 앞에서도 '엎드릴 줄 아는' 섬김의 지도자였습니다(민 14:5).

하나님께서는 출애굽의 막중한 그 지도자의 자리에 설 '낮아지고 엎드리는 사람' 모세를 오랫동안 기다리고 계셨습니다.

하나님께서 모세를 설득하셨습니다. 이후 모세의 주된 업무 또한 설득하는 일이었습니다. 명령은 쉽습니다. 그러나 설득은 쉽지 않습니다. 설득은 낮아지고 겸손한 사람만이 할 수 있습니다. 그래서 설득은 지도자의 가장 중요한 다섯 가지 덕목 가운데 하나입니다.

예수님께서 말씀하셨습니다.

"나는 마음이 온유하고 겸손하니 나의 멍에를 메고 내게 배우라"(마 11:29)

온유와 겸손, 그리고 낮아짐은 결코 저절로 되지 않습니다. 배우지 않으면 할 수 없습니다. 타고 나는 게 아니기 때문입니다. 그래서 우리는 하나님의 사람 모세에게 그리고 우리 주님 예수 그리스도께 배워야 하는 것입니다.

20일

3일 길 출애굽 제사 이슈(출 5~7장)

애피타이저 APPETIZER

할리우드 영화에서 반드시 성공한다는 흥행 보증수표 영화는 소수의 훈련받은 정예의 특수 부대원들이 적국에 침투해 잡혀 있는 아군 포로들을 구출해오는 영화라고 합니다. 그런 영화는 모든 사람들에게 언제나 감동을 주기 때문입니다.

그런데 오늘 성경에 기록된 하나님의 사람 모세는 적국에 노예로 있는 아군 포로들을 자그마치 장정만도 60만 명이나 되는 사람들을 구출해야 했습니다. 그것도 첨단 무기는커녕 지팡이 하나 들고 혈혈단신으로 적국에 당당하게 들어가서 오직 협상과 하나님께서 제공해주시는 동력인 기적을 통해 이 일을 이루어내야 했습니다. 이는 세상에서 가장 재미있고 스펙터클한 이야기가 아닐 수 없습니다.

성경통독 BIBLETONGDOK

《일년일독 통독성경》 출애굽기 5~7장

통通으로 숲이야기 ; 통숲 TONG OBSERVATION

● 첫 번째 포인트

40년 만에 모세는 뜨거운 감자 '동족 문제'를 정면으로 마주합니다.

"모세가 장성한 후에 한번은 자기 형제들에게 나가서 그들이 고되게 노동하는 것을 보더니"(출 2:11)

자기 동족들이 모두 애굽의 노예로 고된 노동을 하며 신음하고 있을 때 왕궁에서 편안하게 살고 있었던 모세가 어느 날 동족들의 형편을 살피러 나갔다가 하루아침에 애굽 왕자에서 살인자와 도망자가 되었습니다.

도망자 신세가 된 모세는 미디안 광야에서 40년 동안 양을 치는 목자의 삶을 살았습니다. 그런데 하나님께서 그러한 모세를 찾아오셔서 설득하시고 기적을 보여주심으로 40년 만에 다시 자기 동족들에게 나아가게 하십니다.

40년 전 애굽에서 모세는 동족 문제를 측면에서 조심스럽고 조용하게 살펴보았고 도우려는 마음으로 만졌다가 오히려 '뜨거운 감자'라는 것을 깨닫고 화들짝 놀라 도망하기에 급급했습니다. 하지만 그때로부터 40년이 지난 지금의 모세는 동족의 문제를 측면이 아닌 정면에서, 그리고 '조심스럽고 조용히'가 아닌 정정당당하게 뜨거운 감자 '민족 문제'를 마주합니다.

모세가 40년 만에 애굽에 나타났지만 애굽의 반응은 시큰둥입니다. 40년 전 〈애굽일보〉 1면에 대서특필되었던 과거의 영화는 이미 다 사라졌고 사회면 가십난에 모세의 귀국 기사가 아주 가볍게 한 줄 실렸을 것입니다.

모세는 먼저 동족들과 재회합니다. 그리고 그들에게 하나님의 뜻을 전합니다.

"나는 여호와라 내가 애굽 사람의 무거운 짐 밑에서 너희를 빼내며 그들의 노역에서 너희를 건지며 편 팔과 여러 큰 심판들로써 너희를 속량하여 너희를 내 백성으로 삼고 나는 너희의 하나님이 되리니 나는 애굽 사람의 무거운 짐 밑에서 너희를 빼낸 너희의 하나님 여호와인 줄 너희

가 알지라"(출 6:6~7)

여기에서 '속량하다'는 히브리어로 '가알(גָּאַל)'입니다. 이는 '되찾다, 건지다, 구속하다'라는 뜻으로 하나님께서 가장 가까운 혈족이 되어 애굽의 압제에서 아브라함의 후손들을 구속해주시겠다는 뜻입니다.

이 '속량'은 이후 〈룻기〉의 중요한 배경이 됩니다. 그런데 모세가 하나님의 뜻을 전했음에도 히브리인들은 '마음의 상함과 가혹한 노역으로' 모세의 말을 듣지 않습니다. 그러나 모세는 입애굽의 족보(창 46:8~27)를 근거로 출애굽 지도부 조직을 재건합니다(출 6:14~27). 이것은 이후 민수기 1장에 나오는 '인구조사의 초석'이 됩니다.

● 두 번째 포인트

모세는 장정 60만 명 노동자에 대한 '임금 협상이나 노동 처우 개선'이 아닌, '3일 길 출애굽 광야 제사' 이슈로 바로에게 정면승부를 합니다.

애굽 왕 바로가 모세를 만나줍니다. 모세가 전직 왕자였기 때문입니다.

에스더 4장의 기록입니다.

"너는 왕궁에 있으니 모든 유다인 중에 홀로 목숨을 건지리라 생각하지 말라 이 때에 네가 만일 잠잠하여 말이 없으면 유다인은 다른 데로 말미암아 놓임과 구원을 얻으려니와 너와 네 아버지 집은 멸망하리라 네가 왕후의 자리를 얻은 것이 이 때를 위함이 아닌지 누가 알겠느냐" (에 4:13~14)

모르드개가 에스더에게 "네가 페르시아의 왕후가 된 것은 우리 동족들이 어려움을 겪는 바로 이때를 위함이 아닌지 누가 알겠느냐?"라고 말했던 장면이 있습니다.

모세는 아마 애굽 왕 바로가 자신을 직접 만나주는 것을 보면서 그래도 자신이 40년 동안 애굽 궁정에서 왕자였던 것이 바로 이때를 위함이 아니었는지 생각해보았을 것입니다. 모세가 애굽의 전직 왕자가 아닌 히브리 민족의 대표 정도였다면 바로는 모세를 직접 만나주지 않았을 것입니다. 바로를 만난 모세는 히브리 민족의 '임금 협상이나 노동 처우 개선'을 요구한 게 아니었습니다.

"히브리 민족은 애굽에서 3일 길을 광야로 나가, 즉 출애굽하여 하나님께 절기를 지키며 제사를 드려야 한다."라고 단도직입적으로 말했습니다. 만약 그렇지 않으면 "하나님께서 전염병이

나 칼로 히브리 민족을 치실까 두렵다."라고 말했습니다. 즉 '광야 제사'를 드리지 않으면 전염병으로 이스라엘 전체 인구가 다 죽을 수 있으니 생존을 위해 반드시 하나님의 명령에 따라야 한다는 것입니다.

모세는 이것이 자신의 요구가 아닌 하나님의 요구라는 사실을 분명히 밝혔습니다. 모세는 자신이 하나님의 메신저임을 드러냈습니다. 모세가 바로에게 "3일 길을 가서 하나님께 제사를 드리겠다."라고 말한 이유는 이렇습니다.

> "우리가 우리 하나님 여호와께 제사를 드리는 것은 애굽 사람이 싫어하는 바인즉 우리가 만일 애굽 사람의 목전에서 제사를 드리면 그들이 그것을 미워하여 우리를 돌로 치지 아니하리이까"(출 8:26)

즉, 애굽 백성들과 충돌을 피해야 한다는 것입니다. 여기서 모세가 바로에게 말한 히브리 민족의 '3일 길 출애굽 광야 제사'는 아브라함과 이삭의 '3일 길 모리아산 번제'를 생각나게 합니다.

● **세 번째 포인트**

바로는 '나는 하나님을 모른다!' 그리고 '히브리 민족 내부 이간 정치' 술수로 모세의 '3일 길 출애굽 광야 제사' 이슈를 무력화시킵니다.

바로는 모세의 요구에 대해 "나는 하나님을 모른다."라는 이유를 들어 모세의 요구를 묵살합니다.

사실 "하나님을 모른다!"라고 하면 다 되는 것이 아닙니다. 농부는 어부의 일을 다 알지 않아도 됩니다. 어부도 농부의 일을 다 알지 않아도 됩니다. 농부와 어부는 각자 자신의 일에 종사하며 서로 존중하면 되는 것입니다. 하지만 농부도 어부도 모두 살아계신 하나님을 알아야 합니다.

왜냐하면 하나님께서 땅과 바다와 세상 모든 것의 주인이시기 때문입니다. 바로는 "나는 하나님을 모른다!" 이 말로 인해 이후 그 대가를 톡톡히 치르게 됩니다. 그리고 결국 그의 아들까지 다 잃고 난 후에야 하나님이 어떤 분이신지 알게 됩니다.

하나님을 알기 전까지 교만했던 바로는 자신의 힘과 권력을 과신하며 어리석은 꾀를 냅니다. 바로는 세상 정치의 본성인 '덮어씌워 모략하기'를 시행합니다. 히브리 민족 내부를 이간시키기 위해 모세의 말을 거짓말로 만듭니다.

> "그 사람들의 노동을 무겁게 함으로 수고롭게 하여 그들로 거짓말을 듣지 않게 하라"(출 5:9)

'3일 길 출애굽 광야 제사' 이슈가 여호와께서 명령하신 일이 아니라 모세 스스로 만들어낸 거짓말이란 것입니다. 게다가 벽돌에 쓸 짚을 주지 않으면서 전처럼 벽돌 목표량을 채우라고 명령합니다. 이 명령은 백성의 감독들과 기록원들에게 하달되었습니다.

당시 히브리 민족은 애굽의 노예이기는 했지만 모든 시간을 강제 노역에 쓴 것은 아니었습니다. 그들은 집단 모임도 했고, 채소와 생선 등을 채취할 수도 있었고 자기 밭을 개간할 수도 있었습니다. 그러면서 애굽이 요구하는 벽돌의 목표량만은 반드시 만들어내야 했습니다.

애굽의 벽돌은 나일 강가 진흙을 개어서 벽돌로 찍고 말린 것이었습니다. 이때 벽돌을 튼튼히 하기 위해 진흙에 짚을 넣었던 것입니다. 그런데 그전까지 짚은 애굽에서 공급해주었는데 이제 히브리인들이 그 짚까지 주워다가 벽돌을 만들라는 것이었습니다.

애굽은 히브리인들에게 불가능한 작업 목표량을 정해주고 전보다 더 억압하고 압제하는 폭력을 가해 그들을 괴롭혔습니다. 그러자 바로의 계획대로 '3일 길 출애굽 광야 제사' 이슈는 온데간데없어지고 히브리인들의 모든 불만은 모세와 아론에게로 향하게 되었습니다. 히브리인 동족들이 모세와 아론에게 쏘아붙입니다.

"너희가 우리를 바로의 눈과 그의 신하의 눈에 미운 것이 되게 하고 그들의 손에 칼을 주어 우리를 죽이게 하는도다 여호와는 너희를 살피시

고 판단하시기를 원하노라"(출 5:21)

● 네 번째 포인트
이제 모세와 바로는 6개월간 아홉 차례 협상에 들어갑니다.

바로가 모세의 요구를 거절하고 히브리 민족을 더 많이 억압하고 괴롭히자 이제 모세가 본격적으로 바로와 6개월간 아홉 차례의 협상 즉, 서로 힘겨루기를 시작합니다.

협상은 구걸과 다릅니다. 협상은 상대방에게 내밀 비장의 카드가 있어야만 가능하기 때문입니다. 모세의 카드는 '하나님의 기적'이었습니다.

그러자 바로는 '문명'을 가지고, 감히 하나님의 기적에 대항합니다. 당시 애굽은 나일강을 중심으로 세계 4대 문명 가운데 한 문명을 이루며 찬란한 문화를 이루고 있었습니다. 바로는 자신들이 이룬 문명을 가지고 모세의 '3일 길 출애굽 광야 제사' 이슈를 완전히 제압할 생각이었습니다.

모세는 6개월 동안 아홉 차례에 걸친 바로와의 협상을 시작했습니다. 하나님께서는 기적으로 협상의 동력을 만들어주기 시작하셨습니다.

● 다섯 번째 포인트

하나님께서 입(入)애굽 때에 사용하신 '나일강'을 출(出)애굽 1차 협상 때에 다시 사용하십니다.

입(入)애굽의 지도자 요셉은 애굽에서의 7년 풍년과 7년 흉년을 가지고 놀라운 성과를 냈었습니다. 그 중심에 나일강이 있었습니다. 나일강은 애굽에 놀라운 풍요를 가져다주었습니다. 그래서 역사의 아버지 헤로도토스는 "이집트는 나일강이 준 선물"이라고까지 말할 정도였습니다.

그런데 하나님께서는 모세와 바로의 1차 협상에서 하나님의 기적 카드로 나일강을 다시 들어 사용하십니다. 하나님께서 나일강을 피로 물들게 하신 것입니다. 그러자 바로가 그들의 문명으로 하나님의 기적에 대항합니다. 바로는 식수를 확보할 자신이 있었던 것입니다.

"바로가 돌이켜 궁으로 들어가고 그 일에 관심을 가지지도 아니하였고 애굽 사람들은 나일 강 물을 마실 수 없으므로 나일 강 가를 두루 파서 마실 물을 구하였더라"(출 7:23~24)

애굽 사람들은 나일강이 비록 피로 물들었지만 나일 강가를 파서 식수를 구했습니다.

모세와 바로의 1차 협상 때 애굽이 하나님의 기적을 문명으로 이긴 것처럼 보였습니다. 그러나 바로는 하나님의 경고가 오히려 '기회'였다는 사실을 알지 못했습니다. 바로는 그 첫 번째 기회를 놓쳤던 것입니다.

디저트 DESSERT

신약성경에 보면, 기도를 가르쳐달라는 제자들에게 예수님께서는 "이렇게 기도하라."라고 가르쳐주셨습니다. 그중에 "뜻이 하늘에서 이루어진 것같이 땅에서도 이루어지이다."라는 내용이 있는데 요셉 때의 하나님의 뜻은 입애굽이었습니다. 그리고 모세 때 하나님의 뜻은 출애굽이었습니다.

이처럼 하나님께서는 하나님의 때마다 하나님의 사람들을 들어 사용하십니다. 하나님께서 하늘에서 정하신 뜻을 이 땅에서 이루어드리는 사람이 하나님과 동역하는 사람입니다. 하나님의 뜻은 모두 성경에 기록되어 있습니다.

성경을 통해 하나님의 뜻을 깨닫고 하나님의 뜻이 이 땅에서 이루어지도록 우리도 하나님과 동역하는 멋진 그리스도인을 꿈꿉니다.

21일

모세와 바로의 9차 협상 (출 8~10장)

애피타이저 APPETIZER

해 아래 새 것이 없습니다. 그러나 하나님께서 주시는 모든 것은 새롭고 늘 새롭습니다. 만물을 새롭게 하시는 분은 오직 하나님 한 분이시기 때문입니다.

하나님의 은혜로 우리는 또다시 새로운 하루를 시작합니다.

성경통독 BIBLETONGDOK

《일년일독 통독성경》 출애굽기 8~10장

● 첫 번째 포인트

6개월 동안 하나님의 백성들과 애굽 백성들은 각자의 자리에서 하나님을 알게 됩니다.

"내 백성을 보내라"

"네가 만일 보내기를 거절하면…"

'너의 애굽 백성들이 6개월간 처벌받는다는 것'이 하나님께서 모세를 통해 바로에게 주신 큰 틀의 메시지였습니다.

하나님께서는 모세를 통해 앞으로 '제사장 나라 거룩한 시민'으로 하나님과 동역할 히브리 백성들에게는 '하나님의 백성'이라고 말씀하셨습니다. 그리고 바로에게는 애굽 백성들을 '너의 백성'이라고 구분해서 말씀하십니다. 이는 하나님께서 애굽 백성들을 차별하시는 것이 아니라 하나님을 알지 못하는 바로와 애굽 백성들에게 살아계신 하나님을 알려주시기 위함이었습니다.

또한 앞으로 애굽에 표징과 이적을 많이 행함으로 하나님의 백성들과 바로의 백성들 모두에게 온 세상의 주인이 누구인지 분명하게 보여주시겠다는 것입니다. 결국 6개월 만에 애굽에서 하나님의 백성들과 애굽 백성들은 각각의 자리에서 하나님을 체험하게 됩니다.

처음 모세를 통해 하나님의 뜻을 전했을 때 바로는 "나는 하나님을 모른다!"라는 말로 거절했습니다. 그래서 첫 번째 하나님께서 행하신 기적은 나일강을 피로 물들게 한 것이었습니다. 그러자 바로는 애굽의 문명을 총동원해 나일 강가를 두루 파서 식수를 구했습니다.

하나님께서 모세의 협상에 두 번째 동력을 제공하십니다. 모세의 지팡이를 통해 나일강에서 개구리가 올라오게 하십니다. 당시 고대 근동에서 최첨단 산업으로 농경 산업을 이끌고 있던 애굽에서 개구리는 풍요와 다산의 상징이었습니다. 논과 밭에서 개구리 우는 소리는 땅이 건강하다는 증거였고 정겨운 농경 사회의 모습이었습니다.

그런데 개구리가 나일강에서 나와, 사람들이 사는 곳까지 몰려든 것입니다. 그러자 애굽 전역의 모든 사람들이 기겁했습니다. 이에 바로는 모세를 불러 "여호와께 구하여 나와 내 백성에게서 개구리를 떠나게 하라"(출 8:8)라고 요청했습니다.

하나님을 모른다고 했던 바로가 하나님께 이 문제를 해결해 달라고 부탁하게 된 것입니다. 바로는 모세에게 개구리를 치워 달라고 말하기는 했으나 히브리 민족을 내어줄 마음은 일절 없었습니다. 바로와 애굽 백성들은 히브리 민족을 노예로 부리면서 풍요를 누리며 많은 혜택을 챙기고 있었기 때문입니다.

그래서 애굽 백성들은 히브리 민족에게 내려진 영아 살해 정책에 대해서도 어떤 문제의식조차 가지지 않았습니다. 결국 6개월 동안 애굽 전역에 열 가지 재앙이 내림으로 하나님이 누구신지 제대로 알게 됩니다.

모세 협상에 동력으로 사용하신 열 가지 재앙이면서 하나님의 기적은 다음과 같습니다.

① 나일강이 피로 변한 재앙을 시작으로 ② 개구리 재앙 ③ 이 재앙 ④ 파리 재앙 ⑤ 가축의 죽음이 이어지는데 이때부터 재산 손해가 시작됩니다. ⑥ 악성 종기 재앙은 직접적으로 몸에 괴로움이 시작된 것입니다. ⑦ 우박 재앙은 밖에 있던 사람과 짐승은 물론 밭에 모든 채소와 들의 모든 나무가 상함으로 농사지은 것을 거둘 수 없게 됩니다. 게다가 ⑧ 메뚜기 재앙으로 우박 재앙 때 자라지 않아 살아남았던 밀과 쌀보리까지 모두 상하게 되므로 먹을 양식이 없어지게 됩니다. 그리고 ⑨ 흑암이 애굽 온 땅을 덮어 움직일 수 없게 합니다. 다음에 이어서 살펴보겠습니다만, ⑩ 결국 모든 애굽 가정의 장자들이 죽는 재앙을 맞게 됩니다.

● 두 번째 포인트

6개월 동안 바로는 세 번이나 고센땅 상황을 확인합니다.

하나님께서 모세를 통해 행하신 6개월 동안의 재앙은 애굽 역사상 볼 수 없었던 일이었습니다. 그런데 아홉 가지 재앙 중, 네 번째 파리 재앙부터는 '내 백성이 거주하는 고센땅을 구별'하시므로 하나님을 알게 하시겠다고 말씀하셨습니다. 고센땅을 구별하신다는 말씀은 환난의 모형이라는 측면에서 꽤 중요한 뜻을 함축하고 있습니다.

〈요한계시록〉에 기록된 최후 종말 부분을 상기해본다면 초기의 환난은 믿는 자들이나 믿지 않는 자들이 모두 다 같이 당합니다. 그러다가 어느 시점이 되면 양자가 구분됩니다. 믿는 자라 해서 처음부터 아무런 고통이나 해를 받지 않는 게 아니라는 것입니다.

'구별'은 환난을 받지 않았다는 소극적인 측면보다 사명을 위해 택함을 받았다는 적극적인 측면으로 이해되어야 합니다. 즉 구별된 이스라엘 백성들은 이제 거룩한 백성으로 살아야 할 책임을 부담한다는 것입니다.

이렇게 땅이 구별되어 애굽에만 나타나는 재앙으로 인해 바로는 사람들을 보내어 고센땅 상황을 확인합니다. 바로가 처음 사람을 시켜 확인했던 재앙은 다섯 번째 재앙인 가축 죽음의 재앙이었습니다.

"애굽의 모든 가축은 죽었으나 이스라엘 자손의 가축은 하나도 죽지 아니한지라 바로가 사람을 보내어 본즉 이스라엘의 가축은 하나도 죽지 아니하였더라"(출 9:6~7)

그 다음은 일곱 번째 재앙인 우박 재앙이 내린 후였습니다.

"이스라엘 자손들이 있는 그 곳 고센 땅에는 우박이 없었더라 바로가 사람을 보내어 모세와 아론을 불러 그들에게 이르되 이번은 내가 범죄하였노라 여호와는 의로우시고 나와 나의 백성은 악하도다"(출 9:26~27)

다음 시간에 살펴보겠습니다만, 세 번째는 아마 장자의 죽음 이후였을 것입니다. 바로는 열 번째 재앙인 장자의 죽음을 맞닥뜨리면서 그 밤에 급히 모세와 아론을 부릅니다.

바로가 만일 고센땅 히브리 민족 장자들도 죽은 것을 확인했다면 이들을 내보낼 리가 없었을 것입니다. 바로는 두 손 두 발 다 들고 출애굽을 허락할 수밖에 없었던 것입니다.

● 세 번째 포인트

바로는 자기 요술사들의 충고도, 자기 신하들의 충고도 다 거절합니다.

세 번째 재앙이었던 '티끌이 이가 되는 재앙'을 보고는 애굽의 요술사들까지 "이는 하나님의 권능"(출 8:19)이라고 말합니다. 애굽의 요술사들에 이어 바로의 신하들까지도 계속되는 하나님의 기적을 보고 바로에게 고하기를 "어느 때까지 이 사람이 우리의 함정이 되리이까 그 사람들을 보내어 그들의 하나님 여호와를 섬기게 하소서 왕은 아직도 애굽이 망한 줄을 알지 못하시나이까"(출 10:7).

그러자 바로는 모세와 아론을 불러 눈앞에 보이는 당장의 재앙만 사라지면 될 줄 알고 모세의 요구를 수용하겠다고 말합니다. 하지만 재앙이 사라지고 조금만 숨 쉴 기회가 주어지면 바로는 '바~로' 말을 바꿉니다. 바로가 말을 바꾼 예들은 세 번입니다.

첫 번째, 바로가 말을 바꾼 것은 네 번째 파리 재앙 후입니다.

"여호와께서 모세의 말대로 하시니 그 파리 떼가 바로와 그의 신하와 그의 백성에게서 떠나니 하나도 남지 아니하였더라 그러나 바로가 이 때에도 그의 마음을 완강하게 하여 그 백성을 보내지 아니하였더라"(출

8:31~32)

두 번째, 바로가 말을 바꾼 것은 일곱 번째 우박 재앙 후입니다.

"바로가 비와 우박과 우렛소리가 그친 것을 보고 다시 범죄하여 마음을 완악하게 하니 그와 그의 신하가 꼭 같더라 바로의 마음이 완악하여 이스라엘 자손을 내보내지 아니하였으니"(출 9:34~35)

세 번째, 바로가 말을 바꾼 것은 여덟 번째 메뚜기 재앙 후입니다.

"내가 너희의 하나님 여호와와 너희에게 죄를 지었으니 바라건대 이번만 나의 죄를 용서하고 너희의 하나님 여호와께 구하여 이 죽음만은 내게서 떠나게 하라 그가 바로에게서 나가서 여호와께 구하매 여호와께서 돌이켜 강렬한 서풍을 불게 하사 메뚜기를 홍해에 몰아넣으시니 애굽 온 땅에 메뚜기가 하나도 남지 아니하니라 그러나 여호와께서 바로의 마음을 완악하게 하셨으므로 이스라엘 자손을 보내지 아니하였더라"(출 10:16~20)

● **네 번째 포인트**

하나님의 선언, "세계가 다 내게 속하였다." 바로가 세 번이나 말을 바꾸는 동안 하나님께서는 '중대한 선언'을 하십니다.

하나님께서 모세를 통해 '바로에게 하신 선언'입니다.

"세상이 여호와께 속한 줄을 왕이 알리이다"(출 9:29)

온 세상이 바로 왕, 너의 소유가 아니라는 것, 다시 말해 하나님의 소유라는 것을 알리고 싶으셨던 것입니다.

애굽 왕에게 하신 이 중대 선언은 출애굽 이후 하나님께서 모세를 통해 이스라엘 백성들에게 다시 하십니다.

"세계가 다 내게 속하였나니"(출 19:5)

이 부분은 다음에 살펴보겠습니다.

모세가 바로를 처음 만나 이스라엘 백성들이 '3일 길 출애굽 광야 제사'를 반드시 하나님께 드려야 한다고 말했을 때 바로는 '나는 하나님을 모른다'는 이유로 모세의 요구를 묵살했습니다.

그런데 6개월 만에 바로는 모세와 아론을 불러 말하기를 "이번은 내가 범죄하였노라 여호와는 의로우시고 나와 나의 백성은 악하도다"(출 9:27)라며 천양지차의 모습을 보입니다. 하나님께서는 바로에게까지도 "네가 어느 때까지 내 앞에 겸비하지 아니하겠느냐"(출 10:3)라며 순종과 겸손을 바라셨습니다.

이후 하나님께서는 아합 왕에게도 "아합이 내 앞에서 겸비함을 네가 보느냐"(왕상 21:29)라고 말씀하실 만큼 아합의 '잠깐의 겸비함'마저도 기뻐하시는 분입니다.

하나님께서는 에스겔 선지자를 통해서 말씀하셨듯이 악인이 죽는 것을 기뻐하시는 분이 아닙니다. 도리어 악인이 돌이켜 회개하는 것을 기뻐하시는 분입니다.

하나님께서는 애굽의 바로나 북이스라엘의 아합을 포함해 우리 모두의 회개를 언제나 기다리시는 분입니다.

● 다섯 번째 포인트

아직도 바로는 이 시점에서 지난날의 역사 기록들이나 들춰내는 잔꾀를 부리고 있습니다.

바로는 네 번째 파리 재앙 후, 일곱 번째 우박 재앙 후, 여덟 번째 메뚜기 재앙 후 이렇게 세 번이나 모세와 아론을 불러 이 재앙만 사라진다면 모세의 요구를 수용하겠다고 말했습니다. 그러나 바로는 재앙이 사라지기만 하면 말을 다시 바꿨습니다.

그런데 이것은 과거 요셉의 아버지 야곱의 장례로부터 아이디어를 가져온 것이었습니다. 야곱의 장례 때에 어린아이들과 양 떼와 소 떼는 고센땅에 남겨두고 어른들만 가나안 막벨라굴 장지까지 갔던 그 기록을 바로가 들고 나온 것입니다. 아직도 바로는 지난날의 역사 기록이나 들춰내 이 위기 상황을 모면하기 위해 잔꾀를 부리고 있었던 것입니다.

그러다가 바로는 아홉 번째 흑암 재앙 때에는 나름 많이 물러선 제안을 내어놓습니다. 태양신 '라(Ra)'를 섬기는 애굽 입장에서 흑암은 그들이 섬기는 신이 몰락하는 것을 의미했기 때문입니다.

"너희는 가서 여호와를 섬기되 너희의 양과 소는 머물러 두고 너희 어린 것들은 너희와 함께 갈지니라"(출 10:24)

그러나 애굽 왕 바로의 이 제안은 다음과 같은 이유로 모세가 결코 받아들일 수 없었습니다.

"모세가 이르되 왕이라도 우리 하나님 여호와께 드릴 제사와 번제물을 우리에게 주어야 하겠고 우리의 가축도 우리와 함께 가고 한 마리도 남길 수 없으니 이는 우리가 그 중에서 가져다가 우리 하나님 여호와를 섬길 것임이며 또 우리가 거기에 이르기까지는 어떤 것으로 여호와를 섬길는지 알지 못함이니이다"(출 10:25~26)

그러자 바로가 이 9차 협상에서 6개월 동안 이어왔던 협상 테이블을 걷어찼습니다. 바로가 '협상 결렬'을 선언한 것입니다.

또다시 협상을 하러 온다면 모세를 죽이겠다고 최후통첩을 했습니다. 그러나 바로는 이 '협상 결렬 최후통첩'으로 결국 자기의 장자를 살릴 수 있는 마지막 기회를 스스로 걷어차버린 것입니다. 그러자 모세도 바로의 얼굴을 다시는 보지 않겠다는 말로 확인해주었습니다. 바로가 모세의 얼굴을 마주하는 그때가 그나마 기회였던 것입니다.

디저트 DESSERT

하나님께서는 애굽에서 6개월간 수많은 기적을 통해 바로와 애굽 백성들에게 하나님이 누구신지 알리셨습니다. 그런데도 어리석고 교만한 바로는 끝내 하나님 앞에 굴복하지 않음으로 나라 전체를 도탄에 빠지게 만들었습니다. 호세아 선지자의 말대로 '하나님을 아는 지식'이 없으면 백성과 나라가 망합니다.

우리가 이렇게 성경을 통해 하나님을 날마다 더 많이 알아가게 하심이 은혜입니다.

> "여호와를 경외하는 것이 지식의 근본이거늘 미련한 자는 지혜와 훈계를 멸시하느니라"(잠 1:7)
>
> "지혜는 그 얻은 자에게 생명 나무라 지혜를 가진 자는 복되도다 여호와께서는 지혜로 땅에 터를 놓으셨으며 명철로 하늘을 견고히 세우셨고 그의 지식으로 깊은 바다를 갈라지게 하셨으며 공중에서 이슬이 내리게 하셨느니라"(잠 3:18~20)

“물이 바다를 덮음 같이 여호와를 아는 지식이 세상에 충만” (사 11:9) 하기를 기도합니다. 성경 한 권이면 충분합니다.

22일

유월절과 성찬식 (출 11~13장)

애피타이저 APPETIZER

"나의 원대로 마시옵고 아버지의 원대로 하옵소서" (마 26:39)

예수님의 기도입니다. 하나님의 뜻이 하늘에서 없다면, 이 땅에서 '순종'은 없습니다. 우리는 성경을 통해 하늘 아버지의 뜻을 알게 됨으로 이 땅에서 '순종'을 꿈꿀 수 있습니다.

'유월절'은 하나님께서 행하신 놀라운 기적의 날입니다. 또한 유월절 그날은 이스라엘의 모든 가정이 한 가정도 어김없이 하나님의 명령대로 행한 '순종의 날'이었습니다. 이 순종이, 히브리 민족 각 가정의 장자들을 모두 살렸고 각 집에서 기르던 가축의 초태생까지도 모두 살렸습니다.

순종이 기적을 만듭니다. 오늘도 순종으로 하나님의 기적을 체험하는 날이 되기를 바랍니다.

성경통독 BIBLETONGDOK

《일년일독 통독성경》 출애굽기 11~13장

통通으로 숲이야기 ; 통숲 TONG OBSERVATION

● 첫 번째 포인트

창세기 12장, 아브라함의 순종은 '신앙 가족 공동체'의 출발이며 출애굽기 12장, 히브리인들의 순종은 '신앙 민족 공동체'의 출발입니다.

아브라함은 갈대아 우르에서 하나님께서 말씀하신 자손과 땅에 대한 약속을 믿고 순종하여 그 땅을 떠나 '보여줄 땅' 가나안에 도착했습니다. 그리고 아브라함은 가나안에서 '신앙 가족 공동체'를 출발시켰습니다.

400여 년이 지나, 아브라함의 후손들인 히브리인들은 모세를 통해 말씀하신 하나님의 말씀을 믿고 순종하여 히브리 모든 가정에서 1년 된 어린 양을 잡아 유월절을 지켰습니다.

유월절 그 밤, 마침내 히브리 민족은 '신앙 민족 공동체'로 출발합니다.

하나님께서는 아브라함에게 "네 자손이 이방에서 객이 되어 그들을 섬기겠고 그들은 사백 년 동안 네 자손을 괴롭히리니"(창 15:13)라고 말씀하셨습니다. 그리고 400년 동안 아브라함의 후손들을 괴롭힌 그 나라를 "내가 징벌할지며 그 후에 네 자손이 큰 재물을 이끌고 나오리라"(창 15:14)라고 말씀하셨습니다.

이렇게 하나님께서 아브라함에게 하신 그 모든 말씀은 모세 때에 그대로 성취됩니다.

"이스라엘 자손이 애굽에 거주한 지 사백삼십 년이라"(출 12:40)

그리고 하나님께서 출애굽 청사진을 그려주실 때에도 동일하게 말씀해주셨습니다. 온몸에 전율이 흐르고 소름이 끼칠 정도입니다.

"내가 애굽 사람으로 이 백성에게 은혜를 입히게 할지라 너희가 나갈 때에 빈손으로 가지 아니하리니 여인들은 모두 그 이웃 사람과 및 자기 집에 거류하는 여인에게 은 패물과 금 패물과 의복을 구하여 너희의 자

녀를 꾸미라 너희는 애굽 사람들의 물품을 취하리라"(출 3:21~22)

하나님께서 말씀하셨던 대로 애굽 사람들은 히브리인들이 요구하는 대로 은금 패물과 의복을 넉넉히 줍니다. 이는 애굽 사람들이 지난 6개월 동안 열 번의 재앙을 통해 그들이 오랜 세월 노예로 부렸던 히브리인들이 하나님께서 동행하시는 놀라운 민족이라는 사실을 분명히 깨달았기 때문입니다.

그리고 애굽 사람들의 눈에, 모세는 정말 위대하게 보였을 것입니다. 이미 하나님께서는 모세를 "바로에게 신(神)같이 되게 하겠다."라고 하셨습니다(출 7:1). 분명 애굽 사람들에게 히브리인들은 '하나님의 보호를 받는 사람들'로 보였던 것입니다.

● 두 번째 포인트

유월절 그날! '애굽 제국의 기반'은 무너지고 '제사장 나라의 기반'이 세워집니다.

유월절 그날! 차례대로 일어났던 '다섯 가지 사건 일지'입니다.

첫째, 애굽 왕 바로가 6개월째 계속되던 모세와의 9차 협상에서 테이블을 걷어차고 최후통첩으로 협상 결렬을 선언합니다. 바로가 모세에게 이 일로 다시 자신의 얼굴을 보는 날에는 죽을 것이라고 말하자 모세 또한 다시는 바로의 얼굴을 보지 않겠다고 확인해줍니다.

둘째, 모세가 마지막으로 경고합니다. 밤중에 바로의 장자부터 애굽의 모든 장자와 모든 가축의 처음 난 것까지 다 죽을 것이나 이스라엘 자손에게는 아무 일도 일어나지 않음을 경고한 것입니다.

셋째, 모세는 즉시 히브리 각 가족대로 22,000여 마리의 흠 없는, 1년 된 수컷 어린 양을 잡게 하고 그 피를 각 가정의 좌우 문설주와 인방에 바르게 합니다. 그리고 그 밤에 고기는 불에 구워 무교병과 쓴 나물과 함께 먹고 아침까지 문 밖에 나가지 않도록 말합니다.

여기에서 1년 된 어린 숫양이 22,000여 마리라고 한 근거는 이후 〈민수기〉에서 열두 지파 각 가정의 장자들의 숫자, 즉 유월절 그 밤에 생명을 건진 장자들의 숫자가 22,273명이었기 때문입니다.

> "모세가 여호와께서 자기에게 명령하신 대로 이스라엘 자손 중 모든 처음 태어난 자를 계수하니 일 개월 이상으로 계수된 처음 태어난 남자의 총계는 이만 이천이백칠십삼 명이었더라"(민 3:42~43)

넷째, 하나님의 말씀대로 애굽 전역의 각 가정의 장자들과 가축의 초태생들이 다 죽습니다. 그러자 바로는 밤중에 모세와 아론을 급히 불러 이스라엘 자손들과 함께 애굽에서 떠나라고 합니다.

다섯째, 히브리인들은 애굽 사람들에게 은과 금과 의복을 구하여 받아냅니다. 하나님께서 히브리인들을 애굽에서 빈손으로 나가지 않게 하신 것입니다. 이 재물은 이후 출애굽하여 금송아지 만들 때와 성막을 만들 때 각각 사용됩니다. 이렇게 유월절 그날, 애굽 제국의 기반은 무너지고 제사장 나라의 기반이 세워집니다.

● 세 번째 포인트
유월절, 이날을 기념하라!

유월절은 아브라함 이후, 구약성경 전체에서 하나님께서 보여주신 최고의 '기적 중의 기적'이었습니다. 유월절 그날에 '어린 양 한 마리'가 죽는 대신 히브리 각 가정의 장자들과 그 집에서 기르던 모든 가축의 초태생들이 살게 되었습니다.

유월절은 Passover, 히브리어로 '페싸흐(פֶּסַח)'입니다. 이는 '지나가다', '넘어가다'라는 뜻으로 애굽 전역에 열 번째 재앙이 진행될 때에 피 묻은 이스라엘 집을 넘어감을 의미합니다.

하나님께서는 이 유월절을 이후 1,500년 동안 기념하게 하십니다. 하나님께서 유월절을 기념하게 하신 이유는 네 가지입니다.

첫째, 아브라함의 후손들이 애굽에서 오랜 종살이의 사슬을 끊고 새로운 출발의 발걸음을 내디딘 날이기 때문입니다.

둘째, 하나님의 은혜로 구원받은 이날을 오래도록 기억해야 하기 때문입니다.

셋째, 하나님께서 이날을 이스라엘 역사의 원년으로 삼으신 날이기 때문입니다.

넷째, 하나님께서 '출애굽의 하나님'으로 당신의 존재를 드러내시며 이스라엘을 '내 것'으로 삼으신 날이기 때문입니다.

● 네 번째 포인트

애굽에서의 첫 번째 유월절로부터 1,500년이 지난 '마지막 유월절'에 '첫 번째 성찬식'이 시작됩니다.

우리 예수님께서는 공생애 3년 동안 제사장 나라의 모든 '율법'을 다 지켜 행하시고 '선지자'들을 통한 하나님의 말씀을 다 이루셨습니다. 그리고 십자가에서 "다 이루었다."라고 말씀하심으로 '제사장 나라'를 모두 수렴한 '하나님 나라'를 도래하게 하셨습니다.

그런데 예수님께서 십자가를 지시기 전날 밤 제자들과 함께 1,500년 된 유월절 절기를 지키며 '떡과 포도주를 가지고 마지막 유월절에 첫 번째 성찬식'을 거행하셨습니다. 1,500년 유월절을 성찬식으로 바꾸실 수 있는 분은 오직 하나님의 아들 독생자 예수 그리스도뿐이십니다. 성찬식은 주의 죽으심으로, 주님 다시 오실 그날까지 항상 기념하고, 땅끝까지 전하는 것입니다.

'마지막 유월절'이 '첫 번째 성찬식'이 되면서 네 가지가 바뀝니다.

첫째, '유월절 어린 양'은 이후 세상 죄를 지고 가는 '하나님의 어린 양'이 됩니다.

둘째, '출애굽 전날'은 '예수님의 십자가 지시기 전날'이 됩니다.

셋째, '각 가정에서 가족들과 함께'하는 절기가 '정하신 집 다락방에서 제자들과 함께'가 됩니다.

넷째, '어린 양 고기와 무교병 쓴 나물'은 '예수님의 몸과 피를 기념하는 떡과 포도주'가 됩니다.

● 다섯 번째 포인트
성경에 나타난 '복'은 모두 사명을 전제하고 있습니다.

앞에서 살펴보았듯이 애굽에서의 첫 번째 유월절에 애굽의 장자들과 가축의 초태생들은 모두 죽고 히브리인 장자들과 그 집 가축의 초태생들은 모두 살았습니다. 사실 공의의 하나님 앞에, 하나님의 은혜가 아니고서는 애굽의 장자든 히브리 민족의 장자든 살 수 있는 인간은 아무도 없습니다.

때문에 애굽의 장자들이 죽을 때에 히브리 민족의 장자들도 그들의 죄로 모두 죽어 마땅했습니다. 애굽의 장자들에 비해 히브리 민족의 장자들이 의인이어서 산 것이 아닙니다. 의인은 없나니 하나도 없기 때문입니다.

그런데 하나님께서 히브리 민족 각 가정의 장자들을 살려주신 것은 그들에게 은혜를 베푸신 것이고 그들에게 사명을 주시고자 함이었습니다. 하나님께서 살려주신 히브리 민족 각 가정의 장자들은 '하나님의 소유'가 되었습니다.

이후에 보면, 하나님께서 이스라엘 열두 지파의 장자들 대신 레위 지파를 '하나님의 소유'로 삼으시고 그들에게 제사장의 사명을 맡기시는 것을 볼 수 있습니다.

그러므로 이스라엘 열두 지파의 장자들은 그들을 대신하는 레위 지파 사람들에게 자신들의 장자의 몫을 주어야 합니다. 때문에 레위 지파는 '모든 민족을 위한 제사장 나라'를 위해 전적으로 헌신할 수 있게 됩니다.

디저트 DESSERT

이스라엘은 분명 유월절을 통해 놀라운 특권과 복을 받았습니다. 이제 하나님의 소유된 백성으로 이스라엘은 '모든 민족'을 복 받게 하는 통로로서 사명을 감당해야 합니다.

하나님께서 아브라함에게 주신 말씀입니다.

"모든 족속이 너로 말미암아 복을 얻을 것이라"(창 12:3)

예수님께서 우리 그리스도인들에게 주신 말씀입니다.

"너희는 가서 모든 민족을 제자로 삼아 아버지와 아들과 성령의 이름으로 세례를 베풀고 내가 너희에게 분부한 모든 것을 가르쳐 지키게 하라"(마 28:19~20)

우리 주님은 세상 끝 날까지 항상 우리와 함께하실 것입니다. 그리고 우리의 시선이 세상의 땅끝, 모든 민족에게 향하기를 원하십니다.

23일

홍해 영적 전략 5단계(출 14~15장)

애피타이저 APPETIZER

다윗과 골리앗 이야기는 왜 그렇게 세상 사람들이 다 아는 유명한 이야기가 됐을까요? 그것은 한마디로, 골리앗이 결코 질 수 없는 상대에게 졌기 때문이고 다윗이 결코 이길 수 없는 상대와 싸워 이겼기 때문입니다.

그때 다윗이 한 말이 있습니다. "전쟁은 여호와께 속한 것"(삼상 17:47)이라는 말입니다. 이기고 지게 하시는 분은 오직 하나님이심을 다윗은 청소년 시절부터 이미 알고 있었습니다.

그렇다면 다윗은 이 놀라운 사실을 어떻게 알고 있었을까요?

다윗은 모세로부터 이 사실을 배운 것입니다. 모세가 홍해 앞에서 두려워 떨고 있는 이스라엘 백성들에게 말합니다.

> "너희는 두려워하지 말고 가만히 서서 여호와께서 오늘 너희를 위하여 행하시는 구원을 보라"(출 14:13)

우리는 인생을 사는 동안 크고 작은 모든 일들을 우리 스스로 다 할 수 있다고 생각합니다. 그런데 생각을 조금만 깊고 지혜롭게 해보면 하나님께서 우리를 위해 하시는 일들이 보이기 시작합니다. 그리고 하나님의 도움 없이는 우리가 살 수 없다는 것을 깨닫게 됩니다. 우리의 삶을 주관하시며 용기를 주어 날마다 승리하게 하시는 분은 오직 하늘에 계신 우리 아버지 하나님이십니다.

성경통독 BIBLETONGDOK

《일년일독 통독성경》 출애굽기 14~15장

통通으로 숲이야기 ; 통숲 TONG OBSERVATION

● 첫 번째 포인트

입(入)애굽은 나일강으로 시작되고, 출(出)애굽은 홍해로 끝납니다.

나일강이 고대로부터 세계적으로 유명했던 이유는 역사의 아버지 헤로도토스가 그의 책 《역사》에서 "이집트는 나일강이 준 선물"이라고 나일강을 언급했기 때문입니다.

그러나 그보다 나일강이 더 유명해진 진짜 이유는 하나님께서 입애굽 때에 나일강을 사용하셨기 때문입니다. 그리고 나일강만큼이나 홍해가 유명해진 것은 출애굽 때에 하나님께서 홍해를 사용하셨기 때문입니다. 출애굽 때에 모세의 기적으로 홍해가 갈라지지 않았다면 홍해는 지금까지도 세계에 있는 여러 바다 이름 가운데 하나로 불릴 뿐일 것입니다.

〈창세기〉에서 보았듯이 입애굽의 지도자 요셉 때에 나일강의 풍요를 통해 7년간의 풍년을 이끄셨고 그 후 7년은 나일강을 마르게 하심으로 7년의 풍년을 생각조차 하지 못할 정도로 흉년을 만드셨습니다.

하나님께서는 그 일을 통해, 아브라함의 후손들을 애굽으로 인도하셔서 그곳에서 생육하고 번성하게 하셨습니다. 430년이 지난 후에는 '제사장 나라'를 만들기 위해 아브라함의 후손들로 하여금 애굽에서 '제국'을 경험하게 하셨습니다. 그리고 하나님께서는 홍해를 갈라지게 하시고 이스라엘 백성들을 건너가게 함으로 출애굽을 끝내십니다.

이후 홍해를 건너 도착한 시내산에서 '제사장 나라 거룩한 시민'으로 하나님과 언약을 맺은 아브라함의 후손들에게 하나님이 누구신지 더 알게 하십니다. 홍해가 갈라져 '마른 땅을 밟고' 건넌 이 사건은 이때로부터 40년 후에 요단강이 갈라져 '마른 땅을 밟고' 가나안으로 입성하는 이야기로 이어집니다.

"여호와의 언약궤를 멘 제사장들은 요단 가운데 마른 땅에 굳게 섰고 그 모든 백성이 요단을 건너기를 마칠 때까지 모든 이스라엘은 그 마른 땅으로 건너갔더라"(수 3:17)

● 두 번째 포인트

애굽 군대가 이스라엘 백성을 뒤쫓아간 이유는 세 가지입니다.

유월절을 통해 애굽의 장자들과 가축의 초태생들까지 모두 죽자 바로는 밤중에 모세와 아론을 불러 이스라엘 자손들을 다 데리고 빨리 애굽에서 나가라고 독촉했습니다.

열 번째 재앙은 애굽의 문명도, 바로의 집착도 더 이상 감당할 수 없는 살아계신 하나님의 기적이라는 사실을 모두에게 확실히 깨닫게 해주었습니다. 그런데 그렇게 백기 투항을 했던 바로의 마음이 변했습니다. 대규모 애굽 군대를 이끌고 이스라엘 백성들을 다시 잡아들이겠다고 뒤쫓기 시작한 것입니다.

이렇게 애굽 군대가 이스라엘 백성들을 뒤쫓은 이유는 세 가지입니다.

첫째, 바로의 '오판' 때문입니다. 바로는 이스라엘 백성들이 출애굽해서 나가는 방향이 막다른 골목이라고 오판한 것입니다. 바로가 말합니다.

"그들이 그 땅에서 멀리 떠나 광야에 갇힌 바 되었다"(출 14:3)

모세는 처음 계획했던 방향대로 이스라엘 백성들을 잘 인도해가고 있었습니다. 그런데 바로는 이스라엘 백성들이 가고 있는 방향이 결국 광야 막다른 길에 도달하게 될 것이라고 판단했습니다. 바로는 모세와 이스라엘 백성들이 혼란에 빠져 갈 방향을 잃을 것이라고 오판했던 것입니다.

둘째, 바로와 애굽 사람들의 '복수심' 때문입니다. 유월절에 애굽 장자들과 가축의 초태생들이 다 죽은 것은 그들의 제국 정책, 즉 영아 살해 명령과 같은 흉악한 죄에 대해 하나님께서 처벌하신 것입니다.

"바로가 그의 모든 백성에게 명령하여 이르되 아들이 태어나거든 너희는 그를 나일 강에 던지고 딸이거든 살려두라"(출 1:22)

그런데 바로와 애굽 사람들은 자신들이 저지른 지난날의 죄를 되돌아보기는커녕 이스라엘 백성들 때문이라고 둘러대고 엉뚱한 화풀이를 하려고 했습니다.

셋째, 바로가 히브리 노예들을 되찾고 싶었기 때문입니다. 당시 애굽이 노예로 부리던 20세 이상 60세 미만의 히브리 남자 장정의 수는 자그마치 60만 명이었습니다. 그렇다면 그들의 식구인 60만 명의 여자들도 애굽이 노예로 부렸다고 볼 수 있습니다. 이들을 놓치고 싶지 않았던 것입니다.

> "그 백성이 도망한 사실이 애굽 왕에게 알려지매 바로와 그의 신하들이 그 백성에 대하여 마음이 변하여 이르되 우리가 어찌 이같이 하여 이스라엘을 우리를 섬김에서 놓아 보내었는가 하고"(출 14:5)

120만 명의 무임금 유노동자 히브리 노예들은 애굽의 막대한 자산이었습니다. 그런데 하루아침에 그들을 다 애굽에서 내보내고 나니 애굽의 모든 것은 올 스톱(all stop)되고 말았습니다. 그러니 바로는 무슨 대가를 치르더라도 그들을 다시 데려다가 일을 시키고 싶었던 것입니다.

● 세 번째 포인트

온 이스라엘 백성들이 광야로 들어간 것은 '오직 믿음' 때문이었습니다.

바로는 모세가 방향을 잘못 잡아 이스라엘 백성들을 광야로 데려간 줄 알았습니다. 그러나 하나님께서는 처음부터 모세에게 '시내 광야를 거쳐 가나안으로 들어갈 것'이라는 청사진을 보여 주셨습니다. 하나님께서 호렙산 떨기나무 가운데 임하셨을 때, 이미 말씀하셨습니다.

"내가 반드시 너와 함께 있으리라 네가 그 백성을 애굽에서 인도하여 낸 후에 너희가 이 산에서 하나님을 섬기리니 이것이 내가 너를 보낸 증거니라"(출 3:12)

바로의 생각대로, 아니 보통 사람의 상식으로도 광야는 사람이 살 수 있는 곳이 아닙니다.

광야는 사람에게 필요한 물과 양식은 없고 사람들을 괴롭히는 전갈과 불뱀이 사는 곳이기 때문입니다. 하지만 모세는 하나님의 능력을 믿고 '시내 광야를 통과해서 가나안에 가기로 결정'했습니다. 그리고 이스라엘 백성들도 믿음으로 그러한 모세의 뒤를 따랐던 것입니다.

● **네 번째 포인트**

모세는 뒤쫓아오는 애굽 군대를 '홍해 영적 5단계 전쟁'으로 승리했습니다.

모세는 약속의 땅 가나안으로 가기 위해 '홍해 건너 광야 통과하기'를 택했습니다. 그러자 두 가지 큰 문제가 발생했습니다.

첫 번째 문제는, 바로의 군대가 뒤쫓아오는 것입니다.

바로는 특별히 선발된 애굽의 병거 600대와 애굽 전역에서 애굽을 지키는 군대의 모든 병거들을 홍해로 총출동시켰습니다. 당시 애굽의 병거들은 평화 시에는 의전용으로 쓰였고 전쟁이 나면 정예부대를 이끄는 최신 전투 무기였습니다.

지금으로 치면 애굽이 최첨단 전투 비행기들을 홍해로 다 결집시켰던 것입니다. 바로의 이 결정으로 인해 결국 애굽의 최첨단 무기들과 최정예 병사들은 모두 홍해에 수장되고 애굽이 제국으로 발돋움하려 했던 일도 거기서 끝나게 됩니다.

두 번째 문제는, 이스라엘 백성들의 원망이었습니다.

"그들이 또 모세에게 이르되 애굽에 매장지가 없어서 당신이 우리를 이끌어 내어 이 광야에서 죽게 하느냐 어찌하여 당신이 우리를 애굽에서 이끌어 내어 우리에게 이같이 하느냐"(출 14:11)

그때 모세는 이 난관을 '영적 전쟁'으로 해결합니다. 영적, 곧 영성이란 하나님을 알고, 믿고, 순종하고, 체험하고, 하나님께 영광 돌리는 것입니다.

'홍해 영적 전쟁 5단계'는 다음과 같습니다.

첫째, 모세는 하나님을 '더 알아가는 기회'로 임했습니다.

"여호와께서 너희를 위하여 싸우시리니 너희는 가만히 있을지니라"(출 14:14)

하나님께서 그들을 위해 홍해에서 직접 싸우신다는 것을 더 알게 한 것입니다.

둘째, 모세는 하나님을 '더 믿을 기회'로 임했습니다.

"모세가 백성에게 이르되 너희는 두려워하지 말고 가만히 서서 여호와께서 오늘 너희를 위하여 행하시는 구원을 보라 너희가 오늘 본 애굽 사람을 영원히 다시 보지 아니하리라"(출 14:13)

두려워하지 말고, 도망하지 말고, 믿고, 가만히 지켜보라는 것입니다.

셋째, 모세는 하나님께 '더 순종할 기회'로 임했습니다. 하나님께서 모세에게 명령하셨습니다.

"지팡이를 들고 손을 바다 위로 내밀어 그것이 갈라지게 하라 이스라엘 자손이 바다 가운데서 마른 땅으로 행하리라"(출 14:16)

모세는 애굽에서 지팡이를 나일강 위에 내미는 것보다 더 믿고 순종한 것입니다.

"모세가 바다 위로 손을 내밀매 여호와께서 큰 동풍이 밤새도록 바닷물을 물러가게 하시니 물이 갈라져 바다가 마른 땅이 된지라"(출 14:21)

여기에서 '마른 땅'은 히브리어로 '하라바(חָרָבָה)'입니다. 이는 '마르다', '사막이 되다'에서 유래된 말로 물기 없이 완전히 마른 땅을 의미합니다. 하나님이 보내신 동풍 때문에 바다가 완전히 마른 땅이 된 것입니다.

넷째, 모세는 전쟁을 통해 하나님을 '더 체험'했습니다. 홍해가 진짜 마른 땅이 되었습니다.

"이스라엘 자손이 바다 가운데를 육지로 걸어가고 물은 그들의 좌우에 벽이 되니"(출 14:22)

물 사이를 걷는 것은 '노아 방주', '모세 갈대 상자'를 능가하는 가장 놀라운 신앙 체험이 되었습니다.

다섯째, 모세는 애굽과 홍해 전쟁을 이기고 난 후 '모든 영광을 하나님께' 올려드렸습니다.

"이 때에 모세와 이스라엘 자손이 이 노래로 여호와께 노래하니 일렀으되 내가 여호와를 찬송하리니 그는 높고 영화로우심이요 말과 그 탄 자를 바다에 던지셨음이로다 여호와는 나의 힘이요 노래시며 나의 구원이시로다 그는 나의 하나님이시니 내가 그를 찬송할 것이요 내 아버지의 하나님이시니 내가 그를 높이리로다"(출 15:1~2)

이후, 이스라엘 백성들이 홍해를 마른 땅으로 건너고 애굽의 모든 병거와 군인들이 홍해에 수장된 이 사건은 고대 근동 전역으로 퍼져 나가게 됩니다. 홍해 전쟁 40년 후 여리고성의 기생 라합이 그때 일을 회고하며 말합니다.

"여호와께서 이 땅을 너희에게 주신 줄을 내가 아노라 우리가 너희를 심히 두려워하고 이 땅 주민들이 다 너희 앞에서 간담이 녹나니 이는 너희가 애굽에서 나올 때에 여호와께서 너희 앞에서 홍해 물을 마르게 하신 일과 … 우리가 들었음이니라 우리가 듣자 곧 마음이 녹았고 너희로 말미암아 사람이 정신을 잃었나니 너희의 하나님 여호와는 위로는 하늘에서도 아래로는 땅에서도 하나님이시니라"(수 2:9~11)

● 다섯 번째 포인트

나라도, 전쟁도, 노래도 모두 성경에서 시작됩니다.

성경에는 시간, 공간, 인간이 들어 있습니다. 성경에는 인간의 모든 것이 다 들어 있습니다. 당연히 성경에는 노래도 들어 있습니다.

먼저 야곱이 그의 넷째 아들 유다를 향해 축복한 내용입니다.

"유다야 너는 네 형제의 찬송이 될지라"(창 49:8)

그리고 오늘 출애굽기 15장에서 읽은 모세의 노래, 미리암의 노래도 있습니다. 또한 성경에는 한나의 노래도 있습니다.

"내 마음이 여호와로 말미암아 즐거워하며 내 뿔이 여호와로 말미암아 높아졌으며 내 입이 내 원수들을 향하여 크게 열렸으니 이는 내가 주의 구원으로 말미암아 기뻐함이니이다"(삼상 2:1)

우리가 많이 부르는 다윗의 노래도 있습니다.

"하나님이여 내 마음이 확정되었고 내 마음이 확정되었사오니 내가 노래하고 내가 찬송하리이다 내 영광아 깰지어다 비파야, 수금아, 깰지어다 내가 새벽을 깨우리로다 주여 내가 만민 중에서 주께 감사하오며 뭇 나라 중에서 주를 찬송하리이다"(시 57:7~9)

그리고 우리 예수님의 노래도 있습니다. 첫 번째 성찬식 후 예수님이 제자들과 함께 찬양하십니다.

"이에 그들이 찬미하고 감람 산으로 나아가니라"(마 26:30)

〈요한계시록〉에는 성도들의 새 노래가 있습니다.

"그들이 보좌 앞과 네 생물과 장로들 앞에서 새 노래를 부르니"(계 14:3)

이처럼 꿈도, 지혜도, 노래도, 용기도, 하나 됨도, 온유도, 겸손도 다 성경에서 시작됩니다. 그래서 성경 한 권이면 충분합니다.

디저트 DESSERT

하나님의 사람 모세는 하나님께서 홍해에서 애굽 군대와 싸우신다는 사실을 믿고 순종함으로 기적을 기다렸습니다. 기적이 먼저가 아니라, 믿고 순종하는 것이 먼저입니다.

성경대로 믿고 순종함으로 기적을 체험하는 복된 하루 되십시오.

24일

드디어, 광야 학교 입학(출 16~18장)

애피타이저 APPETIZER

출애굽한 이스라엘 백성들은 이제부터 하나님이 주신 만나를 먹으며 노동의 결과가 아닌 하나님의 능력을 목도하며 하루하루 살게 됩니다. 애굽에서처럼 혹독하게 일을 하지 않아도 살 수 있었습니다. 하나님께서 하늘 문을 여시고 만나를 내려주시면 아침에 거두는 수고만 하면 됩니다.

이제 그들은 하나님의 율례와 계명과 법도의 말씀을 듣고 또 들으며 제사장 나라의 놀라운 꿈을 꾸게 됩니다. 하나님께서 주시는 만나, 성경을 듣고 또 들으며 하나님 나라의 놀라운 꿈을 꾸기를 기대합니다.

성경통독 BIBLETONGDOK

《일년일독 통독성경》 출애굽기 16~18장

통通으로 숲이야기 ; 통숲 TONG OBSERVATI

● 첫 번째 포인트

출애굽한 이스라엘 백성, '광야 학교'에 입학합니다.

이스라엘 백성들은 수백 년 동안 애굽에서 교육의 혜택과는 멀고 먼 다시 말해, 채찍이 무섭고 아프다는 것만 아는 '노예 민족'이었습니다. 그런데 하나님께서 그들을 출애굽시키시고 광야로 인도하셔서 마침내 그들에게 세계 최고의 교육 혜택을 베풀기 시작하셨습니다. 그것도 하늘로부터 만나를 내려주시면서 말입니다.

이스라엘 백성들이 범민족적으로 입학한 학교는 '광야 학교'였습니다. 이 광야 학교는 네 개의 기본 과목을 선행 학습으로 이수한 사람들이 입학하는 학교입니다.

광야 학교 입학을 위한 '선행 학습 네 과목'은 다음과 같습니다.

첫째, '노예 생활'입니다.

"이스라엘 자손이 애굽에 거주한 지 사백삼십 년이라"(출 12:40)

둘째, 6개월간의 출애굽 준비 과정에서의 이적 체험입니다.

"내가 내 손을 들어 애굽 중에 여러 가지 이적으로 그 나라를 친 후에야 그가 너희를 보내리라"(출 3:20)

셋째, '유월절 체험'입니다.

"모세가 이스라엘 모든 장로를 불러서 그들에게 이르되 너희는 나가서 너희의 가족대로 어린 양을 택하여 유월절 양으로 잡고"(출 12:21)

넷째, '홍해 체험'입니다.

"이스라엘 자손은 바다 가운데를 육지로 행하였고 물이 좌우에 벽이 되었더라"(출 14:29)

이 기본 '선행 학습 네 과목'을 통해 이스라엘 백성은 인간 능력의 한계와 하나님 능력의 위대하심을 모두 배운 것입니다. 이렇게 선행 학습을 모두 이수하고 이스라엘 백성이 마침내 '광야 학교'에 입학합니다. 이 학교의 교장은 '하나님을 향한 절대적인 신뢰를 가지고 순종하는 사람이자 동시에 이스라엘 백성들에 대한 따뜻한 시선을 가진' 하나님의 사람 모세였습니다.

'광야 학교'의 교육 목적은 제사장 나라의 '거룩 훈련하기'입니다. 그리고 '광야 학교'에서 실력을 키우는 방법은 '반복되는 연습'과 '크고 작은 시험'들이었습니다.

● 두 번째 포인트
인간의 끝이 하나님의 시작입니다.

출애굽한 이스라엘 백성들이 드디어 '신 광야'에 도착합니다. 그런데 그즈음에 애굽에서 나올 때 가지고 나온 식량이 다 떨어집니다. 그러자 이스라엘 백성들이 모세를 원망합니다.

인간은 자기 한계의 끝, 즉 자기 인내가 끝나는 지점에서 '원망' 혹은 '진짜 믿음' 둘 중 하나를 선택하게 되는데 이스라엘 백성들은 주저 없이 '원망'을 선택했습니다. '원망함'은 히브리어로 '텔루나(תְּלוּנָּה)'입니다. 이는 투덜거리며 불평하는 모습을 말합니다. 이스라엘 백성들의 원망의 내용은 "우리가 애굽 땅에서 고기 가마 곁에 앉아 있던 때와 떡을 배불리 먹던 때"(출 16:3) 그때가 그립다는 것입니다.

그 시절이 그립다고 모세에게 어깃장을 놓습니다. 이스라엘 백성들의 이 원망은 그 이후에도 그들의 변하지 않는 레퍼토리(repertory)가 됩니다.

〈민수기〉에 보면, 먹는 일로 또 원망하는 것을 보게 됩니다.

"우리가 애굽에 있을 때에는 값없이 생선과 오이와 참외와 부추와 파와 마늘들을 먹은 것이 생각나거늘"(민 11:5)

그런데 이렇게 먹을 식량과 마실 물이 공급되지 않는 광야의 한계 상황 속에서 불평하고 원망하는 이스라엘 백성에게 하나님께서는 이미 계획하고 준비하셨던 만나를 공급하십니다. 광야는 '하늘 비'가 없는 곳입니다. 그런데 사랑과 긍휼의 하나님께서는 '광야 하늘에서 만나를 비'같이 내려주셨습니다.

● 세 번째 포인트

일곱 색깔 무지개 '만나 이야기'입니다.

첫째, 만나의 모양은 '작고 둥글며 서리같이 가는 것으로 깟씨같이 맛은 희고 꿀 섞은 과자' 같았습니다.

둘째, 만나는 하나님께서 '안식일의 거룩 훈련'을 위해 주신 것입니다.

"하나님이 그 일곱째 날을 복되게 하사 거룩하게 하셨으니 이는 하나님이 그 창조하시며 만드시던 모든 일을 마치시고 그 날에 안식하셨음이니라"(창 2:3)

"볼지어다 여호와가 너희에게 안식일을 줌으로 여섯째 날에는 이틀 양식을 너희에게 주는 것이니 너희는 각기 처소에 있고 일곱째 날에는 아무도 그의 처소에서 나오지 말지니라 그러므로 백성이 일곱째 날에 안식하니라"(출 16:29~30)

"엿새 동안은 일할 것이요 일곱째 날은 쉴 안식일이니 성회의 날이라 너희는 아무 일도 하지 말라 이는 너희가 거주하는 각처에서 지킬 여호와의 안식일이니라"(레 23:3)

하나님께서는 여섯째 날에는 만나를 갑절로 주셔서 만나를 두 배 거두게 하셨습니다. 이는 하나님의 본격적인 제사장 나라 '안식일 훈련'의 시작이었습니다.

셋째, 하나님께서는 만나를 통해 이스라엘 백성들에게 '안식일'과 '안식년', '희년'을 교육하셨습니다. 제사장 나라 제사는 3대 명절 유월절, 오순절, 초막절과 3대 절기 안식일, 안식년, 희년을 기초로 세워집니다. 안식일 훈련이 제대로 되어야 안식년, 그리고 희년까지 이어질 수 있습니다.

"일곱째 해에는 그 땅이 쉬어 안식하게 할지니 여호와께 대한 안식이라 너는 그 밭에 파종하거나 포도원을 가꾸지 말며"(레 25:4)

"너희는 오십 년째 해를 거룩하게 하여 그 땅에 있는 모든 주민을 위하여 자유를 공포하라 이 해는 너희에게 희년이니 너희는 각각 자기의 소

유지로 돌아가며 각각 자기의 가족에게로 돌아갈지며"(레 25:10)

넷째, 하나님께서는 만나를 대대로 간수하게 하셨습니다.

"또 모세가 아론에게 이르되 항아리를 가져다가 그 속에 만나 한 오멜을 담아 여호와 앞에 두어 너희 대대로 간수하라 아론이 여호와께서 모세에게 명령하신 대로 그것을 증거판 앞에 두어 간수하게 하였고"(출 16:33~34)

사실, 세상에서 정말 대대로 보관해야 될 그 무엇은 없습니다. 하지만 '만나 한 오멜'과 '십계명 두 돌판'은 대대로 보관해야 할 표징으로 주셨습니다.

다섯째, 하나님께서는 만나를 통해 사람이 떡으로만 살지 않고 하나님의 말씀으로 사는 것을 가르쳐주셨습니다.

"너를 낮추시며 너를 주리게 하시며 또 너도 알지 못하며 네 조상들도 알지 못하던 만나를 네게 먹이신 것은 사람이 떡으로만 사는 것이 아니요 여호와의 입에서 나오는 모든 말씀으로 사는 줄을 네가 알게 하려 하심이니라"(신 8:3)

이후 예수님이 40일 금식을 끝내신 후 사탄에게 "돌들로 떡덩이가 되게 하라." 하는 시험을 당하십니다. 그때 다시 한번 더 이 말씀을 상기시켜 '시험을 이기시고' 우리에게도 끝까지 잊어서는 안 되는 중요한 가르침으로 주셨습니다.

여섯 번째, 만나는 예수님께서 가르쳐주신 기도 중 '일용할 양식'의 중요한 배경이 됩니다. 공중의 새와 들의 백합화를 보면 심지도 않고 거두지도 않지만 하늘 아버지께서 먹이시고 기르신다는 것을 알 수 있습니다. 그런데 하나님께서는 공중의 새, 들의 백합화보다 우리를 더 아끼시고 먹이십니다. 그러니 쌓아놓지 않았다고 걱정하지 말라는 것입니다.

"오늘 우리에게 일용할 양식을 주시옵고"(마 6:11)

매일 드리는, 우리의 일용할 양식 구하는 기도를 하나님께서 기뻐하십니다.

일곱 번째, 만나의 교훈을 통해 사도 바울은 교회를 평균케 하는 일을 합니다. 사도 바울은 고린도 교회가 어려운 형편의 예루살렘 교회를 돕도록 이끌어 두 교회를 평균케 하는 일을 했습니다.

"이제 너희의 넉넉한 것으로 그들의 부족한 것을 보충함은 후에 그들의 넉넉한 것으로 너희의 부족한 것을 보충하여 균등하게 하려 함이라 기록된 것 같이 많이 거둔 자도 남지 아니하였고 적게 거둔 자도 모자라지 아니하였느니라"(고후 8:14~15)

● 네 번째 포인트

전쟁에서 가장 중요한 '승리'는 하나님 손에 달려 있습니다.

전쟁이 시작되면 사소한 것 하나마저 승패를 가르는 중요한 요인이 됩니다. 전쟁은 사람이 그 자리에서 죽고 사는 일이기 때문입니다. 때문에 전쟁은 시기, 장소, 숫자, 무기, 전술, 심지어 날씨까지도 무엇 하나 중요하지 않은 것이 없습니다. 그러나 전쟁에서 가장 중요한 것은, 누가 뭐래도 '이겨야 하는 것'입니다. 그런데 전쟁에서 이기는 그 '승리'가 다름 아닌 '하나님 손'에 달려 있다는 것입니다.

성경에는 하나님께서 이기게 하신 전쟁 기록이 많습니다.

첫 번째 기록은 아브라함과 아브라함의 집에서 훈련된 318명의 정예부대가 롯을 구출하기 위해 앗수르 4개국 도시국가들과의 전쟁에 가담해 승리한 기록입니다.

두 번째 기록은 이스라엘과 아말렉과의 전쟁입니다. 이것도 하나님께서 이기게 하신 전쟁입니다. 홍해에서 애굽 군대와의 전쟁은 하나님께서 홀로 싸워 승리하신 전쟁이었습니다.

그런데 아말렉과의 전쟁은 하나님과 이스라엘 백성들이 협력해서 싸워 이긴 전쟁입니다. 모세는 손을 들고 기도하고, 아론과 훌은 모세의 팔을 잡아주고 여호수아는 백성들을 데리고 출전하여 칼로 싸우고 결국 하나님께서 승리하게 하셨습니다.

모세는 이 전쟁을 '여호와 닛시(여호와는 나의 깃발)', '하나님께서 싸우신 전쟁'이라고 정의했습니다. 그리고 하나님께서는 이 전쟁 이야기를 책으로 기록하고, 기념하고, 여호수아의 귀에 못이 박히도록 계속 이야기해서 '외우게까지 하라'고 말씀하셨습니다.

이후에도 성경에는 하나님께서 이기게 하신 전쟁이 참 많습니다. 하나님께서는 기드온과 3백 용사가 미디안을 이기게 하셨습니다. 다윗이 골리앗을 이기게 하셨습니다. 그리고 하나님께서는 오늘도 우리의 선한 싸움을 승리하게 하십니다.

● 다섯 번째 포인트

모세의 간증은 모세의 장인 이드로에게 '믿음의 눈'을 뜨게 합니다.

모세의 장인 이드로가 출애굽에 대한 놀라운 일들을 확인하고자 그리고 모세에게 그의 아내와 두 아들을 데려다주기 위해 찾아옵니다.

모세는 이드로에게 출애굽의 모든 과정과 홍해를 육지처럼 건넌 일 그리고 아말렉과의 전쟁에서 이긴, 모든 일을 말해주었습니다. 이러한 출애굽의 전 과정은 사실, 모세에게는 피가 마를 정도로 힘든 일이었습니다. 그러니 모세는 이드로에게 한 번쯤은 으스댈 만한 절호의 기회였습니다.

그런데 모세는 이드로에게 자기의 무용담이 아닌 하나님께서 하신 모든 일을 말합니다. 결국 모세의 장인 이드로는 '들음으로' 하나님을 알게 되고, 하나님을 믿게 됩니다.

> "그러므로 믿음은 들음에서 나며 들음은 그리스도의 말씀으로 말미암았느니라"(롬 10:17)

그러자 이드로가 모세에게 좋은 제안 하나를 말해줍니다. 이스라엘 백성들 가운데 지도자들을 세워 각각의 역할 분담을 주라는 것입니다. 이드로가 제안한 지도자의 세 가지 조건은 하나님을 두려워하는 자, 진실한 자, 불의한 이익을 미워하는 자입니다. 이들로 하여금 십부장, 오십부장, 백부장, 천부장을 세우라는 것입니다. 이들이 책임을 맡으므로 모세는 율례와 법도를 가르치는 일에 전념할 수 있게 되었습니다.

이 분담은 이후 사도행전의 예루살렘 교회에서 받아들이게 됩니다. 사도들은 모세처럼 예수님의 말씀을 가르치는 일에 전념하고 성도들 가운데 성령과 지혜가 충만한 일곱 일꾼을 세워 그들에게 교회 지도자로서 각각의 역할을 분담하게 한 것입니다.

디저트 DESSERT

모세 간증의 주어는 '여호와'였습니다. 그는 이드로에게 하나님께서 그간 베푸신 은혜에 대해 자세히 이야기했습니다. 그래서 이드로가 하나님을 알아보고 찬송한 것입니다.

"이제 내가 알았도다"(출 18:11)

모세는 하나님이 하신 일과 자신이 한 일을 분명히 구별하여 사람에게 전할 줄 알았습니다. 그리고 모세와 이드로는 하나님께 감사와 영광을 올리는 멋진 사람들이었습니다.

우리도 세상의 온갖 뉴스보다는 '오직 굿뉴스', '오직 십자가', '오직 성경'을 말하기를 소망합니다. 그래서 이 복음, 굿뉴스 성경 이야기가 물이 바다 덮음 같이 땅끝까지 충만하게 넘치기를 기도합니다.

25일

십계명, 제국이 아닌 제사장 나라 (출 19~20장)

애피타이저 APPETIZER

출애굽기 19장부터 출애굽기 끝까지, 레위기 전체 그리고 민수기 1장에서 10장 10절까지의 모든 기록은 출애굽한 이스라엘 백성들이 '시내산에서 머문 1년 동안의 제사장 나라 기록'입니다.

그러므로 출애굽기 19장으로 시작해서 민수기 10장 10절 내용이 끝나는 23일 동안 '이스라엘 백성들의 시내산 1년'을 공부하며 우리도 이스라엘 백성들과 함께 시내산에 머물 것입니다. 일명 '시내산 캠프'입니다.

시내산 캠프 23번 동안 우리는 결코 힘들거나 지루하지 않을 것입니다. 왜냐하면 우리가 체험할 '시내산 1년'은 앞으로 구약성경 전체를 공부하는 데 있어 가장 중요한 핵심이 되는 '제사장 나라'를 배우는 시간이기 때문입니다. 이스라엘 백성들에게 가슴 설레는 시간이었던 만큼 바로 우리에게도 가슴 설레는 시간이 될 것입니다.

성경통독 BIBLETONGDOK

《일년일독 통독성경》 출애굽기 19~20장

통通으로 숲이야기 ; 통숲 TONG OBSERVATION

● 첫 번째 포인트

500년을 기다린 '시내산 1년'은 1,500년을 가져갈 '시내산 1년'입니다.

누구에게나 중요한 시간이 있습니다. 하나님의 사람 모세, 그의 120년의 인생 가운데 가장 중요한 시간이 언제였느냐고 묻는다면 모세는 주저하지 않고 시내산에서의 1년이라고 답할 것입니다. 모세에게 '시내산 1년'은 힘도 들었지만 가장 보람 있고 행복한 시간이었기 때문입니다.

하나님의 꿈은 처음부터 '모든 민족'을 복 주시는 것이었습니다. 그래서 하나님께서는 이스라엘이 '제사장 나라' 사명을 가지고 하나님과 모든 민족 사이에 평화를 만드는 민족이 되기를 바라셨습니다. 이를 위해 하나님께서는 한 사람 아브라함을 선택하시고 그 후손들이 민족을 이루기까지 자그마치 500여 년의 세월을 기다리셨습니다.

하나님께서는 출애굽한 이스라엘 백성들을 시내산에서 1년간 머물게 하시면서 그곳에서 '제사장 나라 거룩한 시민' 언약을 체결하시고 그들에게 십계명을 비롯한 제사장 나라의 율법 613가지를 주십니다.

이렇게 시내산에서 하나님의 꿈 '제사장 나라'가 세워집니다. 이 시내산 1년은 우리 예수님께서 십자가 위에서 "다 이루었다."라고 말씀하시기 전까지 1,500년을 이끄는 나라, '제사장 나라'가 세워지는 기간이었습니다.

성경에는 아브라함과 이삭의 모리아산, 출애굽한 이스라엘 민족의 시내산 그리고 우리 예수님의 갈보리산처럼 산에서 이뤄진 중요한 일들이 기록되어 있습니다. 이 일들도 우리가 눈여겨

보아야겠습니다.

● 두 번째 포인트
제사장 나라 = "세계가 다 내게 속하였다!"

출애굽한 이스라엘 백성들이 드디어 시내산 앞 시내 광야에 장막을 쳤습니다. 그러자 하나님께서 모세를 시내산 위로 올라오게 하셨습니다. 그리고 출애굽 전 과정을 통해 하나님께서 베푸신 기적을 말씀하시며 그동안 하나님께서 하고 싶으셨던 가장 중요한 말씀을 시작하셨습니다.

> "세계가 다 내게 속하였나니 너희가 내 말을 잘 듣고 내 언약을 지키면 너희는 모든 민족 중에서 내 소유가 되겠고 너희가 내게 대하여 제사장 나라가 되며 거룩한 백성이 되리라 너는 이 말을 이스라엘 자손에게 전할지니라"(출 19:5~6)

하나님께서는 아브라함의 후손들을 '하나님의 소유' 삼으시고, 애굽에서 제국을 온몸으로 경험한 그들에게 이제는 제국이 아닌 제사장 나라를 만들고 그 나라의 구별된 거룩한 백성이 되게 하시겠다는 놀라운 선언을 해주신 것입니다.

그리고 하나님께서는 제사장 나라 헌법 제1조 1항을 말씀하십니다.

> "나는 너를 애굽 땅, 종 되었던 집에서 인도하여 낸 네 하나님 여호와니라"(출 20:2)

그동안 하나님께서는 하나님의 이름, '하나님은 누구신가?'에 대한 답변으로 '아브라함의 하나님, 이삭의 하나님, 야곱의 하나님'이라고 알려주셨습니다. 즉, 과거 그들의 조상의 하나님이시라고 말씀하셨습니다. 그런데 이제는 그들을 출애굽시켜주신 하나님, 애굽땅, 종 되었던 집에서 인도해내신 하나님이심을 선언해주신 것입니다.

하나님께서는 이스라엘 백성들을 하나님의 소유로 삼으시겠다고 말씀하셨습니다. 여기에서 '소유'는 히브리어로 '쎄굴라(סְגֻלָּה)'입니다. 이는 '잠가두다'라는 뜻에서 유래된 말로 남이 범할 수 없도록 잠가둘 만큼 특별하고 매우 값진 소유를 의미합니다.

〈신명기〉에서 소유는 '기업'과 '보배로운'이라는 의미로 쓰이고 〈시편〉과 〈말라기〉에서 소유는 '특별한 소유'를 의미합니다. 그러므로 하나님의 꿈, 하나님의 소유인 '제사장 나라'는 '모든 민족을 위한 한 민족' 다시 말해, "세계가 다 하나님께 속했다."는 전제로 시작되는 나라인 것입니다.

하나님의 이 놀라운 말씀을 들은 모세가 시내산 아래로 내려와 이스라엘 백성의 장로들에게 말합니다. 그리고 장로들을 통해 하나님의 꿈이 모든 이스라엘 백성들에게 전해집니다. 그러자 모든 이스라엘 백성들이 한목소리로 답합니다.

"여호와께서 명령하신 대로 우리가 다 행하리이다"(출 19:8)

하나님께서 애굽에서 이스라엘 백성들에게 "너희를 내 백성으로 삼고 나는 너희의 하나님이 되리니"(출 6:7)라고 말씀하신 적이 있습니다.

그런데 그때에 이스라엘 백성들은 마음의 상함과 가혹한 노역으로 모세를 통해 전해주신 말씀을 듣지 않았습니다. 그런데 지금 시내 광야에서는 하나님의 제안에 일제히 한목소리로 "우리가 다 행하리이다!"라고 화답한 것입니다. 제가 모세였다면 가슴이 벅차서 아마 못 참고 울었을 것 같습니다.

이제 하나님께서는 더 놀라운 계획을 말씀하십니다. 3일 후에 이스라엘 백성들의 목전에 임하시겠다는 것입니다. 그래서 모세에게 하나님을 만날 준비를 시키십니다.

"오늘과 내일 그들을 성결하게 하며 그들에게 옷을 빨게 하고 준비하게 하여 셋째 날을 기다리게 하라"(출 19:10~11)

이제 3일 후면 이스라엘 백성들은 그들을 출애굽시켜주신 하나님의 임재를 경험하게 될 것입니다.

● 세 번째 포인트

'때'를 기다리게 하시는 것은 더 좋은 것을 주고자 하시는 하나님의 마음입니다.

하나님께서 이스라엘 백성들에게 3일을 기다리게 하신 것은 좋은 것을 받을 준비를 하라는 것이었습니다.

"준비하게 하여 셋째 날을 기다리게 하라 이는 셋째 날에 나 여호와가 온 백성의 목전에서 시내 산에 강림할 것임이니"(출 19:11)

한마디로, '여호와 이레'입니다.

"여호와의 산에서 준비되리라"(창 22:14)

하나님께서 아브라함과 이삭에게 모리아산으로 3일 길을 가게 하셨습니다. 그리고 우리 예수님은 십자가를 지시고 3일 후에 사망 권세를 이기시고 부활하셨습니다. 이처럼 하나님께서는 좋은 것을 준비하시고, 우리를 기대하게 하시고 기다리게 하십니다.

마침내 3일째가 되자, 하나님께서는 시내 광야 이스라엘 백성들의 진중에 하나님의 임재를 보여주십니다.

"셋째 날 아침에 우레와 번개와 빽빽한 구름이 산 위에 있고 나팔 소리가 매우 크게 들리니 진중에 있는 모든 백성이 다 떨더라"(출 19:16)

"시내 산에 연기가 자욱하니 여호와께서 불 가운데서 거기 강림하심이라 그 연기가 옹기 가마 연기 같이 떠오르고 온 산이 크게 진동하며 나팔 소리가 점점 커질 때에 모세가 말한즉 하나님이 음성으로 대답하시더라"(출 19:18~19)

하나님께서는 모세만 시내산 꼭대기로 부르시고 남은 모든 이스라엘 백성들은 시내산에 오르지 못하게 하십니다. 하나님을 보려고 하다가 죽을까 염려하신 것입니다. 그 산을 거룩하게 하신 이유입니다.

드디어 하나님께서 십계명을 주십니다.

"나는 너를 애굽 땅, 종 되었던 집에서 인도하여 낸 네 하나님 여호와니라 너는 나 외에는 다른 신들을 네게 두지 말라 너를 위하여 새긴 우상을 만들지 말고 또 위로 하늘에 있는 것이나 아래로 땅에 있는 것이나 땅 아래 물 속에 있는 것의 어떤 형상도 만들지 말며 그것들에게 절하지 말며 그것들을 섬기지 말라 나 네 하나님 여호와는 질투하는 하나님인즉 나를 미워하는 자의 죄를 갚되 아버지로부터 아들에게로 삼사 대까지 이르게 하거니와 나를 사랑하고 내 계명을 지키는 자에게는 천 대까지 은혜를 베푸느니라"(출 20:2~6)

이스라엘 백성들은 십계명을 말씀하시는 하나님의 음성과 함께 우레와 번개와 나팔 소리와 산의 연기를 봅니다. 이 모든 광경을 보고 죽을까봐 두려웠던 이스라엘 백성들은 모세에게 부탁

합니다.

"당신이 우리에게 말씀하소서 우리가 들으리이다 하나님이 우리에게 말씀하시지 말게 하소서 우리가 죽을까 하나이다"(출 20:19)

그러자 모세가 이스라엘 백성들에게 말합니다.

"두려워하지 말라 하나님이 임하심은 너희를 시험하고 너희로 경외하여 범죄하지 않게 하려 하심이니라"(출 20:20)

좋은 것을 주시려는 하나님의 마음을 잘 아는 모세가 이스라엘 백성들이 하나님의 마음을 오해하지 않도록 잘 설득하며 이끕니다.

● 네 번째 포인트
십계명의 핵심은 '하나님 사랑 이웃 사랑'입니다.

어느 날, 한 율법사가 예수님을 찾아와 감히 시험하여 묻습니다. "제사장 나라의 613가지 율법의 모든 조항 중에 어느 계명이 큽니까?" 그러자 우리 예수님께서 그 질문에 답해주셨습니다.

"네 마음을 다하고 목숨을 다하고 뜻을 다하여 주 너의 하나님을 사랑하라 하셨으니 이것이 크고 첫째 되는 계명이요 둘째도 그와 같으니 네 이웃을 네 자신 같이 사랑하라 하셨으니 이 두 계명이 온 율법과 선지

자의 강령이니라"(마 22:37~40)

예수님의 답을 듣고 그 율법사는 자기가 감히 상상도 못한 율법의 핵심을 듣고 입을 다물지 못했을 것입니다. 한마디로 제사장 나라의 613가지 율법의 핵심은 십계명이고, 그 십계명 내용의 핵심은 '하나님 사랑 이웃 사랑'입니다.

예수님의 이 선언은 'Magna carta(마그나 카르타)'입니다. 위대한 선언이 아닐 수 없습니다. 하나님께서는 율법의 기본이 되는 이 십계명만큼은 온 이스라엘 백성들에게 직접 들려주셨습니다. 하나님께서는 십계명을 두 돌판에 새겨 이후 만들어지는 '언약궤' 안에 넣어두게 하셨습니다. 그리고 십계명 두 돌판이 들어 있는 언약궤는 하나님의 임재를 상징하는 거룩한 장소가 되게 하셨습니다.

● 다섯 번째 포인트

세계 선교를 위한 하나님의 다섯 가지 꿈의 줄기입니다.

하나님의 꿈은 처음부터 끝까지 항상 '모든 민족'입니다. 그러므로 하나님이 원하시는 것은 '땅끝까지 세계 선교'입니다.

세계 선교를 위한 하나님의 다섯 가지 꿈의 줄기를 살펴보면 다음과 같습니다.

첫째, 창세기 12장에 기록된 아브라함을 통한 '모든 민족'

둘째, 출애굽기 19장에 기록된 모세를 통한 '세계가 다 내게 속하였나니'

셋째, 열왕기상 8장에 기록된 다윗과 솔로몬을 통한 '예루살렘 성전 건축, 이방인의 뜰'

넷째, 사도행전 1장에 기록된 예수님을 통한 '땅끝까지 이르러 내 증인이 되리라'

다섯째, 사도행전 9장에 기록된 '이방인을 위한 사도 바울' 이야기입니다.

우리 하나님의 '모든 민족'을 향한 이 끝없는 사랑으로 인해 오늘 우리가 구원받고 하나님의 자녀가 되는 권세를 누리게 된 것입니다.

디저트 DESSERT

창조주 하나님께서 피조물 인간들과 함께하시기 위하여 언약을 맺으신 것은 참으로 감격스러운 일입니다. 인간의 인간 됨, 더 나아가 거룩한 백성이 되는 길은 우리 모두가 살아가며 추구해야 할 최대의 가치입니다.

우리와 함께하기를 원하시는 하나님의 마음을 헤아려봅니다. 한 구절, 한 구절 친히 말씀해주신 하나님의 음성, 성경! 굿뉴스 성경 이야기가 물이 바다 덮음 같이 온 땅에 충만하게 넘치기를 기도합니다.

26일

거룩, 시장에 살아 있다! (출 21~23장)

애피타이저 APPETIZER

'23일간의 시내산 캠프' 그 두 번째 날입니다.

출애굽기 19장부터 출애굽기 끝까지, 레위기 전체, 그리고 민수기 10장 10절까지! 계속해서 출애굽한 이스라엘 백성들이 '시내산에 머문 1년 동안의 제사장 나라 기록'과 함께할 것입니다.

하나님께서는 출애굽한 이스라엘 백성들에게 먼저 큰 그림으로 '십계명'을 말씀하시고 이어서 섬세한 시행세칙들을 말씀해주십니다. 율법의 시행세칙들은 아름다운 신앙 공동체를 위한 하나님의 사랑과 섬세한 배려입니다.

하나님께서 요구하시는 건강한 공동체는 이웃에게 피해를 주지 않는 정도의 소극적 차원을 넘어 서로를 존중하고 배려하는 적극적 차원의 정의를 이루어가는 수준 높은 공동체입니다.

하나님께서는 이스라엘 백성들이 나그네, 과부, 고아, 가난한 사람들 등 사회적 약자들을 감싸 안을 수 있는 공동체가 되기를 바라시며 하나님의 기대를 말씀하십니다.

성경통독 BIBLETONGDOK

《일년일독 통독성경》 출애굽기 21~23장

통通으로 숲이야기 ; 통숲 TONG OBSERVATION

● 첫 번째 포인트

하나님께서 주신 율법은 소의 받는 버릇까지도 파악하여 보상 체계를 달리 정할 정도로 만드신 세심한 법입니다.

하나님께서는 이스라엘 백성들에게 십계명을 비롯해 구체적인 시행세칙들을 많이 주셨습니다. 그런데 이 모든 법은 한마디로 '거룩한 법'입니다.

"사회가 있는 곳에 법이 있다."라는 말처럼 세상의 법은, 질서와 사회를 유지하고, 정의를 실현하기 위해 국가가 강제력을 사용하는 사회적 규범 또는 관습을 말합니다. 그런데 세상의 법에서는 '거룩'이라는 것을 상상도 할 수 없습니다. 오직 하나님께서 하늘로부터 주신 율법만이 '거룩한 법'입니다.

일반적으로 '법의 민족' 하면 로마를 생각합니다. 하지만 하나님께서 시내산에서 이스라엘 백성들에게 주신 율법은 A.D.529년에서 534년 사이에 편찬된 동로마 제국의 《유스티니아누스 법전》보다 2,000년이나 먼저 주신 법입니다. 그리고 법 내용에 있어서는 《유스티니아누스 법전》과 비교할 수 없을 만큼 수준이 높습니다. 그러므로 로마 민족보다 오히려 이스라엘을 '법의 민족'이라고 하는 것이 타당할 것입니다.

일찍이 하나님께서 시내산에서 주신 이 율법은 A.D.12세기 중세 유대주의를 대표하는 지식인이자 유대의 랍비인 '모세 벤 마이몬(Moshe ben Maimon, 1135-1204)' 랍비에 의해 '하라'의 긍정 명령 248개와 '하지 말라'의 부정 명령 365개 총 613개의 법으로 정리되기도 했습니다.

하나님께서 주신 이 율법이 얼마나 세밀한지 소의 받는 버릇까지도 파악하며 보상 체계를 달리 정할 정도입니다.

"그 소가 본래 받는 버릇이 있는 줄을 알고도 그 임자가 단속하지 아니하였으면 그는 소로 소를 갚을 것이요 죽은 것은 그가 차지할지니라" (출 21:36)

뿐만 아니라 하나님께서 주신 이 율법은 약자들을 보호하는 하나님의 마음과 눈길이 가장 가까이할 수 있는 품위 있고 아름다운 법입니다.

"너는 이방 나그네를 압제하지 말며 그들을 학대하지 말라 너희도 애굽 땅에서 나그네였음이라 너는 과부나 고아를 해롭게 하지 말라"(출 22:21~22)

나그네의 설움을 어느 민족보다도 잘 알게 하신 이유가 여기에 있습니다.

또 한 가지, 하나님께서 주신 이 율법 중에 "생명은 생명으로, 눈은 눈으로, 이는 이로, 손은 손으로, 발은 발로, 덴 것은 덴 것으로, 상하게 한 것은 상함으로, 때린 것은 때림으로 갚을지니라" (출 21:23~25)

이 법은 동형보복법이 아닙니다. 이는 오히려 동형예방법으로 내 몸을 아끼듯이 상대방도 귀히 여기라는 하나님의 뜻입니다.

● 두 번째 포인트

사람이 사람을 종이나, 노예로 부리는 것은 악한 일입니다.

하나님께서 이스라엘 백성들에게 주신 율법은 거룩한 법이고, 품위 있는 법입니다. 하나님께서 주신 율법을 행하는 것은 '거룩'이며 '인간 됨'을 서로 누리는 것입니다.

특히 면제년에 관한 법이 그렇습니다. 하나님께서 주신 면제년 법은 누군가 피치 못할 사정으로 종이 된 사람이 있다면 6년이 지나 7년째가 될 때 반드시 그 사람이 '자유의 몸'이 되도록 하라는 법입니다. 더 나아가 그 사람이 종에서 벗어나 자유인이 될 때 그를 빈손으로 내보내지 말고 후히 주라고 법으로 정해주셨습니다.

"네가 백성 앞에 세울 법규는 이러하니라 네가 히브리 종을 사면 그는 여섯 해 동안 섬길 것이요 일곱째 해에는 몸값을 물지 않고 나가 자유인이 될 것이며"(출 21:1~2)

이스라엘 백성들은 세계 어느 민족보다 '면제년 법'을 잘 이해했을 것입니다. 왜냐하면 이스라엘 백성들이 애굽에서 종과 노예의 생활이 무엇인지 온몸으로 경험했기 때문입니다.

세상 모든 사람은 누구 하나 다르지 않게 한 생명 한 생명이

천하보다 소중한 하나님의 피조물입니다. 그러므로 사람이 사람을 강제로 종이나, 노예로 부리는 것은 악한 일입니다. 이후 역사에서 이 '면제년 법'과 관계하여 가장 중대한 사건이 예레미야 때에 다루어집니다. 남유다의 마지막 왕 시드기야 때에 이 면제년 법이 일시적으로 실행된 적이 있었습니다.

"시드기야 왕이 예루살렘에 있는 모든 백성과 한 가지로 하나님 앞에서 계약을 맺고 자유를 선포한 후에 여호와께로부터 말씀이 예레미야에게 임하니라 그 계약은 사람마다 각기 히브리 남녀 노비를 놓아 자유롭게 하고 그의 동족 유다인을 종으로 삼지 못하게 한 것이라"(렘 34:8~9)

그런데 안타깝게도 이 계약에 참여한 시드기야 왕과 백성들의 이 결정은 얼마 가지 못하고 다시 번복됩니다.

"후에 그들의 뜻이 변하여 자유를 주었던 노비를 끌어다가 복종시켜 다시 노비로 삼았더라"(렘 34:11)

그러자 하나님께서 예레미야를 통해 말씀하십니다.

"내가 너희 선조를 애굽 땅 종의 집에서 인도하여 낼 때에 그들과 언약을 맺으며 이르기를 너희 형제 히브리 사람이 네게 팔려 왔거든 너희는 칠 년 되는 해에 그를 놓아 줄 것이니라 그가 육 년 동안 너를 섬겼은즉 그를 놓아 자유롭게 할지니라 하였으나 너희 선조가 내게 순종하지 아니하며 귀를 기울이지도 아니하였느니라 그러나 너희는 이제 돌이켜 내 눈 앞에 바른 일을 행하여 각기 이웃에게 자유를 선포하되 내 이름으로 일컬음을 받는 집에서 내 앞에서 계약을 맺었거늘 너희가 돌이켜 내 이름을 더럽히고 각기 놓아 그들의 마음대로 자유롭게 하였던 노비를 끌어다가 다시 너희에게 복종시켜 너희의 노비로 삼았도다 그러므로 여호와께서 이와 같이 말씀하시니라 너희가 나에게 순종하지 아니하고 각기 형제와 이웃에게 자유를 선포한 것을 실행하지 아니하였은즉 내가 너희를 대적하여 칼과 전염병과 기근에게 자유를 주리라 여호와의 말씀이니라 내가 너희를 세계 여러 나라 가운데에 흩어지게 할 것이며"(렘 34:13~17)

그러므로 결국 바벨론을 통해 예루살렘성을 불사르게 하시겠다고 선언하십니다.

"여호와의 말씀이니라 보라 내가 그들에게 명령하여 이 성읍에 다시 오게 하리니 그들이 이 성을 쳐서 빼앗아 불사를 것이라 내가 유다의 성읍들을 주민이 없어 처참한 황무지가 되게 하리라"(렘 34:22)

● **세 번째 포인트**

하늘의 하나님은 인간들의 재판을 항상 눈여겨보십니다.

"너는 가난한 자의 송사라고 정의를 굽게 하지 말며 거짓 일을 멀리 하며 무죄한 자와 의로운 자를 죽이지 말라 나는 악인을 의롭다 하지 아니하겠노라 너는 뇌물을 받지 말라 뇌물은 밝은 자의 눈을 어둡게 하고 의로운 자의 말을 굽게 하느니라"(출 23:6~8)

뇌물은 가난한 사람이 받는 것이 아닙니다. 뇌물은 힘 있고 권력 있는 사람에게 주기 때문입니다. 그런데 공의의 하나님께서는 뇌물을 주지도, 받지도 말라고 말씀하십니다. 특히 재판에서의 뇌물은 절대 주지도, 받지도 말아야 합니다. 물론 가난한 사람의 송사라고 해서 정의를 굽게 해서도 안 됩니다.

성경에 보면, 공정한 재판의 예로 〈룻기〉의 '보아스 재판'을 들 수 있습니다. 보아스가 성읍 장로 열 명을 초청하여 성문 망루에서 재판을 엽니다. 보아스의 이 재판은 '다 잃고 고향으로 돌아온 나오미와 이방 여인 룻을 살리는 재판'이었습니다.

"또 말론의 아내 모압 여인 룻을 사서 나의 아내로 맞이하고 그 죽은 자의 기업을 그의 이름으로 세워 그의 이름이 그의 형제 중과 그 곳 성문에서 끊어지지 아니하게 함에 너희가 오늘 증인이 되었느니라"(룻 4:10)

성경에는 이러한 공정한 재판과는 반대로 악하고 불의한 뇌물 재판도 있습니다. 바로 이세벨이 개입한 '나봇의 포도원 재판'입니다. 이 재판은 이세벨이 거짓 증인을 세워 진행했던 불의한 재판이었습니다.

"아합의 이름으로 편지를 쓰고 그 인을 치고 봉하여 그의 성읍에서 나봇과 함께 사는 장로와 귀족들에게 보내니 그 편지 사연에 이르기를 금식을 선포하고 나봇을 백성 가운데에 높이 앉힌 후에 불량자 두 사람을 그의 앞에 마주 앉히고 그에게 대하여 증거하기를 네가 하나님과 왕을 저주하였다 하게 하고 곧 그를 끌고 나가서 돌로 쳐죽이라 하였더라" (왕상 21:8~10)

결국 하나님께서는 엘리야를 아합에게 보내 말씀하십니다.

"너는 일어나 내려가서 사마리아에 있는 이스라엘의 아합 왕을 만나라 그가 나봇의 포도원을 차지하러 그리로 내려갔나니 너는 그에게 말하여 이르기를 여호와의 말씀이 네가 죽이고 또 빼앗았느냐고 하셨다 하고 또 그에게 이르기를 여호와의 말씀이 개들이 나봇의 피를 핥은 곳에서 개들이 네 피 곧 네 몸의 피도 핥으리라"(왕상 21:18~19)

나중에 살펴보겠습니다만, 엘리야는 하나님께서 모세를 통해 주셨던 율법으로 그들이 거룩한 백성이 되고 제사장 나라를 이루는 놀라운 공동체가 되기를 꿈꿨습니다. 그러나 갈멜산 기적으로도 변한 것이 없으니 엘리야가 활동하던 그 시대를 지켜보시는 하나님의 속이 타들어갔을 것입니다.

● 네 번째 포인트

안식일은 공동체가 숨을 쉬는 날입니다.

하나님께서는 하나님의 형상을 닮은 사람들이나 심지어 소, 나귀와 같은 짐승들까지도 6일 동안은 열심히 일하되 안식일에는 모두 쉬라고 말씀하셨습니다.

"너는 엿새 동안에 네 일을 하고 일곱째 날에는 쉬라 네 소와 나귀가 쉴 것이며 네 여종의 자식과 나그네가 숨을 돌리리라"(출 23:12)

안식일의 쉼은 모든 사람들이 제사장 나라에서 누구나 '제사'에 참여하게 하시기 위한 하나님의 계획입니다. 그리고 안식일법이 기본적으로 지켜져야 안식년과 희년의 법도 제대로 지켜질 수 있습니다.

예수님 당시, 바리새인들이 이 안식일을 가지고 예수님과 논쟁을 벌인 일이 있었습니다.

"그 때에 예수께서 안식일에 밀밭 사이로 가실새 제자들이 시장하여 이삭을 잘라 먹으니 바리새인들이 보고 예수께 말하되 보시오 당신의 제자들이 안식일에 하지 못할 일을 하나이다"(마 12:1~2)

바리새인들이 안식일에 예수님의 제자들이 밀 이삭을 잘라 먹은 일에 대해 꼬집습니다. 그러자 예수님께서는 한마디로 "인자는 안식일의 주인"(마 12:8)이라고 정의해주셨습니다. 그리고 또 안식일에 병 고치는 것이 옳은 일인지에 대한 논쟁이 있었습니다.

"거기에서 떠나 그들의 회당에 들어가시니 한쪽 손 마른 사람이 있는지라 사람들이 예수를 고발하려 하여 물어 이르되 안식일에 병 고치는 것이 옳으니이까"(마 12:9~10)

이에 예수님께서 대답하십니다.

"너희 중에 어떤 사람이 양 한 마리가 있어 안식일에 구덩이에 빠졌으면 끌어내지 않겠느냐 사람이 양보다 얼마나 더 귀하냐 그러므로 안식일에 선을 행하는 것이 옳으니라"(마 12:11~12)

당시 바리새인들이 가장 '거룩'하게 세상 사람들에게 자신을 보일 수 있는 방법이 '안식일을 지키는 일'과 '성전에 서서 기도하는 일'이었을 것입니다. 그러나 안식일을 거룩하게 지켜 행하는 것은 '안식일의 주인' 되시는 우리 예수님을 '예배'하는 것입니다.

● 다섯 번째 포인트
매년 세 차례 여호와 앞에 '얼굴'을 보이라!

하나님께서는 이스라엘 백성들에게 율법을 주시면서 안식일,

안식년, 희년의 절기를 지킬 것과 함께 유월절(무교절), 오순절(맥추절, 칠칠절), 초막절(수장절)의 명절을 지키라고 명령하셨습니다.

이는 하나님께서 1년에 세 차례 당신의 소유인 이스라엘 백성들과 만나고 싶으셨기 때문입니다. 또한 이를 통해 이스라엘 전체를 신앙 공동체로 보존하고자 하시는 하나님의 의지입니다.

여기에서 주목할 것은 1년 세 차례 명절에 하나님께 나아오면서 빈손으로 나오지 말라는 것입니다. 이는 땅의 소출을 주신 하나님께 감사하라는 것이고 헛되이, 아무런 의미 없이 하나님께 나오지 말라는 뜻이 담겨 있습니다.

우리의 명절인 설이나 추석은 개인 사정에 따라 지킬 수도 있고, 지키지 못할 수도 있습니다. 그러나 제사장 나라의 3대 명절은 반드시 하나님의 이름을 두려고 택한 곳으로 가서 얼굴을 하나님께 보여드려야 했습니다. 하나님께서는 이것을 법으로 명시해서 주셨습니다.

하나님께서 주신 이 율법은 우리 예수님께서 십자가 위에서 "다 이루었다."라고 말씀하시기 전까지 즉, '제사장 나라'를 수렴하여 더 큰 '하나님 나라'를 이루기까지 1,500년을 이어갑니다. 그래서 우리 예수님께서는 십자가를 지시기 전까지 이 '제사장 나라 법'을 가장 잘 지키신 것입니다. 예수님께서는 어린 시절부터 유월절마다 예루살렘 성전에 올라가셨습니다.

"그의 부모가 해마다 유월절이 되면 예루살렘으로 가더니 예수께서 열두 살 되었을 때에 그들이 이 절기의 관례를 따라 올라갔다가"(눅 2:41~42)

하나님의 뜻을 가장 잘 행하신 분이 바로 우리 예수님이십니다.

디저트 DESSERT

우리는 법 하면 딱딱하고 어려운 것이라 생각합니다. 그런데 하나님께서 하늘로부터 내려주신 율법은 아름다운 사회를 이루며, 신앙 공동체를 이룰 수 있는 따뜻하고 품위 있는 법입니다. 인간에 대한 깊은 사랑과 배려가 율법 안에 가득하기 때문입니다.

거룩한 이 하나님의 법이 온 세상에 가득하기를 기도합니다.

27일

와우! 74인 멤버들 (출 24~27장)

애피타이저 APPETIZER

'23일간의 시내산 캠프' 3일째입니다.

출애굽기 19장부터 출애굽기 끝까지, 레위기 전체, 그리고 민수기 10장 10절까지! 계속해서 출애굽한 이스라엘 백성들이 '시내산에서 머문 1년 동안의 제사장 나라 기록'과 함께할 것입니다.

하나님께서는 모세를 시내산으로 부르셔서 십계명 두 돌판을 넣을 성막의 설계도를 주십니다. 성막 식양에는 숫자와 재료만 있는 것이 아닙니다. '수놓다, 연하다, 꼬다, 드리우다, 금으로 싸다, 부어 만들다, 대하여 하다' 등 동사로 표현되는 땀이 들어 있습니다.

방주를 지었던 노아처럼, 성막을 지었던 이스라엘 백성들처럼 우리도 하나님을 향한 땀 흘리는 '동사'를 많이 만들었으면 좋겠습니다.

성경통독 BIBLETONGDOK

《일년일독 통독성경》 출애굽기 24~27장

통通으로 숲이야기 ; 통숲 TONG OBSERVATION

● 첫 번째 포인트

제사장 나라 율법은 '쌍무 언약'으로 탄생됩니다.

애굽에서 하나님의 '제사장 나라' 제안을 거부했던 이스라엘 백성들이 출애굽 이후 시내산에서는 두 번에 걸쳐 화답합니다.

하나님께서 십계명을 주시기 전에 "우리가 다 행하리이다"(출 19:8) 그리고 하나님께서 십계명을 주신 후에 "우리가 준행하리이다"(출 24:3)라고 한목소리로 응답하면서 하나님의 제안을 기뻐게 받습니다.

500여 년 전 하나님께서 아브라함과 맺으신 언약은 하나님께서 아브라함에게 전적인 은혜를 베풀어주신 '은혜 언약'이었습니다. 그런데 아브라함 때로부터 500년 만에 이제 하나님의 말씀대로 큰 민족을 이루게 된 이스라엘 백성들이 시내산에서 하나님의 제사장 나라 제안을 받아들이며 하나님의 모든 말씀을 준행하겠다고 약속한 것입니다.

이스라엘 백성들은 하나님의 소유가 되고 하나님은 이스라엘 백성들의 하나님이 되어주시는, 놀라운 제사장 나라를 위한 '쌍무 언약'이 성사된 것입니다.

하나님과 이스라엘 사이에 체결한 제사장 나라 쌍무 언약의 다섯 가지 절차입니다.

첫째, 하나님의 언약 선포와 이스라엘 백성들의 응답입니다.

"모세가 와서 여호와의 모든 말씀과 그의 모든 율례를 백성에게 전하매 그들이 한 소리로 응답하여 이르되 여호와께서 말씀하신 모든 것을 우리가 준행하리이다"(출 24:3)

둘째, 언약서 기록과 제단 쌓기, 열두 기둥 세우기입니다.

"모세가 여호와의 모든 말씀을 기록하고 이른 아침에 일어나 산 아래에 제단을 쌓고 이스라엘 열두 지파대로 열두 기둥을 세우고"(출 24:4)

셋째, 번제와 화목제를 드리고 피를 뿌립니다.

"이스라엘 자손의 청년들을 보내어 여호와께 소로 번제와 화목제를 드리게 하고 모세가 피를 가지고 반은 여러 양푼에 담고 반은 제단에 뿌리고"(출 24:5~6)

레위인들이 제사장 업무 담당자로 택해지기 전 이스라엘 청년들이 이렇게 먼저 헌신했습니다.

넷째, 언약서 낭독과 이스라엘 백성들의 응답입니다.

"언약서를 가져다가 백성에게 낭독하여 듣게 하니 그들이 이르되 여호와의 모든 말씀을 우리가 준행하리이다"(출 24:7)

다섯째, 언약 체결 예식입니다.

"모세가 그 피를 가지고 백성에게 뿌리며 이르되 이는 여호와께서 이 모든 말씀에 대하여 너희와 세우신 언약의 피니라"(출 24:8)

● 두 번째 포인트

와우! 74인이 하나님의 잔치에 초대됩니다.

언약 체결 직후, 하나님께서 출애굽 과정 중에 모세와 함께 유월절에 특별히 수고한 70명의 장로들을 하나님의 잔치에 초대하십니다.

"모세가 이스라엘 모든 장로를 불러서 그들에게 이르되 너희는 나가서 너희 가족대로 어린 양을 택하여 유월절 양으로 잡고"(출 12:21)

애굽에서 첫 번째 유월절 날 저녁, 이스라엘 장로들의 믿음과 순종의 수고로 결국 하나님의 백성, 열두 지파의 장자들 22,273명과 레위 가정의 장자들까지 한 명도 죽지 않고 모두 다 살 수 있었습니다. 이때 하나님의 잔치에 초대된 74인은 모세, 아론, 나답, 아비후 그리고 이스라엘의 장로 70명이었습니다.

이 기쁜 날, 하나님의 발 아래에는 청옥을 편 듯하고 하늘과 같이 청명했습니다. 하나님께 초대받은 74인은 그곳에서 하나님을 뵙고 하나님의 잔치에서 먹고 마시는 영광을 누렸습니다.

이후에도 성경에는 잔치에 관한 많은 기록들이 있습니다. 대략 다섯 가지 정도만 꼽아 보면 다음과 같습니다.

① 열왕기상 8장에 기록된 '솔로몬의 성전 낙성식 잔치' ② 역대하 35장에 기록된 '요시야 왕 때의 유월절 잔치' ③ 느헤미야 8장에 기록된 '느헤미야와 귀환 공동체 잔치' ④ 사복음서에 기록된 '예수님의 성만찬 잔치' ⑤ 요한계시록 19장에 기록된 '앞으로 있을 하나님 나라의 잔치'입니다.

● 세 번째 포인트

모세는 시내산에 올라 하나님 앞에 첫 번째 40일을 보냅니다.

이스라엘 백성들이 1년간 시내산에 머무는 동안 모세는 두 번이나 시내산에 올라 40일간 주야로 하나님을 만납니다. 시내산에서 모세가 처음 40일간 하나님과 만났을 때 하나님께서는 모세에게 십계명 두 돌판과 성막의 설계도를 주셨습니다.

십계명은 이미 하나님께서 이스라엘 모든 백성들의 귓전에 음성으로 들려주신 내용이었습니다. 하나님께서는 음성으로 들려주신 그 십계명을 이제 두 돌판에 새겨 이스라엘 백성들에게 주실 것입니다.

때문에 그 십계명 두 돌판을 넣어둘 성막을 만들도록 설계도를 미리 주신 것입니다. 성막은 하나님의 임재를 상징하고 하나님께서는 그곳에서 이스라엘 백성들을 만나실 것입니다.

"거기서 내가 너와 만나고"(출 25:22)

그런데 우리가 이미 잘 알고 있듯이 산 아래에서 벌어지고 있던 금송아지 사건으로 이후 모세는 또다시 40일간 시내산에서 하나님과 만남을 가지게 됩니다.

처음 모세가 시내산에서 40일간 하나님을 만날 때에는 하나님께서 직접 두 돌판에 십계명을 새겨주셨습니다. 그런데 두 번째 모세가 40일간 하나님을 만날 때에는 모세가 돌판 두 개를 깎아 만들어서 들고 시내산 위로 올라가야 했습니다.

이후 우리 예수님께서도 공생애 사역을 앞두시고 40일간 금식하신 일이 성경에 기록되어 있습니다. 모세의 40일과 예수님의 40일 금식기도는 하나님 앞에서 온전히 시간을 보낸 40일이었습니다.

● 네 번째 포인트
인간이 하나님을 만나면, 하나님의 용서가 시작됩니다.

하나님께서는 이스라엘 백성들에게 십계명 두 돌판과 함께 이를 넣어둘 성막의 설계도를 주셨습니다. 하나님의 뜻은, 하나님께서 주신 설계도를 가지고 이스라엘 백성들이 예물을 드려 그 성막을 함께 제작하는 것이었습니다.

하나님과 인간의 만남의 장소를 '하나님과 인간이 공동 제작'하는 것입니다. 그러면 '그곳'은 하나님의 임재를 상징하는 곳으로 '그곳에서' 하나님이 인간들을 만나주시는 것입니다.

그런데 하나님께서는 성막 제작에 있어 단서 조항을 제시하십니다. 그것은 다름이 아니라 '자원하는 마음'으로 예물을 바치라는 것입니다. 하나님께서는 기쁜 마음으로 바치는 예물을 받고자 하십니다.

"은도 내 것이요 금도 내 것이니라 만군의 여호와의 말이니라"(학 2:8)

따라서 하나님께서 아까워하고 부담스러운 마음으로 마지못해 내는 예물은 받지 않으시겠다는 뜻입니다. 자원하는 마음, 즐겨 헌신하는 마음을 드릴 때 하나님의 일이 이루어집니다.

이렇게 자원하는 마음으로 바쳐진 예물을 가지고 만들어지는 성막, 하나님과 인간이 만나는 장소 '거기서!'는 첫째, 하나님의 임재를 상징합니다(출 25:8). 둘째, 이동식 성소로 언약궤가 보관됩니다(민 4:15). 셋째, 이스라엘의 진의 중앙에 위치합니다(민 2:2). 넷째, 움직이는 성막 500년 시대를 이끌며 이후 예루살렘 성전 1,000년 시대 이전까지 하나님과 이스라엘 백성들이 만나는 곳이 됩니다(출 25:22). 다섯째, 제사의 장소이자, 하나님의 용서가 시작되는 곳이 됩니다(레 1~17장).

● 다섯 번째 포인트

피조물인 인간의 가장 큰 기쁨은 창조주 하나님의 설계도를 받는 것입니다.

하나님께서는 노아에게 방주를 지으라고 말씀하셨고 방주의 설계도를 주셨습니다. 노아가 설계도대로 방주를 지었더니 그 무서운 홍수 가운데에서도 노아의 여덟 명의 가족과 방주 안의 짐승들은 모두 안전하게 살아남았습니다.

하나님께서는 모세에게 성막의 설계도를 주셨고 이후 다윗에게는 성전의 설계도를 주셨습니다. 그리고 에스겔에게는 불타 버린 성전을 재건할 수 있는 성전의 설계도를 다시 주십니다.

인간이 이렇게 하나님으로부터 받은 설계도는 피조물인 인간이 창조주 하나님께 받은 가장 큰 선물입니다.

"집마다 지은 이가 있으니 만물을 지으신 이는 하나님이시라"(히 3:4)

히브리서 기자의 말대로 창조주 하나님께서 지으신 목적대로 사는 것이 인생의 가장 지혜로운 삶입니다.

이사야 선지자는 "주는 토기장이 나는 진흙"이라고 노래했습니다. 토기장이신 하나님께서는 진흙 같은 우리를 빚으십니다. 그런데 토기장이는 진흙에 수분이 남아 있을 때까지만 빚을 수 있습니다. 수분이 사라지면 아무리 유능한 토기장이라 할지라도 더 이상 토기를 빚을 수 없습니다. 때문에 그 진흙은 쓸모가 없어지고 맙니다.

이사야 선지자가 말한 것처럼 우리도, 하나님 앞에 늘 수분

가득한 인생이 되어야 할 것입니다. 세상 모든 것은 창조주 하나님께서 지으신 것입니다. 그리고 성막과 예루살렘 성전은 하나님께서 주신 설계도대로 인간이 손으로 지은 것입니다.

그런데 하나님께서 주신 설계도대로 손으로 지은 성막과 예루살렘 성전은 이후 손으로 짓지 아니한, 창조에 속하지 않은 우리 예수님의 '십자가' 준비였습니다. 그래서 건물 성전이 아닌, 내 안에 계신 예수 그리스도께서 거하는 우리 몸이 성전이 되는 것입니다.

> "그리스도께서는 장래 좋은 일의 대제사장으로 오사 손으로 짓지 아니한 것 곧 이 창조에 속하지 아니한 더 크고 온전한 장막으로 말미암아 염소와 송아지의 피로 하지 아니하고 오직 자기의 피로 영원한 속죄를 이루사 단번에 성소에 들어가셨느니라"(히 9:11~12)

디저트 DESSERT

하나님께서는 유월절에 애굽에서 살려주신 이스라엘 각 가정의 장자들을 대신해 레위인들을 선택하실 것입니다.

그런데 시내산에서 아직 인구조사를 하기 전, 다시 말해 각 가정의 장자들을 대신할 레위인들이 선택되기 전에 이스라엘 청년들이 하나님 앞에 헌신했던 일이 오늘 우리가 읽은 성경에 기록되어 있습니다.

누군가 먼저 드려지는 헌신이 필요할 때가 있다는 것, 특히 조직과 체계가 갖추어지기 전에는 더욱 그러하다는 점을 알 수 있는 소중한 부분입니다.

28일

노예가 하늘 보석으로! (출 28~29장)

애피타이저 APPETIZER

'23일간의 시내산 캠프' 4일째입니다.

출애굽기 19장에서 출애굽기 끝까지, 레위기 전체, 그리고 민수기 10장 10절까지! 계속해서 출애굽한 이스라엘 백성들이 '시내산에서 머문 1년 동안의 제사장 나라 기록'과 함께할 것입니다.

옷 만드는 이야기가 나옵니다. 하나님을 섬길 직분자의 옷, 거룩한 사명을 담은 옷, 바로 제사장의 옷입니다. 하나님께서 얼마나 멋지게 디자인하시는지 함께 따라가 보겠습니다.

성경통독 BIBLETONGDOK

《일년일독 통독성경》 출애굽기 28~29장

통通으로 숲이야기 ; 통숲 TONG OBSERVATION

● 첫 번째 포인트

하나님께서 아론을 첫 번째 대제사장으로 선언하십니다.

지난 시간에도 살펴보았습니다만, 하나님께서 시내산에서 이스라엘과 공식적으로 '제사장 나라 언약'을 체결하시기 전에 이스라엘 청년들이 앞장서서 소를 잡아 번제와 화목제를 드리는 헌신이 있었습니다.

이후 시내산에서 공식적으로 하나님과 이스라엘이 제사장 나라의 언약을 체결할 때, 즉 쌍무 언약을 맺을 때는 모세가 피를 가지고 제단에 뿌리면서 예식을 주도했습니다.

그런데 하나님과 이스라엘 백성들 사이에 쌍무 언약이 체결된 이후에 하나님께서는 모세를 시내산으로 불러 중요한 선언을 말씀하십니다. 아론과 아론의 아들들이 성막에서 하나님을 섬기며 하나님과 이스라엘 백성들의 만남을 도와줄 사람들이라는 것입니다.

"아론과 그의 아들들로 회막 안 증거궤 앞 휘장 밖에서 저녁부터 아침까지 항상 여호와 앞에 그 등불을 보살피게 하라 이는 이스라엘 자손이 대대로 지킬 규례이니라"(출 27:21)

그동안 출애굽의 전 과정에서 아론은 모세의 대변인 역할을 감당했습니다. 그런데 이제는 아론을 첫 번째 대제사장으로 삼으시고 아론의 후손들이 대대로 대제사장직을 이어가도록 하십니다.

이때로부터 시작된 제사장 나라의 대제사장은 1,500여 년을 이어갑니다. 그러다가 예수님께서 십자가에서 "다 이루었다."라고 선언하심으로 마지막 대제사장 예수 그리스도를 끝으로 대제사장직은 끝이 납니다. 우리 예수님께서 영원한 대제사장이 되시기 때문입니다.

● 두 번째 포인트
대제사장 아론의 거룩하고 화려한 옷은 땀내 나는 작업복입니다.

하나님께서 모세에게 지정해주신 대로 대제사장의 복장에는 크게 여섯 가지 특징이 있습니다.

첫째, 흉패입니다. 흉패는 금색, 청색, 자색, 홍색 실과 가늘게

꼰 베 실로 만들어 에봇 위에 입었습니다.

둘째, 에봇입니다. 에봇은 겉옷 위에 입는 옷입니다.

셋째, 겉옷입니다. 겉옷은 청색으로 만들어 에봇 안에 입는 옷으로 아랫단에 석류와 금방울이 달려 있습니다.

넷째, 반포 속옷과 속바지입니다. 반포 속옷은 가는 베 실로, 속바지는 베로 만들어 겉옷 안에 입습니다.

다섯째, 관입니다. 관은 가는 베 실로 짜서 머리에 씌웠습니다. 관 위에는 '여호와께 성결'이라고 새긴 순금 패를 청색 끈으로 매었습니다.

여섯째, 띠입니다. 띠는 에봇을 고정시키는 띠와 반포 속옷을 고정시키는 띠입니다.

하나님께서 지정해주신 대제사장의 옷은 이처럼 구체적이고 섬세하며 화려했습니다. 그런데 대제사장의 옷은 누군가에게 보여 멋 내기 위한 옷이 아닙니다.

오직 하나님을 섬기고, 제사장 나라 거룩한 시민이 될 이스라엘 백성들을 돕기 위해 땀 흘릴 작업복인 것입니다.

● **세 번째 포인트**

하나님께서는 애굽에서 노예였던 이스라엘 백성들을 제사장 나라

의 '하늘 보석'으로 삼으십니다.

애굽에서 이스라엘 백성들의 신분은 노예였습니다. 고대 사회에서의 신분 서열이 왕, 사제, 귀족, 평민, 노예 순이었으니 이스라엘 백성들은 당시 가혹한 노동으로 마음이 상하고 고통 중에 있었습니다.

그런데 하나님께서 그렇게 서러움을 받았던 이스라엘 백성들의 열두 지파 이름을 '보석'에 새겨주십니다. 하나님께서는 대제사장의 판결 흉패에 각기 다른 열두 개의 보석을 달게 하시고 그 보석 위에 열두 지파의 이름을 새기라고 말씀하십니다.

열두 지파에 대해 잠시 살펴보겠습니다. 야곱에게는 열두 명의 아들들이 있었습니다. 그런데 야곱은 죽은 줄로만 알았던 열한 번째 아들 요셉을 22년 만에 다시 만나고 요셉의 두 아들 므낫세와 에브라임을 야곱의 양자로 삼습니다. 그래서 야곱의 아들들은 총 열네 명이 됩니다.

그 후 요셉의 이름은 요셉의 두 아들 므낫세와 에브라임 이름에 속하게 됩니다. 그래서 최종적으로 야곱의 아들은 열세 명, 열세 지파가 됩니다. 그런데 하나님께서 이스라엘 모든 가정의 장자들을 대신해 레위 지파를 빼어 제사장으로 삼으시면서 이스라엘은 '열두 지파와 레위 지파'(12+1)로 구분됩니다.

하나님께서 말씀하신 대제사장 아론의 옷에는 열두 지파의 이름을 새겨야 하는데 이 옷에 레위 지파 보석이 빠진 것은 앞으로 레위 지파가 보석 같은 열두 지파를 섬기는 중보자가 될 것이기 때문입니다.

"너는 레위 지파만은 계수하지 말며 그들을 이스라엘 자손 계수 중에 넣지 말고 그들에게 증거의 성막과 그 모든 기구와 그 모든 부속품을 관리하게 하라 그들은 그 성막과 그 모든 기구를 운반하며 거기서 봉사하며 성막 주위에 진을 칠지며"(민 1:49~50)

하나님께서는 판결 흉패에 새길 보석을 말씀하십니다. 첫째 줄은 홍보석, 황옥, 녹주옥으로, 둘째 줄은 석류석, 남보석, 홍마노로, 셋째 줄은 호박, 백마노, 자수정으로, 넷째 줄은 녹보석, 호마노, 벽옥에 열두 지파의 이름을 새겨 붙이도록 하셨습니다.

이후 민수기에 보면, 인구조사 후에 진이 배치되는데 열두 지파 열두 보석이 회막을 중심으로 사방으로 진을 치게 됩니다.

"이스라엘 자손은 각각 자기의 진영의 군기와 자기의 조상의 가문의 기호 곁에 진을 치되 회막을 향하여 사방으로 치라"(민 2:2)

성막 동쪽에는 유다 지파, 잇사갈 지파, 스불론 지파가 진을 칩니다. 성막 남쪽에는 르우벤 지파, 시므온 지파, 갓 지파가 진을 칩니다. 성막 서쪽에는 에브라임 지파, 므낫세 지파, 베냐민 지파가 진을 칩니다. 성막 북쪽에는 단 지파, 아셀 지파, 납달리 지파가 진을 칩니다. 이렇게 민수기의 진 배치의 순서 또한 네 줄로 물린 열두 지파, 열두 보석과 함께하게 됩니다.

또, 이후 〈요한계시록〉에 보면, 제사장의 판결 흉패의 보석처럼 새 예루살렘을 꾸밀 때에도 성곽 기초석이 열두 보석으로 꾸며지는 것을 보게 됩니다.

> "그 성의 성곽의 기초석은 각색 보석으로 꾸몄는데 첫째 기초석은 벽옥이요 둘째는 남보석이요 셋째는 옥수요 넷째는 녹보석이요 다섯째는 홍마노요 여섯째는 홍보석이요 일곱째는 황옥이요 여덟째는 녹옥이요 아홉째는 담황옥이요 열째는 비취옥이요 열한째는 청옥이요 열두째는 자수정이라"(계 21:19~20)

이렇게 하나님께서 지정해주신 대제사장의 옷에는 열두 지파의 이름이 새겨진 보석이 달릴 것입니다. 그만큼 제사장은 제사장 자체를 위해 존재하는 직분이 아니라 하나님과 이스라엘 백성들 사이의 중보자로서의 역할을 감당하는 직분입니다. 즉, 열두 지파 보석이 귀한 만큼 모든 민족을 위한 제사장 나라의 사명도 귀하게 감당해야 할 것입니다.

● 네 번째 포인트

제사장의 도움을 받아 하나님께 제사를 드리면 용서의 길이 열립니다.

제사장 나라 거룩한 시민으로 하나님과 언약을 맺은 이스라엘 백성들은 '하나님'과 '모든 민족' 사이에 '평화를 만드는 민족'이 되어야 합니다. 마찬가지로 이스라엘 열세 지파 가운데 구별된 '레위 지파'는 '하나님'과 '이스라엘 백성들' 사이에 '평화를 만드는 지파'입니다.

레위 지파는 열두 지파 사람들과 달리 생업에 종사하지 않고 전적으로 성막에서 하나님을 섬기며 하나님과 이스라엘 백성들의 만남을 도와주는 일을 하게 됩니다. 이전, 노아나 아브라함은 각자 자기 생업에 종사하며 하나님께 번제를 드렸습니다. 그런데 레위 지파가 제사장으로 선택되면 이들이 '제사장 나라의 5대 제사'를 주관하게 될 것입니다.

앞으로 〈레위기〉에서 자세히 살펴보겠습니다만 이스라엘 백성들은 바로 이 제사장의 도움으로 5대 제사, 번제, 소제, 화목제, 속죄제, 속건제를 드릴 수 있고 이로써 하나님 앞에 용서받을 수 있는 길이 열리게 되는 것입니다. 하나님 앞에 용서받을 수 있는 이 중대한 제사장 나라의 제사 전체를 주관하게 될 대제사장 위임 절차를 여기에서 하나님께서 말씀해주십니다.

하나님께서 시내산에서 모세에게 주신 7일 동안 거행해야 하는 제사장 취임식(위임식)의 순서와 절차는 다음과 같습니다.

첫째, 위임식 제물 준비는 매일 수소 1마리와 숫양 2마리입니다.

둘째, 위임받을 자의 몸을 정결히 하고 관유를 바르고 거룩한 옷을 입힙니다.

셋째, 수소 머리에 안수하고, 속죄제를 드립니다.

넷째, 숫양 머리에 안수하고, 번제를 드립니다.

다섯째, 또 다른 숫양 머리에 안수하고, 화목제를 드립니다.

이 절차를 7일 동안 동일하게 진행하며 제사장 위임식을 거행해야 합니다.

아론의 이 제사장 위임식은 하나님께서 주신 설계도대로 성막과 제사장의 옷이 다 만들어지고 난 후 레위기 8장에 가서 하나님께서 주신 절차대로 실제 그대로 진행됩니다.

이렇게 아론으로 시작될 대제사장직은 장차 오실, '왕 같은 대제사장 예수 그리스도'의 그림자입니다.

"율법은 약점을 가진 사람들을 제사장으로 세웠거니와 율법 후에 하신

맹세의 말씀은 영원히 온전하게 되신 아들을 세우셨느니라"(히 7:28)

"그리스도께서는 장래 좋은 일의 대제사장으로 오사 손으로 짓지 아니한 것 곧 이 창조에 속하지 아니한 더 크고 온전한 장막으로 말미암아 염소와 송아지의 피로 하지 아니하고 오직 자기의 피로 영원한 속죄를 이루사 단번에 성소에 들어가셨느니라"(히 9:11~12)

"율법은 장차 올 좋은 일의 그림자일 뿐이요 참 형상이 아니므로 해마다 늘 드리는 같은 제사로는 나아오는 자들을 언제나 온전하게 할 수 없느니라"(히 10:1)

● 다섯 번째 포인트
제사장 나라 '5대 제사'는 반드시 '세 가지 방법'으로 드려야 합니다.

하나님께서는 제사장 나라 거룩한 시민 이스라엘 백성들에게 다섯 가지 제사를 드리게 하십니다. 이는 〈레위기〉에서 구체적으로 살펴볼 것입니다.

여기에서 살펴볼 것은 하나님께서 명령하신 '제사장 나라 5대 제사'를 드리는 세 가지 방법입니다.

첫째, 반드시 여호와의 이름을 두려고 택하신 '그곳'에서 제사를 드려야 합니다.

"내가 거기서 이스라엘 자손을 만나리니 내 영광으로 말미암아 회막이 거룩하게 될지라"(출 29:43)

북이스라엘의 여로보암 왕이 이 중요한 법을 어김으로 멸망의 길을 가게 됩니다.

둘째, 반드시 제사장의 도움을 받아야 합니다.

"제사장이 그의 잘못을 위하여 속죄한즉 그가 사함을 받으리라"(레 5:10)

셋째, 반드시 예물을 가지고 와서 제사를 드려야 합니다.

"네 하나님 여호와께서 택하신 곳에서 여호와를 뵈옵되 빈손으로 여호와를 뵈옵지 말고"(신 16:16)

디저트 DESSERT

출애굽기 28장에서 29장을 읽으면서 우리는 하나님의 섬세하심과 꼼꼼하심에 두 손 두 발 다 들었을 것입니다.

온 우주 만물을 창조하시고 피조물의 모든 것들, 공중 나는 새와 들의 꽃까지도 돌보시는 창조주 하나님 그분이 바로 우리 아버지이십니다.

29일

기도의 향을 사르다 (출 30~31장)

애피타이저 APPETIZER

'23일간의 시내산 캠프' 5일째입니다.

출애굽기 19장에서 출애굽기 끝까지, 레위기 전체, 그리고 민수기 10장 10절까지! 계속해서 출애굽한 이스라엘 백성들이 '시내산에서 머문 1년 동안의 제사장 나라 기록'과 함께할 것입니다.

하나님께서 시내산에서 모세에게 말씀하신 '제사장들의 일'은 생각 이상으로 많습니다. 양과 소를 잡아 제사를 드리는 일, 그리고 정성스럽게 향을 피우는 섬세한 일까지 어느 것 하나 허투루 할 수 있는 일이 하나도 없었습니다.

하나님께서 설계해주신 이 '제사장의 일'을 제사장들은 암기하고 또 암기해야 했을 것입니다. 그래야 이스라엘 민족을 시작으로 모든 민족이 '용서받으며 거룩한 삶'을 살게 할 수 있기 때문입니다.

성경통독 BIBLETONGDOK

《일년일독 통독성경》 출애굽기 30~31장

통通으로 숲이야기 ; 통숲 TONG OBSERVATION

● 첫 번째 포인트

대제사장의 중요한 일과는 아침과 저녁으로 '향'을 사르는 것입니다.

하나님께서는 시내산에서 모세를 통해 아론이 대제사장이 될 것이라고 말씀하셨습니다. 그리고 하나님께서는 아론이 대제사장으로서 해야 할 가장 중요한 두 가지 일을 가르쳐주셨습니다.

하나는, 대제사장은 아침과 저녁으로 '향'을 살라야 합니다. 대제사장이 향을 살라야 하는 곳은 지성소 휘장 앞, 성소 가운데 분향할 제단입니다.

"아론이 아침마다 그 위에 향기로운 향을 사르되 등불을 손질할 때에 사를지며 또 저녁 때 등불을 켤 때에 사를지니 이 향은 너희가 대대로 여호와 앞에 끊지 못할지며"(출 30:7~8)

또 하나는, 대제사장은 1년에 한 차례씩 향단 뿔을 위하여 '속죄제'를 드려야 합니다. 그것도 '대대로' 속죄해야만 했습니다.

"아론이 일 년에 한 번씩 이 향단 뿔을 위하여 속죄하되 속죄제의 피로 일 년에 한 번씩 대대로 속죄할지니라 이 제단은 여호와께 지극히 거룩하니라"(출 30:10)

그런데 향을 사를 때, 반드시 주의해야 할 일이 있습니다. 결코 '다른 향'을 드려서는 안 되는 것입니다.

"너희는 그 위에 다른 향을 사르지 말며 번제나 소제를 드리지 말며 전제의 술을 붓지 말며"(출 30:9)

이후에 보면, 아론의 두 아들, 나답과 아비후가 하늘로부터 불이 내려와 죽게 됩니다. 그 이유가 바로 '다른 불'을 가져다가 여호와 앞에 분향하였기 때문입니다.

"아론의 아들 나답과 아비후가 각기 향로를 가져다가 여호와께서 명령하시지 아니하신 다른 불을 담아 여호와 앞에 분향하였더니 불이 여호와 앞에서 나와 그들을 삼키매 그들이 여호와 앞에서 죽은지라" (레 10:1~2)

나답과 아비후는 하나님의 잔치에 초대되었던 74인에 속했던 영광스러운 사람들이었습니다. 그러나 나답과 아비후는 특권과 함께 주어진 엄중한 사명을 저버림으로 죽임을 당하게 됩니다.

세월이 많이 지난 후에 다윗의 기도를 보면 다윗이 하나님께서 말씀하신 이 제사장에 관한 엄중한 법에 대해 정확하게 알고 있었다는 사실을 발견하게 됩니다.

다윗의 기도입니다.

"나의 기도가 주의 앞에 분향함과 같이 되며 나의 손 드는 것이 저녁 제사 같이 되게 하소서"(시 141:2)

대제사장이 이렇게 아침과 저녁으로 하나님 앞에 올려드린 향기로운 향처럼 성도들의 기도는 하늘 보좌로 올라갑니다.

"그 두루마리를 취하시매 네 생물과 이십사 장로들이 그 어린 양 앞에 엎드려 각각 거문고와 향이 가득한 금 대접을 가졌으니 이 향은 성도의 기도들이라"(계 5:8)

● 두 번째 포인트

모든 사람들은 '생명의 속전'을 바쳐야 합니다.

하나님께서는 시내산 위에서 모세에게 제사장 나라의 법에 대해 말씀하시면서 '생명의 속전'에 대한 법을 주십니다. 모든 사람들은 죄를 사하시며 생명을 있게 하시는 하나님께 '생명에 대한 속전'을 반드시 바쳐야 했습니다.

부자나 가난한 사람 모두 똑같이, 즉 이스라엘에 속한 모든 스무 살 이상 된 남자들은 누구나 반 세겔의 속전을 바쳐야 했습니다. 그리고 이 속전 반 세겔은 '회막 봉사'에 사용되었습니다.

"계수 중에 드는 모든 자 곧 스무 살 이상 된 자가 여호와께 드리되 너희의 생명을 대속하기 위하여 여호와께 드릴 때에 부자라고 반 세겔에서 더 내지 말고 가난한 자라고 덜 내지 말지며 너는 이스라엘 자손에게서 속전을 취하여 회막 봉사에 쓰라 이것이 여호와 앞에서 이스라엘 자손의 기념이 되어서 너희의 생명을 대속하리라"(출 30:14~16)

이 '속전'과 같이 신약 시대에는 '성전세'라는 명목으로 유대 20세 이상의 모든 남자들이 반 세겔을 내게 됩니다. 이 '성전세' 반 세겔은 우리 예수님과 베드로의 대화에 등장합니다. 가버나움에서 성전세 받는 자들이 베드로에게 묻습니다.

"너의 선생은 반 세겔을 내지 아니하느냐?"

베드로가 대답합니다.

"내신다."

이렇게 대답하고 예수님이 계신 집에 들어가자 예수님께서 먼저 베드로에게 말을 건넵니다.

"시몬아 네 생각은 어떠하냐 세상 임금들이 누구에게 관세와 국세를 받느냐 자기 아들에게냐 타인에게냐"(마 17:25)

베드로가 대답합니다.

"타인에게니이다."

예수님께서 베드로에게 말씀하십니다.

"그렇다면 아들들은 세를 면하리라 그러나 우리가 그들이 실족하지 않게 하기 위하여 네가 바다에 가서 낚시를 던져 먼저 오르는 고기를 가져 입을 열면 돈 한 세겔을 얻을 것이니 가져다가 나와 너를 위하여 주라"(마 17:26~27)

베드로의 낚시 솜씨가 최고였던 것 같습니다.

● 세 번째 포인트

'천지창조'와 '예수 십자가'는 하나님께서 홀로! 그러나 방주와 성막과 성전은 인간과 함께 힘을 합하여 만드십니다.

하나님께서는 온 우주 만물을 말씀으로 홀로 만드셨습니다. 그리고 우리 예수님께서는 공생애 3년은 제자들과 함께하셨지만 십자가는 홀로 지셨습니다.

그런데 노아의 방주는 하나님께서 노아에게 설계도를 주시고 노아와 그의 세 아들들이 힘을 합하여 방주를 지었습니다. 이렇게 방주는 하나님의 설계도와 노아 가족의 시공이 만든 합작품이었습니다. 이번 성막 또한, 노아의 방주처럼 하나님께서 설계도를 주시고 온 이스라엘 백성들이 힘을 합하여 성막을 만들 것입니다.

이스라엘 백성들은 하나님께서 모세를 통해 주신 성막의 설계도대로 앞으로 시내 광야에서 약 6개월에 걸쳐 성막을 만들게 됩니다.

성막에서 쓰일 기구들, 즉 성막, 속죄소, 분향할 제단, 등잔대, 물두멍, 향, 관유 등 앞으로 구체적으로 만들 일이 남아 있습니다. 하나님께서는 인생들과 함께하시는 일을 기뻐하십니다.

● 네 번째 포인트

출애굽의 지도자는 모세와 아론이었고 성막 건축의 지도자는 브살렐과 오홀리압입니다.

출애굽의 지도자는 모세와 아론이었습니다. 그런데 이제 시내 광야에서 하나님께서 주신 설계도대로 성막을 만드는 과정에 가장 적합한 또 다른 지도자가 필요했습니다. 그들은 바로 브살렐과 오홀리압입니다.

출애굽에 이르기까지 약 6개월이 소요되었다면 앞으로 성막을 만드는 일에도 약 6개월 정도가 소요될 것입니다. 성막을 만드는 과정에서 브살렐과 오홀리압이 지도자로 선택된 이유는 그들이 지혜로운 마음의 소유자들이었기 때문입니다.

브살렐과 오홀리압의 지혜로운 마음은 두 가지로 표현됩니다.

하나는, 그들이 연구할 줄 아는 사람들이라는 것입니다. '연구'란 어떤 일이나 사물에 대해 깊이 있게 조사하고 생각하며 진리를 따지는 것입니다. 성막 제작 부분에서 자세히 살펴보겠지만 브살렐과 오홀리압은 하나님께서 주신 설계도를 판독하고 적합한 방법을 찾아 성막 만드는 일을 잘 시행했습니다.

또 하나는, 그들이 성막 만드는 모든 과정을 끝낸 후 자신들이 만든 성막을 다시는 만지지 않았다는 것입니다. 작업할 때는 천만 번 손대고 또 손대며 일했지만 모세가 설계도대로 꼼꼼하게 다 확인하고 난 후부터 그들은 하나님의 말씀대로 성막에 결코 손을 대지 않았습니다. 그 성막은 오직 하나님의 성막인 것입니다.

성막이 완성된 후에는 하나님께서 말씀하신 대로 레위 지파의 고핫 자손 외에는 어느 누구도 그 성물을 만지거나 옮겨서는 안 됩니다. 지혜로운 브살렐과 오홀리압은 그들의 손으로 성막 만드는 전 과정에서 일을 했지만 이후 성막을 만지는 것은 물론 어떤 모조품도 만들지 않았습니다.

다윗 시대에 보면, 웃사가 나곤의 타작마당에서 소들이 뛰는 것을 보고 하나님의 궤를 만졌다가 죽는 사건이 있었습니다(삼하 6:6~7).

이후 북이스라엘의 여로보암 왕이 예루살렘 성전을 모조하여 단과 벧엘에 세웠다가 나라가 망하게 되는 것을 보게 됩니다(왕상 12:32). 여로보암은 북이스라엘의 왕이 되기 전 솔로몬 왕 아래에서 건축으로 명성을 날렸던 사람입니다. 그런데 건축으로 유명했던 여로보암이 이렇게 모조 건축으로 망했던 것입니다.

● 다섯 번째 포인트

안식일 – 하나님의 창조 디자인의 가장 큰 프레임은 6일 동안 일하고 7일에는 반드시 쉬는 것입니다.

"너는 이스라엘 자손에게 말하여 이르기를 너희는 나의 안식일을 지키라 이는 나와 너희 사이에 너희 대대의 표징이니 나는 너희를 거룩하게

하는 여호와인 줄 너희가 알게 함이라"(출 31:13)

창조주 하나님께서는 피조물인 우리 인간들에게 '하나님의 안식일'을 지키라고 명령하십니다. 우리가 안식일을 지키는 것은 하나님과 우리 사이에 있는 대대의 표징이기 때문입니다. 하나님께서 인간들에게 주신 대표적인 표징으로는 무지개와 할례, 그리고 안식일이 있습니다.

무지개에 관한 말씀입니다.

"내가 내 무지개를 구름 속에 두었나니 이것이 나와 세상 사이의 언약의 증거니라"(창 9:13)

할례에 관한 말씀입니다.

"너희는 포피를 베어라 이것이 나와 너희 사이의 언약의 표징이니라"(창 17:11)

그리고 안식일에 관한 말씀입니다.

"또 내가 그들을 거룩하게 하는 여호와인 줄 알게 하려고 내 안식일을 주어 그들과 나 사이에 표징을 삼았노라"(겔 20:12)

하나님께서는 출애굽기 31장을 통해 안식일에 대해 명확하게 말씀해주셨습니다.

"너희는 안식일을 지킬지니 이는 너희에게 거룩한 날이 됨이니라 그 날을 더럽히는 자는 모두 죽일지며 그 날에 일하는 자는 모두 그 백성

중에서 그 생명이 끊어지리라 엿새 동안은 일할 것이나 일곱째 날은 큰 안식일이니 여호와께 거룩한 것이라 안식일에 일하는 자는 누구든지 반드시 죽일지니라"(출 31:14~15)

여기에서 안식일을 지키지 않으면 반드시 '죽일지니라'는 말씀은 죽이는 것에 방점이 있는 것이 아니라 안식일을 지켜 반드시 '살라'는 것입니다. 하나님께서는 성막을 만드는 중에도 안식일을 반드시 지키라고 말씀하셨습니다.

하나님께서 원하시는 안식일의 모습은 다음과 같습니다.

"일곱째 날은 네 하나님 여호와의 안식일인즉 너나 네 아들이나 네 딸이나 네 남종이나 네 여종이나 네 소나 네 나귀나 네 모든 가축이나 네 문 안에 유하는 객이라도 아무 일도 하지 못하게 하고 네 남종이나 네 여종에게 너 같이 안식하게 할지니라 너는 기억하라 네가 애굽 땅에서 종이 되었더니 네 하나님 여호와가 강한 손과 편 팔로 거기서 너를 인도하여 내었나니 그러므로 네 하나님 여호와가 네게 명령하여 안식일을 지키라 하느니라"(신 5:14~15)

우리는 한없이 부족하지만, 거룩한 주님이 주신 거룩한 날, 그날이 있어 참 좋습니다. 하나님 앞에 서는 것이 거룩이고 기쁨입니다. '주일 예배'가 감사한 이유도 바로 여기에 있습니다.

하나님께서는 이스라엘 백성들과 제사장 나라 거룩한 시민 언약을 맺으시고 모세를 시내산으로 불러 제사장 나라에서 실행해야 하는 일들과 제사장의 일과 성막 설계도, 안식일에 관한 말씀을 주셨습니다. 그리고 하나님께서는 모세에게 친히 쓰신 십계명 두 돌판을 주셨습니다.

시내산에서 40일 동안 꿈처럼 놀라운, 이렇게 좋은 일들이 있었습니다.

30일

용서, 절망 속의 희망(출 32~34장)

애피타이저 APPETIZER

'23일간의 시내산 캠프' 6일째입니다.

출애굽기 19장에서 출애굽기 끝까지, 레위기 전체, 그리고 민수기 10장 10절까지! 계속해서 출애굽한 이스라엘 백성들이 '시내산에서 머문 1년 동안의 제사장 나라 기록'과 함께할 것입니다.

하나님께서 어떤 분이신지를 아는 우리들은 그분이 우리 인생들을 향해 선한 계획을 세우고 실행하실 것을 기대하며 삽니다. 그러나 누구에게든 기다리는 일이 쉽지만은 않은 것 같습니다.

시내산 정상에서는 하나님께서 모세와 함께 제사장 나라에 필요한 놀라운 일들을 준비하고 계셨는데 산 아래의 백성들은 모세를 기다리지 못하고 금송아지를 만드는 죄를 저지릅니다.

하나님의 진노 앞에 모세가 어떻게 기도로 간구하는지를 살펴볼 것입니다. 하나님께 전적으로 엎드리는 모세를 볼 것입니다.

성경통독 BIBLETONGDOK

《일년일독 통독성경》 출애굽기 32~34장

통通으로 숲이야기 ; 통숲 TONG OBSERVATION

● 첫 번째 포인트

시내산 위에서는 '성막 제작 설계도'가, 산 아래에서는 '금송아지 제작'이 진행됩니다.

하나님께서 이스라엘 백성들에게 제안하신 '제사장 나라 거룩한 시민'이 되는 계약은 아브라함과 '은혜 언약' 이후 500년 만에 모든 백성들의 화답과 함께 '쌍무 언약'으로 체결되었습니다.

하나님과 이스라엘 백성들 사이에 이 아름다운 제사장 나라 계약이 체결된 후 하나님께서는 모세만을 시내산 위로 부르셔서 40일 동안 모세에게 '제사장 나라의 시행세칙들'과 '성막의 설계도', '제사장에 관한 모든 규례들'을 주시고 마지막으로 십계명 두 돌판을 친히 새겨주셨습니다.

하나님께서 명하신 거룩한 일이었으며, 선하신 계획이었습니다. 그런데 시내산 위에서 모세가 하나님과 만나는 40일은 아론과 백성들에게는 아무 일도 하지 않고 오로지 모세만을 기다려야 하는 너무 긴 시간이었습니다.

그들은 모세가 죽었을 수도 있다고 생각했습니다. 그래서 이스라엘 백성들은 아론에게 '눈에 보이는 무엇이라도 좀 만들어 보이라'며 괴롭혔습니다.

> "백성이 모세가 산에서 내려옴이 더딤을 보고 모여 백성이 아론에게 이르러 말하되 일어나라 우리를 위하여 우리를 인도할 신을 만들라 이 모세 곧 우리를 애굽 땅에서 인도하여 낸 사람은 어찌 되었는지 알지 못함이니라"(출 32:1)

그러자 아론이 이스라엘 백성들에게 금 고리를 거두어 금송아지를 하나 만들고 그것이 '너희를 애굽 땅에서 인도하여 낸 너희의 신'이라며 백성들과 함께 엉뚱한 제단을 쌓고 번제와 화목제를 드립니다.

아론이 백성들과 함께 만든 우상은 그들이 애굽에서 살 때 애굽 사람들이 섬기던 '성스러운 소'라 일컫던 '아피스(Apis)'라는 이름의 금송아지 신상이었을 것입니다.

"아론이 그들의 손에서 금 고리를 받아 부어서 조각칼로 새겨 송아지 형상을 만드니 그들이 말하되 이스라엘아 이는 너희를 애굽 땅에서 인도하여 낸 너희의 신이로다 하는지라"(출 32:4)

참으로 안타까운 장면이 아닐 수 없습니다. 그 시간에 하나님께서는 모세에게 산 아래로 내려가라고 명하시며 "네가 애굽 땅에서 인도하여 낸 네 백성이 부패하였도다"(출 32:7)라고 화를 내십니다. 청천벽력과 같은 말씀이었습니다.

● 두 번째 포인트
모세가 절망 속에서 품은 희망은 '하나님의 용서'입니다.

"여호와께서 또 모세에게 이르시되 내가 이 백성을 보니 목이 뻣뻣한 백성이로다 그런즉 내가 하는 대로 두라 내가 그들에게 진노하여 그들을 진멸하고 너를 큰 나라가 되게 하리라"(출 32:9~10)

하나님께서는 모세에게 백성들이 금송아지 우상을 만든 사실을 말씀하시며 그들이 '목이 뻣뻣한 백성'이라고 화를 내십니다.

그리고 더 나아가 이스라엘 모든 백성들을 '진멸'하시고 모세한 사람과 함께 500년 전 아브라함과 시작하셔서 이루신 입애굽, 출애굽과 같은 전 과정의 일을 처음부터 다시 시작하시겠다는 폭탄선언(?)을 하십니다.

그러자 산 아래에서 일어난 상황을 알지 못하고 있던 모세가 하나님의 이 말씀에 너무 화들짝 놀라 그 자리에서 곧바로 하나님 앞에 엎드립니다. 그리고 하나님께 '제1차 중보기도'를 합니다.

> "모세가 그의 하나님 여호와께 구하여 이르되 여호와여 어찌하여 그 큰 권능과 강한 손으로 애굽 땅에서 인도하여 내신 주의 백성에게 진노하시나이까"(출 32:11)

이제 모세는 '감히' 하나님께 '뜻을 돌이켜주시라'는 기도를 시작합니다.

> "주의 맹렬한 노를 그치시고 뜻을 돌이키사 주의 백성에게 이 화를 내리지 마옵소서"(출 32:12)

피조물인 인간은 하나님께서 하늘에서 뜻을 정하시면 땅에서는 순종해야 함이 마땅합니다. 감히 하나님께 뜻을 돌이켜주시라고 청하는 모세! 이 대담함은 한편으로는 모세와 하나님과의 관계가 얼마나 깊은지 생각해보게 됩니다.

모세는 두 가지 근거를 아뢰며 하나님께 매달립니다. 정말로 목숨을 걸지 않으면 할 수 없는 기도였습니다.

하나는, 애굽 사람들이 하나님에 대해 갖는 오해가 더 깊어질 것이라는 것입니다.

"어찌하여 애굽 사람들이 이르기를 여호와가 자기의 백성을 산에서 죽이고 지면에서 진멸하려는 악한 의도로 인도해 내었다고 말하게 하시려 하나이까"(출 32:12)

애굽 사람들이 생각하기를 '우리의 장자들을 죽이더니 자기 백성들은 광야로 끌어내 전부 진멸하는 하나님이군!'이라고 오해하면 어떻게 하시겠냐는 것입니다.

모세는 애굽 사람들이 하나님을 조롱할까 걱정합니다. 모세는 하나님의 체면을 생각하는 것과 동시에 하나님께서 궁극적으로 꿈꾸시는 제사장 나라, 즉 '애굽 민족을 포함한 모든 민족'을 위한 제사장 나라를 기억해달라고 간절히 매달리며 기도합니다.

또 하나, 모세는 과거 하나님께서 아브라함과 이삭과 야곱에게 주셨던 자손에 대한 복, '약속의 백지수표'를 꺼냅니다.

"주의 종 아브라함과 이삭과 이스라엘을 기억하소서 주께서 그들을 위하여 주를 가리켜 맹세하여 이르시기를 내가 너희의 자손을 하늘의 별처럼 많게 하고 내가 허락한 이 온 땅을 너희의 자손에게 주어 영원한 기업이 되게 하리라 하셨나이다"(출 32:13)

이 백성들을 다 진멸하시면 하나님께서 아브라함, 이삭, 야곱과 하신 약속들은 어찌 되겠냐며 매달렸습니다. 그러자 애굽에서 일어났던 열 번의 기적보다 더 놀라운 기적이 일어납니다.

"여호와께서 뜻을 돌이키사 말씀하신 화를 그 백성에게 내리지 아니하시니라"(출 32:14)

모세는 가슴을 쓸어내렸을 것입니다. 큰 잘못을 저지른 이스라엘 백성들이라 할지라도 '주의 백성'이니 긍휼을 베풀어달라는 이 기도가 결국 하나님의 뜻을 돌이키게 했습니다.

모세는 이렇게 하나님의 뜻을 돌이키게 할 만큼 간절히 매달린 하나님의 사람이었습니다. 하나님께서는 모세가 '하나님의 마음을 대신'하여 기도하고 있는 것을 아셨던 것입니다. 모세는 하나님께서 이스라엘 백성들을 얼마나 사랑하시는지 그리고 그들을 진멸하고 싶으신 것이 아니라 실상은 진심으로 용서하고 싶어 하신다는 것을 알았던 것입니다.

● 세 번째 포인트
금송아지 사건으로 3,000명가량이 죽게 됩니다.

모세의 목숨을 내건 '제1차 중보기도'로 하나님께서 '진멸 카드'를 접으십니다. 겨우 한숨을 돌린 모세가 하나님께서 친히 만드신 두 돌판을 들고 그동안 멀리 떨어져서 모세를 시중들었던 여호수아와 함께 산 아래에 있는 백성들에게 갑니다. 40일 만의 재회였습니다.

그런데 진중에서 들리는 소리가 심각합니다. 여호수아가 언뜻 듣기에는 이 요란한 소리가 사람들이 서로 싸우는 것처럼 들렸습니다. 모세가 듣고는 '이는 승전가도 아니요, 패하여 부르짖는 소리도 아니고 노래하는 소리'라고 말합니다.

진에 가까이 이르러 금송아지 우상과 그 우상 곁에서 춤을 추는 이스라엘 백성들의 모습을 보고 크게 화난 모세는 그토록 소중한 십계명 두 돌판을 산 아래로 던져 깨뜨립니다. 그리고 금송아지 우상을 불사르고 부수어 가루를 만들어 물에 뿌려 이스라엘 백성들에게 마시게 합니다.

모세는 아론에게 어찌된 일인지 자초지종을 듣습니다. 그리고 "누구든지 여호와의 편에 있는 자는 내게로 나아오라"(출 32:26)라고 말합니다. 그러자 레위 자손들이 모세에게 모여듭니다. 그들에게 내린 모세의 명령은 다음과 같습니다.

"이스라엘의 하나님 여호와께서 이렇게 말씀하시기를 너희는 각각 허리에 칼을 차고 진 이 문에서 저 문까지 왕래하며 각 사람이 그 형제를, 각 사람이 자기의 친구를, 각 사람이 자기의 이웃을 죽이라 하셨느니

라"(출 32:27)

그날 3,000명가량이 죽임을 당합니다.

● 네 번째 포인트

다시 한번! 하나님께서 모세를 40일 동안 시내산으로 부르십니다.

금송아지 사건을 모두 해결하고 그 다음 날 모세가 또다시 시내산으로 올라갑니다. 하나님 앞에 나아가 모세가 또 꿇어 엎드립니다. 모세의 '제2차 중보기도'입니다.

"슬프도소이다 이 백성이 자기들을 위하여 금 신을 만들었사오니 큰 죄를 범하였나이다 그러나 이제 그들의 죄를 사하시옵소서 그렇지 아니하시오면 원하건대 주께서 기록하신 책에서 내 이름을 지워 버려 주옵소서"(출 32:31~32)

〈요한계시록〉에 보면 "누구든지 생명책에 기록되지 못한 자는 불못에 던져지더라"(계 20:15)라는 말씀이 있습니다.

모세는 자신의 이름이 생명책에서 지워지는 한이 있더라도 이스라엘 백성들을 용서해주시고 구원해달라고 하나님께 기도합니다. 하나님께서 왜 모세를 지도자로 선택하셨는지 이해가 되는 장면입니다.

처음에 하나님께서 떨기나무로 모세를 찾아가셨을 때 모세는 "내가 누구이기에 바로에게 가며 이스라엘 자손을 애굽에서 인도하여 내리이까"(출 3:11), "보낼 만한 자를 보내소서"(출 4:13) 하며 하나님의 제안을 거절했었습니다. 자신은 지도자로 부족하다는 것이었습니다. 그런데 모세는 이미 이렇게 지도자로 충분한 자질을 가지고 있었던 것입니다. 이후에 사도 바울 또한 모세와 같은 기도를 하나님께 합니다.

> "나의 형제 곧 골육의 친척을 위하여 내 자신이 저주를 받아 그리스도에게서 끊어질지라도 원하는 바로라"(롬 9:3)

누구나 자기 목숨 귀한 줄은 압니다. 모세는 살기 위하여 태어난 지 3개월 만에 갈대 상자를 탔었고 살기 위하여 40세에 애굽에서 미디안 광야로 도망했던 사람입니다.

그런데 출애굽 전 과정과 홍해와 만나의 기적과 40일 전 시내산 언약 체결을 통해 하나님을 체험한 모세가 이제는 자신의 목숨을 내어놓고 심지어 생명책에서 자신의 이름을 지워달라고까지 하나님께 매달리며 이스라엘 백성들을 용서해달라고 기도한 것입니다. 그러자 하나님께서 모세의 기도를 들으시고 다시 한 번 모세를 40일 동안 시내산으로 부르십니다.

하나님께서는 모세에게 돌판 두 개를 처음 것과 같이 다듬어 만들어 아침에 시내산 꼭대기까지 가지고 올라오라고 말씀하십니다. 모세가 하나님의 말씀대로 행하자 하나님께서 그 두 돌판에 십계명 말씀을 다시 새겨주십니다.

첫 번째 두 돌판은 하나님께서 직접 만들어 십계명을 새겨주셨습니다. 두 번째 두 돌판은 모세가 다시 깎아 만들어 시내산까지 들고 올라가자 하나님께서 그 두 돌판에 십계명을 새겨주셨습니다. 십계명 두 돌판은 이렇게 하나님의 '두 번의 수고'를 통해 만들어진 것입니다.

이후에 보면, 사도 바울도 빌립보 교회 성도들에게 편지를 쓰면서 같은 말을 여러 번 하는 수고를 아끼지 않았습니다. 성도들을 유익하게 하기 위함이었습니다.

> "끝으로 나의 형제들아 주 안에서 기뻐하라 너희에게 같은 말을 쓰는 것이 내게는 수고로움이 없고 너희에게는 안전하니라"(빌 3:1)

시내산에서의 두 번째 40일 동안에도 모세는 하나님 앞에서 완전히 음식과 물을 끊고 금식했습니다. 그리고 오직 하나님께서 하시는 일에 집중했습니다.

> "모세가 여호와와 함께 사십 일 사십 야를 거기 있으면서 떡도 먹지 아니하였고 물도 마시지 아니하였으며 여호와께서는 언약의 말씀 곧 십계명을 그 판들에 기록하셨더라"(출 34:28)

감사한 일은 첫 번째 40일과는 달리 두 번째 40일 동안 이스라엘 백성들이 아주 얌전하게(?) 모세를 기다려주었던 것입니다.

● 다섯 번째 포인트

여호와의 이름은 '자비롭고, 은혜롭고, 노하기를 더디하고, 인자와 진실이 많은 하나님'이십니다.

모세가 아침에 두 돌판을 손에 들고 시내산에 올라가자 모세를 맞이하신 하나님께서 스스로 여호와의 이름을 선포하십니다.

> "여호와의 명령대로 시내 산에 올라가니 여호와께서 구름 가운데에 강림하사 그와 함께 거기 서서 여호와의 이름을 선포하실새 여호와께서 그의 앞으로 지나시며 선포하시되 여호와라 여호와라 자비롭고 은혜롭고 노하기를 더디하고 인자와 진실이 많은 하나님이라"(출 34:4~6)

모세는 와락 눈물이 쏟아졌을 것입니다. 하나님은 아브라함의 하나님, 이삭의 하나님, 야곱의 하나님이십니다. 하나님은 애굽땅, 종 되었던 곳에서 출애굽시켜주신 하나님이십니다.

그리고 이제 하나님은 진멸당해 마땅한 죄인들을 향해 마음을 돌이켜 다시 용서해주시는 자비롭고 은혜롭고 노하기를 더디하고 인자와 진실이 많은 하나님이십니다.

'자비롭고 은혜롭고 노하기를 더디하고 인자와 진실이 많은 하나님'은 이후 다윗의 고백 가운데 선포됩니다.

"주는 긍휼히 여기시며 은혜를 베푸시며 노하기를 더디하시며 인자와 진실이 풍성하신 하나님이시오니 내게로 돌이키사 내게 은혜를 베푸소서"(시 86:15~16)

또한 선지자 요엘의 기록입니다.

"너희는 옷을 찢지 말고 마음을 찢고 너희 하나님 여호와께로 돌아올지어다 그는 은혜로우시며 자비로우시며 노하기를 더디하시며 인애가 크시사 뜻을 돌이켜 재앙을 내리지 아니하시나니"(욜 2:13)

이렇게 두 번에 걸친 모세의 목숨을 내어놓는 중보기도로 말미암아 하나님과 이스라엘 백성들은 다시 동지, 동행, 동역하게 됩니다. 비 온 뒤에 땅이 굳어진 것입니다.

디저트 DESSERT

생명을 걸고 드린 모세의 기도는 하나님과 이스라엘이 '하나가 되는 통로'였습니다. 우리 주님의 하나 됨을 위한 기도입니다.

"아버지여, 아버지께서 내 안에, 내가 아버지 안에 있는 것 같이 그들도 다 하나가 되어 우리 안에 있게 하사 세상으로 아버지께서 나를 보내신

것을 믿게 하옵소서"(요 17:21)

꿈도, 지혜도, 노래도, 용기도, '하나 됨'도, 온유도, 겸손도 다 성경에서 시작됩니다.

31일

낡아진 설계도 (출 35~38장)

애피타이저 APPETIZER

'23일간의 시내산 캠프' 7일째입니다.

출애굽기 19장에서 출애굽기 끝까지, 레위기 전체, 그리고 민수기 10장 10절까지! 계속해서 출애굽한 이스라엘 백성들이 '시내산에서 머문 1년 동안의 제사장 나라 기록'과 함께할 것입니다.

성경에 기록된 예수님의 모든 말씀은 다 중요합니다. 그 가운데 예수님께서 십자가 위에서 하신 말씀들은 정말 중요합니다. 그 십자가 위에서 하신 말씀 중에서도 가장 중요한 말씀을 꼽으라면 예수님께서 이 땅에서의 구원 사역을 완성하신 선언 "다 이루었다!"라고 할 수 있습니다.

그런데 예수님께서 십자가 위에서 "다 이루었다!"라고 말씀하신 '그 순간!' 놀랍게도 1,500년 된 '성전의 휘장이 찢어졌다'고 성경은 기록하고 있습니다.

우연의 일치로 갑자기 그때 공교롭게 성전의 휘장이 찢어진 것일까요? 아니면, 성전의 휘장이 너무 오래되고 낡아서일까요? '성전의 휘장이 찢어졌다'는 것은 예수님께서 십자가를 통해 하나님의 형상을 닮은, 그리고 하나님께서 천하보다 귀하게 여기시는 한 영혼 한 영혼을 모두 구원하셔서 공의의 하나님과 사람들 사이에 죄로 인해 막혀 있던 담을 마침내 허무신 것입니다.

그렇다면 그 '성전의 휘장'은 언제부터 시작된 것일까요? 오늘 굿뉴스가 바로 그 휘장이 처음 만들어진 이야기입니다.

성경통독 BIBLETONGDOK

《일년일독 통독성경》 출애굽기 35~38장

● 첫 번째 포인트

드디어 '너희 몸이 성전' 그 첫 단계 '움직이는 성막'이 만들어집니다.

우리는 성경 전체를 통해 모세가 시내산에서 만든 '움직이는 성막 500년'과 다윗과 솔로몬이 만든 '예루살렘 성전 1,000년'을 거쳐 '예수님의 십자가'를 통해 '너희가 하나님의 성전인 것'(고전 3:16)이라는 상상할 수 없는 놀라운 은혜의 말씀을 듣게 됩니다.

창조주 하나님께서 만드신 모든 피조물 가운데 하나님께서는 오직 하나님의 형상을 닮은 우리 인간들에게만 '너희 몸이 성전'이라고 말씀해주셨습니다.

우리는 출애굽기 35장에서 38장을 통해 '너희 몸이 성전', '우리 몸이 성전'이 되기까지의 첫 단계 약 6개월 동안 만든 성막 제작의 모든 과정을 보게 됩니다.

이 놀라운 '움직이는 성막 500년'을 시작하는 성막 제작의 모든 과정은 모세를 비롯해 브살렐과 오홀리압, 이다말, 그리고 이스라엘 모든 백성들이 함께합니다.

먼저 모세는 하나님께 받은 설계도를 한 치의 오차도 없이 성막 제작자인 브살렐과 오홀리압에게 전달합니다.

브살렐은 모세에게 받은 설계도를 가지고 한 치의 오차도 없이 완벽한 성막을 제작하기 위해 혼신의 힘을 다하는 제작 총감독의 일을 감당합니다.

"하나님의 영을 그에게 충만하게 하여 지혜와 총명과 지식으로 여러 가지 일을 하게 하시되 금과 은과 놋으로 제작하는 기술을 고안하게 하시며 보석을 깎아 물리며 나무를 새기는 여러 가지 정교한 일을 하게 하셨고"(출 35:31~33)

오홀리압은 브살렐을 도우면서 특히 조각하고, 수놓는 일을 주도합니다.

"지혜로운 마음을 그들에게 충만하게 하사 여러 가지 일을 하게 하시되 조각하는 일과 세공하는 일과 청색 자색 홍색 실과 가는 베 실로 수놓는 일과 짜는 일과 그 외에 여러 가지 일을 하게 하시고 정교한 일을 고안하게 하셨느니라"(출 35:35)

이다말은 성막 제작에 들어가는 모든 물목들을 꼼꼼하게 계산합니다. 또한 백성들 중 지혜로운 사람들이 성막 제작에 함께 참여합니다. 그리고 이스라엘 백성들은 성막 제작에 필요한 예물들을 자원하여 즐거운 마음으로 드립니다.

● 두 번째 포인트

거룩한 성막 작업 기간에도 안식일은 반드시 거룩하게 지킵니다.

성막 제작은 약 6개월 동안 진행됩니다. 그 기간 동안에 약 25번의 안식일이 있을 수 있는데 하나님께서는 성막을 제작하는 동안에도 '반드시' 안식일을 지키게 하여 그날을 '거룩한 날'이 되게 하셨습니다.

"엿새 동안은 일하고 일곱째 날은 너희를 위한 거룩한 날이니 여호와께 엄숙한 안식일이라 누구든지 이 날에 일하는 자는 죽일지니 안식일에는 너희의 모든 처소에서 불도 피우지 말지니라"(출 35:2~3)

● 세 번째 포인트

브살렐과 오홀리압은 설계도가 다 낡아질 정도로 연구하며 작업을 진행했습니다.

모세를 통해 하나님께서 주신 성막의 설계도를 받은 브살렐과 오홀리압은 온전히 설계도대로만 작업을 해야 했습니다. 브살렐과 오홀리압은 이스라엘 백성들 사이에서 이미 솜씨가 좋은 사람들로 널리 알려져 있었습니다. 하지만 성막은 자기가 만들고 싶은 대로 만들면 안 됩니다.

게다가 '성막'은 세상에서 처음 만들어지는 것이었기 때문에 어느 것 하나 쉬운 작업이 없었을 것입니다. 그래서 그들은 하나님께서 주신 성막의 설계도가 다 낡아질 때까지 보고 또 보고, 연구하고 또 연구하며 설계도대로 완벽한 성막 제작을 위해 혼신의 힘을 기울였습니다.

브살렐과 오홀리압은 성막 제작을 위해 수많은 성소의 기구들을 설계도대로 만들고 또한 잘 만들어졌는지 하나하나 꼼꼼하게 점검했습니다. 성막은 하나님의 계시에 기초한 독창적이고 거룩한 양식대로 만들어야 했기 때문입니다. 그리고 이다말은 성막 제작에 들어가는 물목들을 어느 것 하나도 문제가 없도록 빈틈없이 챙겼습니다.

● 네 번째 포인트
귀한 것을 내놓는 헌신은 더 소중한 것을 알기 위함입니다.

하나님께서는 이스라엘 백성들이 출애굽하기 전에 애굽에서 일한 그동안의 노동의 대가를 충분히 보상받게 하셨습니다. 그렇게 애굽에서 취한 금 패물과 은 패물, 의복을 가지고 출애굽한 이스라엘 백성들은 시내 광야에서 지내는 1년 사이에 자신의 소유를 자원해서 두 번 내어놓습니다.

한 번은 어리석게도 금송아지 우상을 만들 때 사용했고, 또 한 번은 진정한 예물로서 성막을 제작할 때 사용합니다. 성소 건축 비용은 금 29달란트와 730세겔로 대략 1,000kg이 넘는 양의 금이 들어갔습니다. 회중의 계수된 자, 20세 이상 장정은 반 세겔씩 내었는데 그 장정의 수가 603,550명이고 이들이 드린 은이 성소의 세겔로 100달란트와 1,775세겔이었습니다.

이스라엘 모든 백성들이 성소 건축에 참여한 것입니다. 건축 비용은 자원하는 자들의 헌납과 모두의 동참으로 이루어졌습니다. 하나님께서는 이스라엘의 모든 백성들이 성소의 세겔대로 반 세겔을 내게 하심으로 한 사람도 빠짐없이 성막 건축에 임하게 하셨습니다. 모든 백성을 위한 성막 건축에 모든 백성과 함께하고 싶어 하시는 하나님의 마음이었습니다.

성막은 이때로부터 '움직이는 성막 500년' 시대를 이끌어가게 됩니다. 그리고 이후 다윗과 솔로몬 시대에 건축되는 예루살렘 성전은 '움직이지 않는 성전 1000년'을 이끌어갑니다.

나중에 다시 보겠습니다만, 예루살렘 성전 건축 비용은 다윗이 준비한 오빌의 금 3천 달란트와 순은 7천 달란트, 이스라엘 지도자들이 준비한 예물 금 5천 달란트와 금 1만 다릭, 은 1만 달란트와 놋 1만 8천 달란트, 그리고 철 10만 달란트입니다. 그 외에 보석 가진 자들과 백성들이 드린 자원 예물들이었습니다.

이스라엘 백성들이 금송아지 우상을 만들 때 내어놓은 재물은 귀한 재물을 가지고 정말 가치 없고 의미 없게 '죄를 짓는 일'에 사용한 재물이었습니다. 그런데 이스라엘 백성들이 성막 건축을 위해 내어놓은 재물은 귀한 재물을 가장 값지게 내놓은 '헌신'이 되었습니다.

'헌신'은 항상 풍성한 중에서만 이룰 수 있는 것이 아닙니다. 귀한 것을 내놓는 헌신은 더 소중한 것을 알기 위함입니다. 예수님께서도 "네 보물이 있는 곳에 네 마음도 있느니라."라고 말씀하셨습니다(마 6:21). 이스라엘 백성들이 소중한 보물을 내어놓으므로 그들 마음에 소중한 보석, 성막을 가지게 됩니다.

● 다섯 번째 포인트

애굽에서 약 6개월과 시내산에서 약 6개월은 '마주 보는 기쁨'입니다.

애굽에서의 약 6개월이 하나님께서 하시는 일을 이스라엘 백성들이 지켜보는 기쁨이었다면 성막 제작 약 6개월은 이스라엘 백성들이 하는 일을 하나님께서 지켜보시는 기쁨이었습니다.

출애굽 전 과정을 돌아보면 애굽에서는 약 6개월 동안 하나님께서 전적으로 싸우셨습니다. 열 가지 기적을 통해 애굽 전역에 하나님이 누구이신지 드러내시며 결국 출애굽을 이끌어내신 것입니다. 이스라엘 백성들은 홍해를 가르시고 만나를 내려주신 하나님을 지켜보며 기뻐하면 되었습니다.

그런데 이번 시내산에서 약 6개월 동안 성막을 건축하면서는 이스라엘 백성들이 일하고 하나님께서는 지켜보시는 기쁨을 누리셨습니다.

"성소의 모든 일을 하는 지혜로운 자들이 각기 하는 일을 중지하고 와서 모세에게 말하여 이르되 백성이 너무 많이 가져오므로 여호와께서 명령하신 일에 쓰기에 남음이 있나이다"(출 36:4~5)

하나님께서 지켜보시며 정말 기뻐하셨을 것입니다. 백성들이 자원하여 낸 예물이 얼마나 많았는지 모세가 말합니다.

"모세가 명령을 내리매 그들이 진중에 공포하여 이르되 남녀를 막론하고 성소에 드릴 예물을 다시 만들지 말라 하매 백성이 가져오기를 그치니 있는 재료가 모든 일을 하기에 넉넉하여 남음이 있었더라"(출 36:6~7)

참 기쁘고 감사한 일이 아닐 수 없습니다. 이스라엘 백성들이 드디어 받는 기쁨을 넘어 '드리는 기쁨'을 알게 된 것입니다. 받는 것보다 주는 것이 참으로 복된 인생입니다.

디저트 DESSERT

브살렐과 오홀리압과 마음이 지혜로운 사람들과 이스라엘 모든 백성들이 자원하여 드린 충분한 예물로 만들어진 '성막 건축'은 참 기쁘고 감격스러운 장면입니다.

애굽에서 종이었던 이스라엘 백성들이 '받는 기쁨'을 넘어, '드리는 기쁨'을 알게 되고 자원하는 마음으로 그들의 귀한 재물을 마음껏 하나님께 바침으로 하나님의 일에 쓰고도 남음이 있게 되는 기적을 체험했습니다.

하나님의 꿈이 이스라엘 백성들의 꿈이 된 것입니다.

32일

손으로 지은 성막 (출 39~40장)

애피타이저 APPETIZER

'23일간의 시내산 캠프' 8일째입니다.

출애굽기 19장에서 출애굽기 끝까지, 레위기 전체, 그리고 민수기 10장 10절까지! 계속해서 출애굽한 이스라엘 백성들이 '시내산에서 머문 1년 동안의 제사장 나라 기록'과 함께할 것입니다.

시내산에서 보낸 1년여 생활 가운데 하나님, 모세, 그리고 이스라엘 백성들까지 모두 한마음으로 가장 행복한 날을 꼽으라면 아마 오늘일 것입니다.

성막 제작이 다 끝나고 마침내 제사장 아론의 옷까지 다 완성되자 모세가 성막과 제사장 옷이 하나님의 지시대로 잘 만들어졌는지 꼼꼼하게 확인합니다.

모세의 손에도, 이스라엘 백성들의 손에도 땀이 났을 것입니다. 그리고 드디어 모세의 입에서 "OK, DONE!(모두 잘 됐어!)"라는 말이 나옵니다. 온 이스라엘 백성들이 서로 얼싸안고 환호성을 했을 것입니다. 우리 하나님께서도 그날 얼마나 기쁘셨을까요.

성경통독 BIBLETONGDOK

《일년일독 통독성경》 출애굽기 39~40장

통通으로 숲이야기 ; 통숲 TONG OBSERVATION

● 첫 번째 포인트

손으로 지은 성막, 약 6개월 만에 완성됩니다.

출애굽한 지 1년 만에, 그리고 시내 광야에서 성막 제작을 시작한 지 약 6개월 만에 성막 건축이 모두 완성됩니다.

지난 시간에도 말씀드렸습니다만, 성막 제작이 완성된 것은 하나님께서 주신 설계도와 그 설계도를 한 치의 오차도 없이 전

달한 모세 그리고 그 설계도대로 혼신의 힘을 다해 제작에 임한 브살렐, 오홀리압, 이다말 또 마음이 지혜로운 사람들의 협력과 마지막으로 온 이스라엘 백성들이 자원하는 마음으로 드린 예물, 이 모든 것이 합쳐진 아름다운 결과였습니다.

이렇게 만들어진 성막의 완성은 애굽에서 첫 번째 유월절 이후 1년 만에 다시 말해, 출애굽한 지 1년 '둘째 해 첫째 달 곧 그 달 초하루'(출 40:17)에 이루어진 것입니다.

하나님께서는 애굽에서의 첫 번째 유월절 때에 "이 달을 너희에게 달의 시작 곧 해의 첫 달이 되게 하고"(출 12:2)라고 말씀하셨습니다. 그래서 그 첫 번째 유월절을 시작으로 1년 만인 둘째 해 첫째 달에 완료된 것입니다.

'처음과 나중'이라는 뜻으로 사용되는 헬라어 '알파와 오메가(Alpha and Omega)'로 본다면 시내산 성막 제작 완성의 역사적인 '그 순간'은 알파! 이후, 예수님께서 십자가 위에서 "다 이루었다."라고 말씀하신 '그 순간' 즉, 성전의 휘장이 찢어지는 '그 순간'은 오메가로 이어지게 됩니다.

다시 말해, 시내산에서 '손으로 지은 성막'은 이후 '손으로 지은 예루살렘 성전'으로 그리고 마침내 '손으로 짓지 아니한 성소인 예수님의 십자가'로 이어집니다.

"그리스도께서는 참 것의 그림자인 손으로 만든 성소에 들어가지 아니하시고 바로 그 하늘에 들어가사 이제 우리를 위하여 하나님 앞에 나타나시고"(히 9:24)

● 두 번째 포인트

하나님의 반복은 강조입니다. "여호와께서 명령하신 대로 다 행하였더라"

우리가 보통 말을 반복할 때에는 잔소리가 될 경우가 많습니다. 그러나 하나님의 말씀의 반복은 '강조'입니다. 하나님께서는 창세기 1장에서 "보시기에 좋았더라"라는 말씀을 일곱 번이나 반복하시며 얼마나 좋으셨는지를 강조하셨습니다.

우리가 읽은 출애굽기 39장과 40장에는 "명령하신 대로"가 18번 등장합니다. "여호와께서 모세에게 명령하신 대로 되니라" 라는 이 말씀은 정말 들어도 들어도 가슴 설레게 합니다.

우리 예수님에 관한 복된 소식인 사복음서에는 "기록된 바, 기록되었으되, 기록하였고"가 40여 회나 등장하는데 이는 구약성경 39권의 모든 기록들을 말합니다.

하나님께서 반복하시어 강조하신 말씀이 무엇인지 집중하며 언제, 어디서든, 어떻게 해서든, 백 번이고, 천 번이고 끝까지 반복하며 순종하는 사람이 바로 하나님의 사람입니다. 한마디로, "No 멋대로, Yes 설계도대로!"입니다.

● 세 번째 포인트

모세의 확인 'Good'과 함께 이스라엘 백성들의 환호성이 터집니다.

이스라엘 백성들은 부끄러웠던 금송아지 사건을 뒤로하고 다시 하나님 앞에 바로 서서 최선을 다해 성막 제작에 힘을 모았습니다.

성막의 모든 것, 증거궤, 채, 속죄소, 휘장, 널판, 띠, 기둥, 상, 진설병, 등잔대, 금향단, 놋, 그물, 물두멍, 포장, 관유, 향 등 모든 것이 설계도대로 완성되었습니다. 그리고 제사장 아론의 옷도 다 만들어졌습니다. 성막과 제사장의 옷 제작까지 다 마치자 모세가 점검에 들어갔습니다.

모세가 하나하나 꼼꼼하게 다 체크를 하는 동안 이스라엘 백성들, 특히 브살렐과 오홀리압, 그리고 이다말의 손에는 땀이 흥건하게 배었을 것입니다.

마침내 모세의 입에서 "OK, DONE!(모두 다 잘 됐어!)"라고 말하는 그 순간! 온 백성들이 서로 얼싸안고 환호성을 터뜨렸을 것입니다. 모세가 온 이스라엘 백성들을 축복합니다. 하늘의 하나님께서도 기쁨을 이기지 못하셨을 것입니다. 이러한 기쁨의 환호성은 성경 곳곳에 기록되어 있습니다.

다윗이 법궤를 예루살렘에 안치하자 온 이스라엘 백성들이 환호성을 외칩니다.

"다윗과 온 이스라엘 족속이 즐거이 환호하며 나팔을 불고 여호와의 궤를 메어오니라"(삼하 6:15)

솔로몬 때에 예루살렘 성전이 완공되고 성전 낙성식 때에도 이스라엘 백성들의 환호성이 울려 퍼졌습니다.

"이스라엘 모든 자손은 불이 내리는 것과 여호와의 영광이 성전 위에 있는 것을 보고 돌을 깐 땅에 엎드려 경배하며 여호와께 감사하여 이르되 선하시도다 그의 인자하심이 영원하도다 하니라"(대하 7:3)

느헤미야 때에 예루살렘 성벽이 재건되자 바벨론 포로에서 돌아온 귀환 공동체 '특히 힘없는 부녀와 아이들'의 환호성이 성경에 기록되어 있습니다.

"이 날에 무리가 큰 제사를 드리고 심히 즐거워하였으니 이는 하나님이 크게 즐거워하게 하셨음이라 부녀와 어린 아이도 즐거워하였으므로 예루살렘이 즐거워하는 소리가 멀리 들렸느니라"(느 12:43)

예수님께서 예루살렘에 입성하실 때에 수많은 무리들이 우리 예수님께 환호성을 보내는 장면이 기록되어 있습니다.

"앞에서 가고 뒤에서 따르는 무리가 소리 높여 이르되 호산나 다윗의 자손이여 찬송하리로다 주의 이름으로 오시는 이여 가장 높은 곳에서 호산나 하더라"(마 21:9)

예수님께서는 사람들이 기뻐 환호하지 않으면 돌들이라도 소리 지를 것이라고 말씀하셨습니다.

"내가 너희에게 말하노니 만일 이 사람들이 침묵하면 돌들이 소리 지르리라"(눅 19:40)

● 네 번째 포인트

제사를 위한 세 가지 준비 중 하나 '성막'이 완성되었습니다.

내일부터 통독하게 될 〈레위기〉는 한마디로 하나님의 '러브레터'입니다. 〈레위기〉는 하나님께서 인간들의 죄를 용서해주시기 위한 방법, '제사를 드릴 수 있는 길' 곧, 용서의 길을 열어주신 사랑 가득한 하나님의 말씀입니다.

하나님께 올려드리는 제사가 아니면 하나님과 인간들 사이에 있는 담, 곧 인간들의 죄로 인해 막힌 담은 어찌할 방도가 없습니다. 하나님께서 '제사'를 통해 사죄의 통로를 열어주신 것입니다.

하나님께서는 그 놀라운 용서의 길을 다섯 가지 제사로 주셨습니다. 이것을 '5대 제사'라고 말합니다. 이 '5대 제사'는 반드시 세 가지 방법으로 드려야 했습니다.

첫째, '하나님의 이름을 두려고 택한 곳'에서, 둘째, '제사장의 도움을 받아', 셋째, '제물을 가지고' 나아가야 했습니다. 그러므로 '성막'이 완성되었다는 것은 '하나님의 이름을 두려고 택한 곳'이 완성되었다는 것입니다.

성막이 완성되기 전까지 인간들이 하나님을 만난다는 것은 너무나 두려운 일이었습니다. 심지어 모세가 하나님을 만나 뵐 때에도 하나님과 만나는 땅은 거룩한 땅이므로 신을 벗어야 했습니다.

> "이리로 가까이 오지 말라 네가 선 곳은 거룩한 땅이니 네 발에서 신을 벗으라"(출 3:5)

그런데 성막이 완성되면서 하나님과 '제사장 나라 거룩한 시민' 언약을 맺은 이스라엘 백성들은 언제든 하나님을 만날 수 있게 되었습니다.

'하나님의 이름을 두려고 택한 곳' 즉, '성막'에서는 제사를 통해 언제든 하나님을 만날 수 있게 된 것입니다. 제사를 통해 하나님을 만나면, 하나님께 '용서'를 받고 '이웃 간에 나눔'이 생기며 '모든 민족과 평화'를 누릴 수 있는 명실상부한 '제사장 나라 거룩한 시민'이 됩니다.

● 다섯 번째 포인트
여호와의 영광이 '성막'에 충만합니다.

이스라엘 백성들이 시내산에서 처음 하나님과 '제사장 나라 거룩한 시민' 언약을 체결할 때에는 하나님이 너무 두려웠습니다. 그래서 그들은 하나님께서 모세에게 말씀하시고 자신들은 모세를 통해 듣게 해달라고 말했습니다.

"뭇 백성이 우레와 번개와 나팔 소리와 산의 연기를 본지라 그들이 볼 때에 떨며 멀리 서서 모세에게 이르되 당신이 우리에게 말씀하소서 우리가 들으리이다 하나님이 우리에게 말씀하시지 말게 하소서 우리가 죽을까 하나이다"(출 20:18~19)

그런데 성막을 세운 후부터, 즉 "그는 또 증거판을 궤 속에 넣고 채를 궤에 꿰고 속죄소를 궤 위에 두고 또 그 궤를 성막에 들여놓고 가리개 휘장을 늘어뜨려 그 증거궤를 가리니"(출

40:20~21) 이때부터 구름이 회막에 덮이고 여호와의 영광이 성막에 충만해집니다.

이때 모세는 회막에 들어갈 수 없었습니다. 낮에는 여호와의 구름이 성막 위에 있고 밤에는 불이 그 구름 가운데에 있어 이스라엘 백성들이 눈으로 볼 수 있도록 하셨습니다(출 40:38). 그들은 그들의 눈으로 여호와의 영광을 밤낮으로 체험하게 됩니다. 또한 모세는 하나님의 등을 보았습니다.

> "내 영광이 지나갈 때에 내가 너를 반석 틈에 두고 내가 지나도록 내 손으로 너를 덮었다가 손을 거두리니 네가 내 등을 볼 것이요 얼굴은 보지 못하리라"(출 33:22~23)

우리도 성경을 통해 하나님을 체험하고 또 체험하기를 원합니다.

디저트 DESSERT

〈창세기〉에 이어 〈출애굽기〉까지 성경 66권 중 벌써 두 권을 다 읽었습니다. 참으로 감사합니다. 그리고 앞으로 더 감사한 일이 많이 남아 있습니다.

내일부터는 〈레위기〉를 시작합니다. 왕 씨나 이 씨의 왕정이 아닌 대한민국 민주주의는 '삼권 분립'과 '세 번의 선거'를 기반으로 합니다.

삼권 분립이란, 입법과 사법과 행정이 분리된 것을 말하고 선거제도는 대통령과 국회의원과 기초단체장 등을 국민의 손으로 선거를 통해 직접 선출하는 것을 말합니다.

〈출애굽기〉와 〈레위기〉의 '제사장 나라'는 5대 제사를 기반으로 합니다. 즉 다섯 가지 제사 제도, '번제, 소제, 화목제, 속죄제, 속건제'를 네 가지 형식, '화제, 요제, 거제, 전제'와 세 가지 방식, '하나님의 이름을 두려고 택한 곳에서, 반드시 제물을 가지고, 제사장의 도움을 받아' 하나님께 제사를 드려야 하는 것입니다. 이것이 모든 민족을 위한 '제사장 나라'입니다.

계속되는, 모든 민족을 위한 하나님의 진정한 러브레터 〈레위기〉를 기대하십시오.

33일

레위기 러브레터 (레 1~5장)

애피타이저 APPETIZER

'23일간의 시내산 캠프' 9일째입니다.

출애굽기 19장에서 출애굽기 끝까지, 레위기 전체, 그리고 민수기 10장 10절까지! 계속해서 출애굽한 이스라엘 백성들이 '시내산에서 머문 1년 동안의 제사장 나라 기록'과 함께할 것입니다.

성경 66권은 어느 한 권도 중요하지 않은 책이 없지만 특히 〈레위기〉는 구약의 키워드인 '제사장 나라'를 관통하며 신약의 키워드인 '하나님 나라'로 이어주는 중요한 책입니다. 그러므로 레위기가 중요한 이유 다섯 가지만 먼저 말씀드리겠습니다.

첫째, 레위기가 없으면, '첫 번째 대제사장인 아론'과 '마지막 대제사장이신 예수님'을 묶어서 함께 이해할 수 없습니다.

둘째, 레위기가 없으면, 청소년 다니엘은 바벨론 제국의 포로로 끌려가 바벨론 제국 이데올로기 교육의 먹잇감이 되었을 것입니다. 그런데 다니엘은 바벨론 포로로 끌려가기 전 어려서 부모님으로부터 레위기를 배웠고, 기록된 '제사장 나라 음식'대로 구별하여 먹었기에 바벨론 제국의 정책에 휩쓸리지 않고, 끝내 제사장 나라의 '선지자'가 되었습니다. 따라서 〈레위기〉가 없으면 〈다니엘〉은 1장부터 시작도 할 수 없습니다.

셋째, 레위기가 없으면, 사복음서에서 예수님께서 나병 환자를 고치시고 레위기의 기록대로 '제사장에게 가서 보이라'고 하신 말씀을 이해할 수 없습니다.

넷째, 레위기가 없으면, 각자 자기 소견대로 살았던 '사사 시대'였음에도 불구하고 밭모퉁이 일부를 남겨두며 고아와 과부, 나그네를 돌보고 '제사장 나라 법'을 지켰던 〈룻기〉의 보아스를 이해할 수 없습니다.

다섯째, 레위기가 없으면, 예레미야가 제사장 나라 미래 경영법으로 예고한 바벨론 포로 70년과 '예수님의 새 언약 예고'의 이유를 알 수 없습니다.

'수학의 구구단', '영어의 알파벳', '한글의 가나다라'가 기초이며 기본이듯 이처럼 〈레위기〉는 '제사장 나라'의 기초입니다.

성경통독 BIBLETONGDOK

《일년일독 통독성경》 레위기 1~5장

통通으로 숲이야기 ; 통숲 TONG OBSERVATION

● 첫 번째 포인트

♬ 주의 보혈 능력 있도다 주의 피 믿으오!

애굽에서의 첫 번째 유월절 때에 히브리 민족은 모세를 통한 하나님의 명령대로 각 가정에서 1년 된 숫양을 잡아 피를 받고 그 양의 피를 문 인방과 좌우 문설주에 발랐습니다.

그날 밤, 양의 피를 바르지 않은 애굽 각 가정의 장자들과 짐승의 초태생들은 다 죽었는데 그 피를 바른 히브리 민족 각 가정의 장자들과 짐승의 초태생들은 다 살았습니다. '양의 피'가 히브리 민족 각 가정의 장자들을 살렸던 것입니다. 그렇게 해서 출애굽한 이스라엘 백성들은 시내산에서 더 놀라운 것을 배우게 됩니다. 즉, 유월절이 노예 생활에서의 해방을 가져다주었다면 '5대 제사'는 죄에서 해방을 가져다주었습니다. 이 '5대 제사'는 하나님께서 '제사장 나라 거룩한 시민' 언약을 맺은 이스라엘 백성들에게 죄를 용서받을 수 있는 길, 놀라운 통로를 주신 것입니다.

〈창세기〉에 보면, 아브라함이 하나님의 요구대로 이삭을 번제로 바칠 때 '여호와 이레'이신 하나님께서 숫양을 준비하셔서 이삭 대신 번제를 드릴 수 있도록 하셨습니다.

그런데 이제는 특정한 개인이 드리는 제사가 아니라 아브라함의 후손 이스라엘 백성들 '누구나' 5대 제사를 통해 하나님 앞에 나아갈 수 있게 된 것입니다. 이후 1,500년이 지나 우리 예수님께서는 양의 피가 아닌 예수 그리스도의 보혈로 우리 모든 인생들의 죄를 용서해주십니다.

예수 그리스도의 보혈이 능력입니다. 그래서 우리는 "주의 보혈 능력 있도다. 주의 피 믿으오~"라고 우리 주님의 보혈의 능력을 믿고 찬양하는 것입니다.

> "율법을 따라 거의 모든 물건이 피로써 정결하게 되나니 피흘림이 없은즉 사함이 없느니라"(히 9:22)

● 두 번째 포인트

유월절은 '1년 된 어린 양'이고, 성찬식은 '하나님의 어린 양'입니다.

시내산에서 하나님께서 주신 설계도대로 성막이 제작되었습니다. 성막 지성소를 구별하는 휘장이 완성되는 '그 순간'이 있었다면 1,500년 후 우리 예수님께서 십자가 위에서 "다 이루었다."라고 말씀하시는 그 순간 성전 '휘장'이 찢어집니다. 그러므로 광야에서 손으로 만든 성막의 휘장은 1,500년을 위한 하나님의 설계였던 것입니다.

하나님의 설계는 또 있습니다. 하나님께서 이스라엘 백성들에게 '레위기'를 주신 이유는 애굽의 노예 생활에서 해방된 그들이 이제 '제사장 나라 거룩한 시민'으로 훈련되어야 하기 때문입니다. 한마디로 레위기는 '제사장 나라 거룩한 시민'을 위한 설계도입니다. 즉, 5대 제사, 제사장 위임식, 정결 규례 그리고 '거룩'이 무엇인지 배우는 모든 과정입니다.

하나님께서 진정으로 가르쳐주고 싶으신 것은 5대 제사를 통해 '예물'을 드리라는 것입니다. 하나님께 드리는 이 '예물' 이야기는 제사장 나라 1,500년 동안 쉬지 않고 이어가게 됩니다.

'예물'은 히브리어로 '코르반(קָרְבָּן)'입니다. '코르반'은 '카라

브(קָרַב)', 즉 '가까이 오다', '가까이 가져오다'에서 유래된 단어로 제단 가까이 가져온 희생의 예물을 뜻합니다. 다시 말해, 하나님께 나아가는 자는 빈손으로 나아갈 수 없음을 알려줍니다.

"네 하나님 여호와께서 택하신 곳에서 여호와를 뵈옵되 빈손으로 여호와를 뵈옵지 말고"(신 16:16)

애굽에서의 '유월절 어린 양' 이야기는 출애굽 후 용서의 길, 제사를 위한 '예물' 이야기로, 그리고 1,500년 후 '하나님의 어린 양' 예수님의 성찬식 이야기로 이어집니다. 이는 하나님의 크고 놀라운 '우리를 향한 구원 계획'의 설계입니다.

● 세 번째 포인트

하나님께서는 인간들에게 '만나'를 내려주시고, 인간들은 하나님께 '제사'를 올려드립니다.

하나님께서는 이스라엘 백성들에게 물과 양식은 없고 불뱀과 전갈이 사는 광야에서 하늘로부터 '만나'를 비처럼 내려주셨습니다. 그래서 이스라엘 백성들이 수고하지 않음에도 배불리 먹게 하셨습니다.

하나님께서는 그렇게 당신의 자녀들을 먹이시며 그들이 하나님을 알고, 믿고, 순종하고, 체험하고, 하나님께 영광 돌리는 영적인 제사장 나라의 거룩한 시민으로 훈련시키셨습니다.

'만나'와 '제사'는 차별이 없습니다. 즉, 누구나 나가서 거둘 수 있고, 누구나 나와서 드릴 수 있습니다. 만나를 거두는 법은 매일 하루 분을, 그리고 6일째에는 이틀 분을 거둡니다. 그렇게 일용할 양식 만나를 먹으며 이스라엘 백성들은 하나님께 올려드리는 '다섯 가지 제사'에 대한 공부를 해야 했습니다.

제사는 하나님의 피조물 가운데 오직 인간만이 드릴 수 있습니다. 제사는 죄지은 인간이 하나님께 용서받는 유일한 길입니다. 죄의 문제는 후회나 반성, 혹은 자책으로 해결할 수 없습니다. 하나님께 용서받지 않으면 죄의 문제는 결코 해결되지 않습니다.

이렇게 인간들을 죄로부터 해방시켜주시고 용서하시고자 하나님께서는 제사를 통한 길을 열어주신 것입니다. 그러므로 제사는 하나님과 더 깊은 만남을 위한 적극적인 표현입니다.

하나님께서 레위기를 통해 '543법'으로 정해주신 제사는 다음과 같습니다.

다섯 가지 제사 – 번제, 소제, 화목제, 속죄제, 속건제

네 가지 형식 – 화제, 요제, 거제, 전제

세 가지 방법 – 장소, 제사장, 예물

이렇게 제사를 드릴 때, 하나님의 용서, 이웃과 나눔, 민족 간의 평화가 나오게 됩니다. 이스라엘 백성들은 하나님께서 내려주시는 '만나'를 먹고 '5대 제사'를 배우면서 제사장 나라 거룩한 시민으로 훈련되고 있습니다.

● 네 번째 포인트

5대 제사는 번제, 소제, 화목제, 속죄제, 속건제입니다.

첫 번째 제사 '번제(The Burnt Offering)'입니다. '번제'는 생명을 주신 하나님께 드리는 '생명 헌신의 제사'입니다. 번제는 자신의 생명을 드리는 마음으로 자신의 죄를 희생제물인 소, 양, 염소에게 '안수'해 그 희생제물이 나를 대신해 피 흘려 죽음으로 내가 살게 되는 것입니다. 희생제물은 완전히 태워 향기로 하나님께 올려드립니다.

두 번째 제사는 '소제(The Grain Offering)'입니다. 소제는 재물을 주신 하나님께 감사하는 '재물 헌신의 제사'입니다. 소제는 보통 번제와 화목제를 드릴 때 함께 드립니다. 그리고 첫 이삭의 소제도 있습니다.

세 번째 제사는 '화목제(The Fellowship Offering)'입니다. 화목제는 하나님과의 화목을 위해, 그리고 하나님께 감사할 때 서원이나 자원할 때 드리는 제사입니다. 화목제는 가진 자의 헌신으로 이웃과 나누는 제사입니다. 화목제의 제물은 소, 양, 염소를 드리는데 화목제물은 수컷도 암컷도 모두 가능합니다.

네 번째 제사는 '속죄제(The Sin Offering)'입니다. 속죄제는 하나님께서 주신 계명 즉, 율법을 어김으로 죄를 범했을 때 죄를 깨닫고 죄를 속죄하며 하나님 앞에 나아가는 제사입니다. 제사장을 비롯하여 모든 사람들, 그리고 이스라엘 회중 전체의 죄를 속죄하며 드립니다. 제사장과 이스라엘 온 회중을 위해서는 수송아지로, 족장을 위해서는 숫염소로 평민들을 위해서는 암염소와 어린 암양으로 드립니다. 그러나 힘이 미치지 못하면 비둘기 두 마리로, 그래도 힘이 미치지 못하면 고운 가루 십분의 일 에바(한 오멜, 일용할 양식)를 드립니다.

> "만일 그의 힘이 어린 양을 바치는 데에 미치지 못하면 그가 지은 죄를 속죄하기 위하여 산비둘기 두 마리나 집비둘기 새끼 두 마리를 여호와께로 가져가되"(레 5:7)

'고운 가루 십분의 일 에바'와 '비둘기 두 마리'는 누구나, 무슨 허물이든지, 어떻게 하든 용서하시겠다는 하나님의 간절함입니다.

다섯 번째 제사는 '속건제(The Guilt Offering)'입니다. 속건제는 부지중에 하나님의 성물이나 계명을 범했을 때, 부지중에 이웃에게 손해를 입혔을 때 하나님께 죄를 자복하고, 손해에 대해 배상합니다.

"성물에 대한 잘못을 보상하되 그것에 오분의 일을 더하여 제사장에게 줄 것이요"(레 5:16)

● 다섯 번째 포인트

하나님의 용서는 '누구든지' 차별이 없습니다.

노아의 번제와 아브라함의 번제에 이어 이제 하나님께서 아브라함의 후손들과 제사장 나라 거룩한 시민 언약을 맺으신 후로는 '누구든지' 하나님 앞에 '제사자'가 되어 제사를 드릴 수 있게 해주셨습니다.

'누구든지' 제사를 드릴 수 있게 된 것은 바로 '성막'과 제사를 돕는 '제사장'이 세워졌기 때문입니다. 이제 '누구든지', 예물을 가지고 하나님 앞에 나오면 됩니다. '누구든지'는 놀라운 '굿뉴스(Good News)'의 준비였습니다.

"이제는 율법 외에 하나님의 한 의가 나타났으니 율법과 선지자들에게 증거를 받은 것이라 곧 예수 그리스도를 믿음으로 말미암아 모든 믿는 자에게 미치는 하나님의 의니 차별이 없느니라"(롬 3:21~22)

하나님의 사랑과 용서는 차별이 없습니다. '오직 성경'은 '오직 예수'입니다.

디저트 DESSERT

하나님의 러브레터 레위기 1장에서 5장까지 읽었습니다.

누군가와 깊은 만남을 하고 싶다면, 자신의 가장 소중한 것을 나눌 수 있어야 합니다. 받는 기쁨이 있으려면, 누군가는 반드시 주는 기쁨을 가져야 합니다. 누군가를 위해 나의 소중한 것을 줄 수 있다면 그것만큼 서로의 관계를 깊게 하는 것도 없습니다.

하나님께서는 이미 가장 소중히 여기는 독생자를 주셨습니다. 깊은 만남은 가장 소중한 것을 나눌 때 얻어집니다. 성막 건축을 통해서 하나님과 이스라엘의 만남을 위한 외적 조건이 모두 갖추어졌습니다. 이것은 시작일 뿐입니다.

〈레위기〉는 더 깊은 만남을 위한 여러 가지 제안을 담고 있습니다. 하나님께서는 이 깊은 만남을 통해 이스라엘을 당신의 소유 거룩한 백성으로 삼고자 하십니다.

하나님께서는 '고운 가루 십분의 일 에바'를 가지고 하나님 앞에 나아오라고 말씀하셨습니다. 온 세상 천하 만물이 다 하나님의 것입니다. 하나님께서 하늘 창고가 비어 있어서 그들에게 예물을 가지고 오라고 하신 것이 아닙니다. 예물은 이 땅에 모든 소산물을 나게 하신 분이 하나님이심을 고백하며 드리는 것입니다. 모든 것이 다 하나님의 소유입니다.

하나님의 러브레터 〈레위기〉를 포함해 성경 66권 전체가 물이 바다 덮음 같이 온 세상에 가득하기를 소망합니다.

34일

제사장, '항상 대기조' (레 6~7장)

애피타이저 APPETIZER

'23일간의 시내산 캠프' 10일째입니다.

출애굽기 19장에서 출애굽기 끝까지, 레위기 전체, 그리고 민수기 10장 10절까지! 계속해서 출애굽한 이스라엘 백성들이 '시내산에서 머문 1년 동안의 제사장 나라 기록'과 함께할 것입니다. 이스라엘 백성들은 시내산 1년 생활 중 약 6개월 동안 성막과 제사장의 옷을 만들었습니다.

이 일을 마친 이후부터 시내산 하산하기 전 1개월 20일은 '제사장 나라 거룩한 시민학교' 기간입니다. 이 기간에 배우고 있는 하나님께서 주신 '제사장 나라 교과서 레위기'는 어렵고 딱딱한 책이 아닙니다. 오히려 이스라엘 백성들이 살아가는 데 꼭 필요한 내용, '레위기 복음'이라고 할 수 있습니다.

레위기를 통해 하나님께서 인간의 삶을 얼마나 고상하고 품위 있게 이끌고자 하시는지 감동에 감동을 더하며 배우게 될 것입니다.

또한 하나님께 올려드리는 '다섯 가지 제사'가 하나님의 사랑과 용서 그리고 '하나님과의 더 깊은 만남을 위한 통로'라는 놀라운 사실도 알게 될 것입니다.

제사장 나라의 '5대 제사'를 잘 알아야 우리가 하나님 나라의 '영적 예배'를 잘 드릴 수 있습니다. 그러므로 〈레위기〉는 하나님께 드리는 진정한 산제사, 영적 예배를 드리기 원하는 이 땅 모든 그리스도인의 '복음서'입니다.

성경통독 BIBLETONGDOK

《일년일독 통독성경》 레위기 6~7장

● 첫 번째 포인트

제사장은 '항상 대기조'입니다. 군대에는 '5분 대기조'라는 말이 있습니다.

군대의 '5분 대기조'는 비상 상황이 발생하면 5분 내로 전투 태세를 갖추고 현장으로 가야 하는 팀입니다. 그런데 제사장은 '5분 대기조'를 넘어 '항상 대기조'입니다. 제사장은 언제나 24시간 비상이기 때문입니다.

제사장이 24시간 비상이어야 하는 이유는 첫째, 제사를 위해 매일 아침 나무를 준비해야 했기 때문입니다.

둘째, 불을 끊임없이 제단 위에 항상 피워야 했기 때문입니다.

제사장 나라의 '5대 제사'는 제사자가 예물을 가지고 하나님의 이름을 두려고 택한 곳에서, 즉 성막으로 가서 제사장의 도움을 받아 다섯 가지 제사를 드려야 합니다. '다섯 가지 제사' 가운데 첫 번째 제사인 '번제'를 예로 든다면 다음과 같습니다.

번제를 드리는 방법은 번제를 드리는 사람이 '자신의 집에서 기른 가축 중'에서 흠 없는 소나, 양, 염소의 수컷을 골라 제물로 삼고 하나님의 이름을 두려고 택하신 장소인 '회막 문'에 가서

'자신의 죄를 대신해 제물이 된 번제물에 안수'를 하고 죽여 각을 뜹니다.

그 후, 아론의 자손 '제사장'이 번제물의 피는 회막 문 앞 제단 사방에 뿌리고 그 번제물을 제단 위에 올리고, 불 위에 나무를 벌여 놓고 그 뜬 각과 머리와 기름을 제단 위의 불 위에 있는 나무에 벌여 놓습니다. 그러면 번제를 드리는 사람이 내장과 정강이를 세척하고 '제사장'이 그 전부를 제단 위에서 불살라 하나님께 향기로운 제물로 올려드립니다.

이처럼 하나님께 제사를 드리는 모든 사람들은 반드시 제사장을 통해서 하나님을 만날 수 있었던 것입니다.

아울러 하나님께서는 레위기를 통해 처음부터 제사장들의 소득 불평등을 미리 방지하심으로 그들의 생활을 보장해주셨습니다.

> "소제물은 기름 섞은 것이나 마른 것이나 모두 아론의 모든 자손이 균등하게 분배할 것이니라"(레 7:10)

그런데 이후에 보면 제사자들이 제사장들의 생활을 보장해주지 않아 제사를 드리는 데 어려움을 겪는 일을 보게 됩니다.

남유다의 히스기야 왕 때에는 제사장의 수가 부족하여 '유월절'을 제때에 지키지 못합니다.

> "이는 성결하게 한 제사장들이 부족하고 백성도 예루살렘에 모이지 못하였으므로 그 정한 때에 지킬 수 없었음이라"(대하 30:3)

바벨론 포로 이후, 2차 포로 귀환의 지도자인 에스라 또한 부족한 제사장의 숫자를 확보하느라 애를 씁니다.

> "내가 무리를 아하와로 흐르는 강 가에 모으고 거기서 삼 일 동안 장막에 머물며 백성과 제사장들을 살핀즉 그 중에 레위 자손이 한 사람도 없는지라 이에 모든 족장 … 우리 하나님의 성전을 위하여 섬길 자를 데리고 오라 하였더니 우리 하나님의 선한 손의 도우심을 입고 그들이 이스라엘의 손자 레위의 아들 말리의 자손 중에서 한 명철한 사람을 데려오고"(스 8:15~18)

또 바벨론 포로 이후, 3차 포로 귀환의 지도자인 느헤미야 때에는 제사장들이 제사장직을 포기하고 도망하기까지 했습니다.

> "내가 또 알아본즉 레위 사람들이 받을 몫을 주지 아니하였으므로 그 직무를 행하는 레위 사람들과 노래하는 자들이 각각 자기 밭으로 도망하였기로"(느 13:10)

제사장 나라에서 '제사자'와 '제사장'의 비율은 너무나 중요했습니다.

● 두 번째 포인트
제사장의 제사 원칙, '무슨 허물이든' 사함을 얻습니다.

하나님과 제사를 드리는 자 '사이의 존재'인 제사장은 제사를 드리러 온 제사자를 향하여 어떤 비난이나 조롱도 해서는 안 됩니다. 하나님께서는 제사자가 하나님께 제사를 드리면 어떤 허물이라도 다 용서해주신다고 약속해주셨기 때문입니다.

> "제사장은 여호와 앞에서 그를 위하여 속죄한즉 그는 무슨 허물이든지 사함을 받으리라"(레 6:7)

우리 예수님께서도 죄인들을 비난하지 않으시고 오히려 "나는 의인을 부르러 온 것이 아니요 죄인을 부르러 왔노라"(마 9:13)라고 말씀하셨습니다.

또한 "네 죄 사함을 받았느니라"(마 9:2)라고 말씀하시며 고통 중에 있는 자들을 고쳐주셨습니다.

● 세 번째 포인트
'남의 물건'을 주운 자는 반드시 돌려주어야 합니다.

하나님께서는 제사장 나라 거룩한 시민이 지켜야 할 법으로

'남의 물건'에 관한 법도 알려주셨습니다.

"남의 잃은 물건을 줍고도 사실을 부인하여 거짓 맹세하는 등 사람이 이 모든 일 중의 하나라도 행하여 범죄하면 이는 죄를 범하였고"(레 6:3~4)

법의 내용을 몇 가지 살펴보면 다음과 같습니다.

첫째, 잃어버린 것은 못 본 체하지 말고 주인을 찾아줍니다.

"네 형제의 소나 양이 길 잃은 것을 보거든 못 본 체하지 말고 너는 반드시 그것들을 끌어다가 네 형제에게 돌릴 것이요"(신 22:1)

둘째, 주인이 찾으러 올 때까지 보관해줍니다.

"네 형제가 네게서 멀거나 또는 네가 그를 알지 못하거든 그 짐승을 네 집으로 끌고 가서 네 형제가 찾기까지 네게 두었다가 그에게 돌려 줄지니"(신 22:2)

셋째, 원수의 것이라 할지라도 지켜줍니다.

"네가 만일 네 원수의 길 잃은 소나 나귀를 보거든 반드시 그 사람에게로 돌릴지며"(출 23:4)

제사장 나라 거룩한 시민이 행할 '이웃 사랑'은 이웃의 잃은 것을 찾아주는 것으로부터 시작하여 이웃을 내 몸처럼 돌보는 것까지입니다. 이것이 하나님께서 원하시는 '이웃 사랑'입니다.

● 네 번째 포인트

삭개오는 '레위기 속건제'를 알고 있었습니다.

앞서 간략히 살펴본 대로, 제사장 나라의 '5대 제사' 중 '속건제'는 이웃에게 범죄했을 때, 그리고 부지중에 여호와의 성물을 범하거나 계명을 범했을 때 하나님 앞에 나아와 속건제의 제사를 드리고 본래 물건에 5분의 1을 더하여 배상해야 하는 제사입니다.

"그 거짓 맹세한 모든 물건을 돌려보내되 곧 그 본래 물건에 오분의 일을 더하여 돌려보낼 것이니 그 죄가 드러나는 날에 그 임자에게 줄 것이요 그는 또 그 속건제물을 여호와께 가져갈지니 곧 네가 지정한 가치대로 양 떼 중 흠 없는 숫양을 속건제물을 위하여 제사장에게로 끌고 갈 것이요"(레 6:5~6)

하나님께서는 제사를 드릴 때에 반드시 예물을 가지고 하나님 앞에 나아오라고 말씀하셨습니다.

그런데 하나님께서 '예물'보다 더 중요하게 여기시는 것을 말씀하십니다. 그것은 바로 '형제 화목'입니다. 예수님께서도 먼저 형제와 화목하고, 하나님께 제사를 드리라고 말씀하셨습니다.

"그러므로 예물을 제단에 드리려다가 거기서 네 형제에게 원망들을 만한 일이 있는 것이 생각나거든 예물을 제단 앞에 두고 먼저 가서 형제와 화목하고 그 후에 와서 예물을 드리라"(마 5:23~24)

예수님을 만난 삭개오가 말합니다.

"삭개오가 서서 주께 여짜오되 주여 보시옵소서 내 소유의 절반을 가난한 자들에게 주겠사오며 만일 누구의 것을 속여 빼앗은 일이 있으면 네 갑절이나 갚겠나이다"(눅 19:8)

삭개오는 레위기의 속건제를 이미 정확하게 알고 있었던 것입니다.

● 다섯 번째 포인트

한 사람이 '하루에' 소 한 마리를 다 먹을 수 없습니다.

하나님께서 제사장 나라 거룩한 시민에게 요구하셨던 다섯 가지 제사 중 '화목제'에 관한 규례입니다.

감사함으로 드리는 화목제물의 고기는 드리는 그날 하루 안에 그리고 서원이나 자원하여 드리는 화목제는 그 제물을 그 다음 날까지 먹을 수 있습니다. 그러나 셋째 날까지 먹으면 안 됩니다. 사실 화목제로 드린 예물 중 소 한 마리는 하루에 절대 혼자 다 먹을 수 없습니다. 결국 반드시 나눠 먹으라는 뜻임을 알 수 있습니다. 그리고 '이웃과 함께 나누어 먹으며 감사의 제목을 서로 기뻐하라'는 것입니다.

"화목제를 드리고 거기에서 먹으며 네 하나님 여호와 앞에서 즐거워하라"(신 27:7)

이렇게 정해주신 화목제의 규례를 지키지 않으면 하나님께서는 그 제사를 받으시지 않습니다. 오히려 잘못하면 죄로 끝나거나 이웃의 마음을 아프게 할 수 있습니다.

"만일 그 화목제물의 고기를 셋째 날에 조금이라도 먹으면 그 제사는 기쁘게 받아들여지지 않을 것이라 드린 자에게도 예물답게 되지 못하고 도리어 가증한 것이 될 것이며 그것을 먹는 자는 그 죄를 짊어지리라"(레 7:18)

그러므로 화목제는 참으로 멋지고 품위 있는 사회, 생동감이 넘치는 공동체를 위한 법입니다. 가진 자의 헌신을 통해 덜 가진 자들의 필요를 채우는 화목제를 매개로 하여 사람과 사람 사이를 평균케 하시는 배려의 법입니다.

솔로몬이 예루살렘 성전 낙성식을 하고 하나님께 화목제를 드릴 때 온 백성이 즐거워했습니다(왕상 8:66).

"솔로몬이 화목제의 희생제물을 드렸으니 곧 여호와께 드린 소가 이만 이천 마리요 양이 십이만 마리라 이와 같이 왕과 모든 이스라엘 자손이 여호와의 성전의 봉헌식을 행하였는데 그 날에 왕이 여호와의 성전 앞 뜰 가운데를 거룩히 구별하고 거기서 번제와 소제와 감사제물의 기름을 드렸으니 이는 여호와의 앞 놋 제단이 작으므로 번제물과 소제물과 화목제의 기름을 다 용납할 수 없음이라"(왕상 8:63~64)

디저트 DESSERT

내용이 다소 복잡한 것 같기도 하고, 어려운 같기도 한 '다섯 가지 제사'의 디테일한 내용을 읽었습니다. 그런데 '다섯 가지 제사'는 몇 번만 반복해서 공부하면 사람과 공동체를 위해 이렇게 품위 있고 고상한 법은 이 세상에는 없다는 것을 발견하게 됩니다.

'제사'는 하나님께 용서받을 수 있는 가장 중요한 통로입니다. 이 제사를 통해 이스라엘 백성들은 늘 죄를 용서받을 수 있으며 이웃과 함께 건강한 공동체, 건강한 사회를 지탱할 수 있게 되었습니다.

하나님의 모든 말씀은 어느 것 하나 귀하고 소중하지 않은 말씀이 없습니다. 그러니 성경 66권의 어느 것 하나라도 놓치지 않겠다는 마음가짐이 필요합니다.

35일

제사장, 첫 '공식 업무' 시작 (레 8~10장)

애피타이저 APPETIZER

'23일간의 시내산 캠프' 11일째입니다.

출애굽기 19장에서 출애굽기 끝까지, 레위기 전체, 그리고 민수기 10장 10절까지! 계속해서 출애굽한 이스라엘 백성들이 '시내산에서 머문 1년 동안의 제사장 나라 기록'과 함께할 것입니다.

하나님과 이스라엘 백성들 사이에 공식적인 중재자인 '제사장'의 첫 공식 임무가 시작됩니다. '제사장 나라'를 이끌어갈 지도자가 세워진다는 것은 중요한 문제가 아닐 수 없습니다.

하나님께서 출애굽의 지도자로 모세를 부르셨고 그들을 애굽에서 해방시켜주신 후 이스라엘의 새로운 지도자로 '제사장'을 세워주십니다.

공동체 전체가 아름답게 구성되기 위해서는 제사장과 같이 매일 매일 고된 일상을 반복하는 사람도 있어야 합니다. 하나님께서는 백성들 앞에 제사장들의 권위를 세워주십니다.

성경통독 BIBLETONGDOK

《일년일독 통독성경》 레위기 8~10장

통通으로 숲이야기 ; 통숲 TONG OBSERVATION

● 첫 번째 포인트

드디어 제사장 나라의 '첫 공식 업무'가 시작됩니다.

드디어 지난 몇 달간의 모든 준비 끝에 첫 번째 '대제사장 아론과 그의 아들들의 위임식'을 거행합니다. 제사장 위임식은 하나님께서 출애굽기 29장을 통해 이미 주신 큐시트(cue sheet)대로 7일 동안 진행합니다.

제사장 위임식 진행 순서는 '몸의 정결, 거룩한 옷으로 착용,

기름 부음, 모세의 제사 거행, 속죄제, 번제, 화목제, 숫양의 피를 바름, 소제, 관유와 피를 옷에 뿌림' 이 과정을 7일간 진행합니다.

제사장의 위임식이 거행되는 7일 동안 아론과 그의 아들들은 회막 안에 머무르면서 제사장 됨을 준비하고 성결케 합니다. 그리고 마침내 제8일에 제사장 나라의 규례대로 아론이 대제사장으로 공식적인 첫 제사를 집례합니다.

첫 제사 집례 후, 불이 여호와 앞에서 나와 제단 위의 번제물과 기름을 사릅니다(레 9:24). 이는 하나님께서 첫 대제사장 아론이 집례한 첫 제사를 공식적으로 인정하신 상징적인 사건이었습니다. 이제 앞으로 제사장직은 하나님의 말씀대로 아론 가문이 대대로 이어받게 됩니다.

> "그 아버지에게 기름을 부음 같이 그들에게도 부어서 그들이 내게 제사장의 직분을 행하게 하라 그들이 기름 부음을 받았은즉 대대로 영영히 제사장이 되리라 하시매"(출 40:15)

이렇게 제사장 나라 1,500년 동안 대대로 이어 내려가던 대제사장직은 우리 예수님께서 십자가 위에서 "다 이루었다."라고 말씀하시면서 마침내 종료됩니다.

예수님의 십자가는 우리 예수님께서 영원한 '왕 같은 대제사장'으로, '하나님의 어린 양'으로 '하늘 성소'인 십자가에 올라 마지막으로 '단번에' 드린 제사이기 때문입니다.

아론이 대제사장으로 첫 번째 집례한 제사 때에는 불이 여호와 앞에서 나와 제단 위의 번제물과 기름을 살랐습니다. 그리고 1,500년 후 우리 예수님께서 십자가 위에서 마지막, 단번의 제사를 드릴 때에는 성소 휘장이 위에서부터 아래까지 찢어져 둘이 됩니다(막 15:38).

● 두 번째 포인트
백성들이 소리 지르며 엎드립니다.

"아론이 백성을 향하여 손을 들어 축복함으로 속죄제와 번제와 화목제를 마치고 내려오니라 모세와 아론이 회막에 들어갔다가 나와서 백성에게 축복하매 여호와의 영광이 온 백성에게 나타나며 불이 여호와 앞에서 나와 제단 위의 번제물과 기름을 사른지라 온 백성이 이를 보고 소리 지르며 엎드렸더라"(레 9:22~24)

아론이 첫 번째 대제사장 공식 업무를 마친 것을 기념하기 위해 불이 제단 위의 번제물을 태운 사건은 아주 중요한 상징적 사건으로, 처음이자 마지막입니다. 다시 말해, 이후 아론이 회막에서 제사를 끝내고 나올 때마다 매번 불이 나와 제물을 사른 것은 아닙니다.

이 상징적 사건은 하나님께서 아론을 대제사장으로 직접 임명하셨다는 것을 온 백성에게 보여주는 하나님의 기쁨이며 동시에 드디어 '제사 중심의 진정한 제사장 나라'가 시작됐다는 첫 출발 신호의 기쁨입니다. 또한, 모세와 아론을 미심쩍어 하는 백성 중 일부 사람들을 위한 배려이기도 합니다.

애굽에서 오랜 세월 노예였던 이스라엘 백성들은 출애굽의 모든 과정을 그들의 눈으로 직접 다 목도했음에도 불구하고 매사가 '삐딱'하고 원망이 일상이었습니다. 그들은 금송아지 사건 이후 큰 반성을 하고, 성막 제작에 힘을 합하기도 했습니다.

그럼에도 불구하고 하나님의 결정인 아론의 대제사장직에 대해서 아론이 첫 번째 제사를 집례할 때까지만 해도 그들의 속내는 여전히 삐딱한 상태였을 것입니다. 아마도 '모세 집안이 다 해 먹는다.'라고 생각했을 것입니다.

모세가 제사장 나라 제도의 5대 제사를 자기 집안 대대로 관장하며 백성들로부터 예물을 받아 좋은 것을 일부 챙겨갈 수 있는 시스템을 만든 것처럼 보였을 수도 있습니다. 그러나 그들은 모세와 아론에게 그들의 속내를 쉽게 드러낼 수는 없었습니다.

왜냐하면 첫째, 모세와 아론에게는 출애굽의 공로가 있고 둘째, 금송아지 사건 때 3천 명가량이 죽은 것은 그들에게 상당한 충격이었기 때문입니다. 한마디로 무서운 모세에게 드러내며 저항하기는 쉽지 않았습니다. 그런 와중에 아론이 대제사장으로 첫 번째 제사를 집례하고 나오자 불이 여호와 앞에서 나와 제단 위의 번제물과 기름을 모두 사릅니다.

그 광경을 바라본 이스라엘 백성들은 너무 놀라 소리 지르며 엎드립니다. '소리 지르다'는 히브리어로 '라난(רָנַן)'입니다. 이는 '기쁨으로 소리치다'라는 의미입니다. 그리고 '엎드렸더라'는 하나님을 경외함으로 완전히 땅에 얼굴을 대고 엎드림을 뜻합니다.

이스라엘 백성들은 이렇게 불이 여호와 앞에서 나와 제단의 제물과 기름까지 다 불사르는 것을 '보고' '아~ 모세가 아닌 하나님께서 직접 아론을 대제사장으로 세우셨구나.'라는 사실을 알게 된 것입니다.

그럼에도 불구하고 이후에 이스라엘 백성들 중 일부는 몇 달이 지나지 않아 가데스 바네아에서 열두 명의 대표들이 40일 동안 가나안을 정탐하고 돌아오자 모세와 아론에게 반기를 들고 새로운 지도자를 세우자고 합니다.

"이에 서로 말하되 우리가 한 지휘관을 세우고 애굽으로 돌아가자 하매"(민 14:4)

또, 가데스 바네아 사건으로 광야 생활 40년이 결정된 후 고라와 다단과 아비람의 반역 사건이 발생합니다.

"이스라엘 자손 총회에서 택함을 받은 자 곧 회중 가운데에서 이름 있는 지휘관 이백오십 명과 함께 일어나서 모세를 거스르니라"(민 16:2)

"네가 우리를 젖과 꿀이 흐르는 땅에서 이끌어 내어 광야에서 죽이려 함이 어찌 작은 일이기에 오히려 스스로 우리 위에 왕이 되려 하느냐" (민 16:13)

이처럼 백성들 중 일부는 제사장 나라의 시스템을 모세가 왕 노릇하기 위해 만든 '유사 왕정 제도'로 오해하고 있는 것입니다.

〈민수기〉에서 살펴보겠습니다만, 이렇게 이스라엘 백성들이 모세와 아론에게 대항하자 하나님께서는 대제사장으로 아론 가문을 다시 한번 공식적으로 확인해주십니다.

"내가 택한 자의 지팡이에는 싹이 나리니 이것으로 이스라엘 자손이 너희에게 대하여 원망하는 말을 내 앞에서 그치게 하리라 모세가 이스라엘 자손에게 말하매 그들의 지휘관들이 각 지파대로 지팡이 하나씩을 그에게 주었으니 그 지팡이가 모두 열둘이라 그 중에 아론의 지팡이가 있었더라 모세가 그 지팡이들을 증거의 장막 안 여호와 앞에 두었더라 이튿날 모세가 증거의 장막에 들어가 본즉 레위 집을 위하여 낸 아론의 지팡이에 움이 돋고 순이 나고 꽃이 피어서 살구 열매가 열렸더

라"(민 17:5~8)

하나님께서는 제사장 나라 '제사장 제도'를 안착시키기 위해 아론이 백성들을 향해 손을 들 때 하늘에서 불도 내려주시고 아론의 지팡이에 움이 돋고 꽃이 피게도 하셨습니다.

● 세 번째 포인트

제사장과 제사자의 손이 마주쳐야 '손뼉 소리'가 납니다.

제사장 나라의 제사는 제사드리는 사람(제사자)이 아무리 제물을 잘 준비해도 집례하는 '제사장'이 정성이 없고 제사의 절차를 모른다면 그 제사는 하나님께 온전히 드려지지 못합니다.

마찬가지로 제사장이 정성을 다하고 모든 제사의 절차를 꼼꼼하게 잘 진행해도 '제사자'가 마음을 다해 제사에 임하지 않으면 그 또한 하나님께 올려드리는 온전한 제사가 되지 않습니다. 그래서 제사장과 제사자는 바늘과 실처럼 서로를 절대적으로 필요로 하는 공생 관계였습니다.

제사장 나라의 5대 제사(번제, 소제, 화목제, 속죄제, 속건제)와 네 가지 형식(화제, 요제, 거제, 전제) 그리고 세 가지 방법(장소, 제사장, 예물)을 위하여 제사장과 제사자의 비율은 정말 중요했습니다.

두 손을 마주쳐 손뼉 소리를 내듯이 제사장과 제사자가 서로 함께 어울리어 마주쳐야 '제사의 기쁨'을 맛볼 수 있습니다.

● 네 번째 포인트

제사장은 '옳고 그름'을 분별해야 합니다. 제사장은 스스로 옳고 그름을 지혜롭고 명확하게 분별해야 합니다.

제사장은 그의 결정이 하나님과 이웃을 위하는 것인지 아니면 제사장 스스로를 위한 것인지 분별해야 합니다. 분별의 지혜가 있어야 하나님을 향한 열정이 열매를 맺을 수 있기 때문입니다. 분별하지 않으면 자신이 죽고, 공동체가 죽을 수 있습니다.

참담한 일이 일어났습니다. 아론의 두 아들 나답과 아비후가 죽는 충격적인 사건이 벌어진 것입니다. 나답과 아비후는 하나님의 74인 잔치에 초청되었던 멤버였습니다. 그런데 그들이 여호와께서 명령하시지 않은 '다른 불'로 분향했다가 죽게 된 것입니다.

> "아론의 아들 나답과 아비후가 각기 향로를 가져다가 여호와께서 명령하시지 아니하신 다른 불을 담아 여호와 앞에 분향하였더니 불이 여호와 앞에서 나와 그들을 삼키매 그들이 여호와 앞에서 죽은지라"(레 10:1~2)

아론이 대제사장으로 첫 번째 제사를 집례했을 때 여호와의 불이 나와 제단의 제물과 기름을 불살랐는데 이번에는 여호와의 불이 나와 아론의 두 아들을 삼켜 죽게 했습니다.

그런데 그들이 '다른 불'을 사용한 것에 대해 하나님께서 아론에게 하신 말씀을 보면 다음과 같습니다.

"너와 네 자손들이 회막에 들어갈 때에는 포도주나 독주를 마시지 말라 그리하여 너희 죽음을 면하라 이는 너희 대대로 지킬 영영한 규례라"(레 10:9)

'제사장의 금주'에 관한 규례를 볼 때 아마도 나답과 아비후가 포도주나 독주를 마시고 저지른 실수로 보입니다.

어쨌든 이 안타까운 사건으로 이스라엘 온 백성들은 제사장이 아론 집안의 특권이 아닌 '생명을 건 사명'이라는 사실을 깨닫게 됩니다.

● 다섯 번째 포인트
엘르아살과 이다말이 제사장 나라의 모범적인 공직자가 됩니다.

아론의 아들 나답과 아비후가 죽음으로 아론의 셋째 아들과 넷째 아들인 엘르아살과 이다말이 그 뒤를 잇습니다. 나답과 아비후의 죽음으로 인해 아버지 아론과 엘르아살과 이다말의 심정은 참으로 참담했을 것입니다.

그러나 모세는 아론과 그 가족들에게 울지 말라고 강하게 말합니다. 그들이 죽은 일로 슬퍼할 것이 아니라 오히려 하나님의 말씀에 불순종한 것에 대해 회개하고 그들의 죄로 인해 가슴을 쳐야 한다는 것입니다. 모세가 이렇게 강력하게 말한 이유는 하나님께서 내리신 처벌의 정당성을 인정했기 때문이고 또한 자신과 아론에게 맡겨진 무거운 책임을 인식했기 때문입니다.

엘르아살과 이다말은 두 형의 죽음에 대해 슬퍼하지 말라는 모세를 통한 하나님의 말씀에 순종합니다. 그리고 그들은 두 형의 죽음에서 교훈을 얻고 엄중한 업무를 시작합니다.

> "모세가 아론과 그의 아들 엘르아살과 이다말에게 이르되 너희는 머리를 풀거나 옷을 찢지 말라 그리하여 너희가 죽음을 면하고 여호와의 진노가 온 회중에게 미침을 면하게 하라 오직 너희 형제 이스라엘 온 족속은 여호와께서 치신 불로 말미암아 슬퍼할 것이니라"(레 10:6)

모세는 엘르아살과 이다말에게 두 형의 장례식에도 참석하지 못하게 합니다. 그리고 미사엘과 엘사반을 불러 죽은 나답과 아비후를 성소 앞에서 진영 밖으로 메어 내보낼 때 아론과 엘르아살, 이다말은 회막 문에 나가지 않도록 합니다.

"여호와의 관유가 너희에게 있은즉 너희는 회막 문에 나가지 말라 그리하면 죽음을 면하리라 그들이 모세의 말대로 하니라"(레 10:7)

이렇게 아론과 엘르아살과 이다말은 나답과 아비후의 죽음을 하나님의 심판으로 받아들임으로, 하나님의 진노가 회중에게 임하지 않게 했습니다.

그런데 바로 이 사건 후, 모세가 희생제물을 먹는 장소 문제와 관련하여 엘르아살과 이다말에게 화를 냅니다.

"모세가 속죄제 드린 염소를 찾은즉 이미 불살랐는지라 그가 아론의 남은 아들 엘르아살과 이다말에게 노하여 이르되 이 속죄제물은 지극히 거룩하거늘 너희가 어찌하여 거룩한 곳에서 먹지 아니하였느냐 이는 너희로 회중의 죄를 담당하여 그들을 위하여 여호와 앞에 속죄하게 하려고 너희에게 주신 것이니라 그 피는 성소에 들여오지 아니하는 것이었으니 그 제물은 너희가 내가 명령한 대로 거룩한 곳에서 먹었어야 했을 것이니라"(레 10:16~18)

그러자 아론이 까칠해지고 예민해진 모세에게 말합니다.

"아론이 모세에게 이르되 오늘 그들이 그 속죄제와 번제를 여호와께 드렸어도 이런 일이 내게 임하였거늘 오늘 내가 속죄제물을 먹었더라면 여호와께서 어찌 좋게 여기셨으리요"(레 10:19)

다행히 모세가 그 말을 듣고 좋게 여깁니다. 아론과 엘르아살과 이다말은 성막 뜰에서 먹어야 할 속죄제 고기까지도 먹지 않고 불사르며 대제사장의 엄중한 공무를 수행한 것입니다.

이처럼 특권은 사명을 전제합니다. 제사장 나라는 어느 날 하루아침에 하늘에서 뚝 떨어진 것이 아니었습니다. 모세와 아론이 이렇게까지 제사장 나라 공직자의 사명을 감당할 '제사장 제도를 세우기' 위해 몸부림을 치고 있습니다.

디저트 DESSERT

제사장은 정말 생명을 걸고 애쓰고 수고해야 하는 작업반장입니다. 제사장들은 이스라엘 백성들이 하나님 앞에 죄 사함 받는 현장에서 최고의 조력자로서 특권과 함께 막중한 책임을 가지고 공개적인 삶을 살아갑니다. 그리고 이스라엘 백성들이 약속의 땅에서 지속적으로 하나님 중심의 삶을 살아갈 수 있도록 하는 데 꼭 필요한 리더입니다.

하나님께서 모세와 아론이 일할 수 있도록 권위를 세워주셨듯이 모세와 아론도 하나님의 권위를 위해 말씀하신 모든 일을 지켜 행하고 그 말씀에 어긋나지 않으려고 몸부림치는 것을 볼 수 있습니다. 참으로 감동입니다.

36일

레위기 11장이 다니엘 1장으로 (레 11~13장)

애피타이저 APPETIZER

'23일간의 시내산 캠프' 12일째입니다.

출애굽기 19장에서 출애굽기 끝까지, 레위기 전체, 그리고 민수기 10장 10절까지! 계속해서 출애굽한 이스라엘 백성들이 '시내산에서 머문 1년 동안의 제사장 나라 기록'과 함께할 것입니다.

이스라엘 백성들은 당시 1년 가까이 시내산 아래 중턱에서 텐트를 치고 캠프 중입니다. 시내 광야는 풀 한 포기 제대로 나지 않는 사막과 같은 곳입니다. 그러나 하나님께서는 하늘로부터 만나를 비처럼 내려주시고 메추라기를 보내셔서 남자 장정만도 60만 명이고 여자와 어린아이, 노인까지 포함하면 200만 명이 넘는 이스라엘 백성들을 충분히 먹이고 계십니다.

지금은 이렇게 하나님께서 내려주신 만나와 메추라기로 풍성하게 일용할 양식을 먹고 있지만 이제 약속의 땅 가나안에 들어가서는 직접 땅에서 소출을 내고 음식을 정해 먹어야 합니다. 그래서 하나님께서는 가나안에 들어가서 가르쳐주신 음식법대로 건강하게 살 수 있도록 방법을 알려주시며 훈련시키십니다.

이렇게 꼼꼼하게 말씀하시는 이유는 하나님의 최대 관심이 '생명'이기 때문입니다. 하나님께서 인간에게 주신 최고, 최대의 복은 생명의 복입니다. 생명의 문제는 먹을거리와 밀접한 관련이 있습니다. 하나님께서는 애굽의 식생활에 익숙해져 있는 이스라엘 백성들에게 하나님의 백성다운 식생활을 가르쳐주십니다.

지금 우리는 레위기를 통해 '거룩'을 집중적으로 배우고 있는데 하나님께서 말씀하시는 '거룩'은 입술의 거룩이 아닙니다. '마음과 삶의 거룩'이라는 사실을 기억해야 합니다.

성경통독 BIBLETONGDOK

《일년일독 통독성경》 레위기 11~13장

● 첫 번째 포인트

레위기 11장이 없으면, 다니엘 1장은 시작도 할 수 없습니다.

레위기 11장은 사랑하는 자녀에게 불량식품을 사 먹지 말라고 당부하는 사랑 가득한 어머니를 연상하게 합니다. 어떻게 해서든 하나님의 형상을 닮은 인간들로 하여금 무분별하게 먹지 않도록 하시려는 하나님의 사랑이 담겨 있습니다.

레위기 11장은 정한 짐승과 부정한 짐승, 그리고 먹을 생물과 먹지 못할 생물을 분별하라고 말씀하십니다. 이 음식법의 효력이 얼마나 오래갔는지 이후 수백 년이 지나 바벨론 포로로 끌려간 다니엘에게까지 영향을 미쳤습니다.

남유다가 바벨론에 포위되면서 먼저 1차 포로로 청소년 다니엘이 끌려갑니다. 바벨론 왕 느부갓네살은 환관장 아스부나스에게 명령하여 왕이 지정한 음식과 포도주를 먹게 하고 또 바벨론식 학문과 언어를 가르치게 합니다.

그런데 다니엘은 왕이 지정하여 먹게 한 왕의 음식과 왕이 마시는 포도주를 먹지 않겠다고 뜻을 정하여 환관장에게 말합니다.

"다니엘은 뜻을 정하여 왕의 음식과 그가 마시는 포도주로 자기를 더

럽히지 아니하리라 하고 자기를 더럽히지 아니하도록 환관장에게 구하니"(단 1:8)

있을 수 없는 일입니다. 왕이 지정한 음식을 먹지 않겠다는 것은 다니엘과 세 친구뿐만 아니라 이들을 지키는 환관장의 목숨도 위태로운 사항인 것입니다.

다니엘은 왜 이렇게 엄청난 결정을 한 것입니까? 바로 어려서부터 가정에서 어머니가 레위기 11장대로 준비해준 음식을 먹으며 레위기를 공부했기 때문입니다. 그래서 다니엘은 레위기 11장대로 음식을 가려 먹으며 제사장 나라 율법을 지켰던 것입니다.

결국 다니엘은 이 레위기의 음식법 지키는 것으로부터 시작하여 바벨론 제국을 지나 페르시아 제국의 행정가가 되어서도 율법을 끝까지 지켜 행하므로 제국의 하수인이 아닌 제사장 나라의 '선지자'가 됩니다.

제사장도 아닌, 평신도 행정가 다니엘이 하나님의 말씀을 대언하는 선지자가 된 것은 다니엘이 '손대지 아니한 돌' 곧, '뜨인 돌이신 예수 그리스도'가 세우실 영원한 '하나님 나라'를 예언했기 때문입니다(단 2:45).

또한 느부갓네살 왕이 만든 금 신상 앞에 절하지 않고 오직 살아계신 하나님만을 섬겼습니다.

"왕이여 우리가 왕의 신들을 섬기지도 아니하고 왕이 세우신 금 신상에게 절하지도 아니할 줄을 아옵소서"(단 3:18)

이렇게 다니엘은 평생 모세오경을 통해 배운 대로 율법 실천을 계속하며 살았습니다. 다니엘을 무너뜨리려는 자들까지도 하나님의 율법을 찾아볼 정도였으니 말입니다.

"이에 총리들과 고관들이 국사에 대하여 다니엘을 고발할 근거를 찾고자 하였으나 아무 근거, 아무 허물도 찾지 못하였으니 이는 그가 충성되어 아무 그릇됨도 없고 아무 허물도 없음이었더라 그들이 이르되 이 다니엘은 그 하나님의 율법에서 근거를 찾지 못하면 그를 고발할 수 없으리라"(단 6:4~5)

다니엘이 어려서 배운 레위기 율법은 그가 제국의 행정가가 되어서도 하나님에 대한 신앙을 지키며 하나님 나라를 소망하게 한 뿌리였습니다.

● 두 번째 포인트
하나님께서는 인간의 생육과 번성을 위한 영양사이십니다.

하나님께서는 창세기 1장에서 온 우주 만물과 하나님의 형상을 닮은 인간을 창조하시고 복을 주시며 생육하고 번성하여 땅에 충만하라고 하셨습니다(창 1:28).

하나님만큼 우리의 체질과 오장육부, 몸의 구석구석을 다 아시는 분은 없습니다. 하나님께서는 이 세상에서 먹을거리가 될 만한 생명체들을 다 아시는 분입니다. 그러한 분이 우리 몸의 특징을 잘 고려하셔서 먹을 것과 그렇지 않은 것을 구분해주십니다.

"이스라엘 자손에게 말하여 이르라 육지의 모든 짐승 중 너희가 먹을 만한 생물은 이러하니"(레 11:2)

하나님께서 대체적으로 금지하신 부정한 생물은 피째 짐승을 잡아먹는 맹수들, 죽은 짐승을 먹는 새들, 잡식 동물들, 습한 곳에서 먹이를 찾는 파충류들입니다.

기준에 맞는 정한 짐승들은 신명기에서도 볼 수 있습니다.

"너희가 먹을 만한 짐승은 이러하니 곧 소와 양과 염소와 사슴과 노루와 불그스름한 사슴과 산 염소와 볼기가 흰 노루와 뿔이 긴 사슴과 산양들이라"(신 14:4~5)

음식의 분별을 통해 하나님께서는 이스라엘 백성들이 거룩히 행하여 건강한 생명을 보전하길 원하십니다.

"나는 여호와 너희의 하나님이라 내가 거룩하니 너희도 몸을 구별하여 거룩하게 하고 땅에 기는 길짐승으로 말미암아 스스로 더럽히지 말라"

(레 11:44)

이후에 보면, 다윗이 레위기 11장을 읽고 하나님께 고백한 시편의 말씀을 찾아볼 수 있습니다.

"아버지가 자식을 긍휼히 여김 같이 여호와께서는 자기를 경외하는 자를 긍휼히 여기시나니 이는 그가 우리의 체질을 아시며 우리가 단지 먼지뿐임을 기억하심이로다"(시 103:13~14)

● 세 번째 포인트

산모에게 출산 휴가를 꼭 주는 것이 하나님의 거룩입니다.

하나님의 최대 관심사는 인간이요, 생명입니다. 천하보다 귀한 생명을 낳은 여인에게 정결 기간을 주며 쉴 수 있도록 출산 휴가를 공동체의 규례로 지정해주신 것은 실로 놀라운 일이 아닐 수 없습니다. 안식일이 인간의 삶에 쉼을 주듯, 산모의 정결 기간은 해산한 여인에게 쉼을 주는 것입니다.

하나님께서 산모에게 정해주신 출산 휴가는 남자아이일 경우 7일에 33일을 더해 40일간 쉬고 남자아이는 태어난 지 8일째 되는 날 할례를 행하라고 말씀하셨습니다. 여자아이를 출산한 경우에는 산모는 7일에 7일 그리고 거기에 66일을 더해 80일간 쉬어야 한다고 정해주셨습니다.

하나님께서 제사장 나라의 규례로 정해주신 산모의 산후조리를 위한 출산 휴가가 끝나면 산모는 하나님께 번제와 속죄제를 드립니다.

"그 여인이 어린 양을 바치기에 힘이 미치지 못하면 산비둘기 두 마리나 집비둘기 새끼 두 마리를 가져다가 하나는 번제물로, 하나는 속죄제물로 삼을 것이요 제사장은 그를 위하여 속죄할지니 그가 정결하리라" (레 12:8)

이후에 아기 예수님을 출산한 요셉과 마리아가 제사장 나라의 이 레위기 규례대로 하나님께 정결예식을 드립니다.

"모세의 법대로 정결예식의 날이 차매 아기를 데리고 예루살렘에 올라가니 이는 주의 율법에 쓴 바 첫 태에 처음 난 남자마다 주의 거룩한 자라 하리라 한 대로 아기를 주께 드리고 또 주의 율법에 말씀하신 대로 산비둘기 한 쌍이나 혹은 어린 집비둘기 둘로 제사하려 함이더라"(눅 2:22~24)

● 네 번째 포인트

제사장에게 레위기 13장과 14장은 밑줄 치며 반드시 외워야 하는 필수 암기 사항입니다.

레위기 13장이 '나병에 관한 증상과 나병 환자에 대한 처방'이라면 레위기 14장은 '나병이 완치되었을 때에 그를 다시 사회로 복귀하게 하는 정결예식'이라고 할 수 있습니다.

나병에 관한 판단 기준은 제사장이 세운 것이 아니라 하나님께서 세우신 것입니다. 그러므로 116절이나 되는 길고 긴 내용의 나병에 관한 규례는 제사장이 반드시 숙지해야 하는 매우 중요한 업무이면서 막중한 사명 가운데 하나였습니다. 나병은 제사장만이 진단할 수 있었기 때문에 나병에 대한 진찰, 격리, 처방, 복귀에 대한 판단은 굉장히 신중해야 했습니다.

> "만일 사람이 그의 피부에 무엇이 돋거나 뾰루지가 나거나 색점이 생겨서 그의 피부에 나병 같은 것이 생기거든 그를 곧 제사장 아론에게나 그의 아들 중 한 제사장에게로 데리고 갈 것이요"(레 13:2)

예를 들어 나병 환자의 의복에 관해 이런 규례가 있습니다.

> "제사장은 그 색점을 진찰하고 그것을 이레 동안 간직하였다가 이레 만에 그 색점을 살필지니 그 색점이 그 의복의 날에나 씨에나 가죽에나 가죽으로 만든 것에 퍼졌으면 이는 악성 나병이라 … 그것을 불사를지니라"(레 13:50~52)

제사장은 이처럼 나병에 관한 모든 규례를 철저히 공부하여 살릴 것과 없앨 것을 결정해야 했습니다.

따라서 하나님께서 명시하신 나병에 관한 판단 내용에 근거하지 않은 채 함부로 나병을 판단하거나 나병 환자를 백성들로부터 소외시켜서는 안 됩니다.

● 다섯 번째 포인트

제사장은 백성들이 하나님과는 수직적인 관계를, 이웃과는 수평적인 관계를 이루며 살도록 돕는 존재입니다.

하나님께서 제사장을 세우신 뜻은 하나님과 이스라엘 백성들 사이에서 하나님께 제사를 드리는 수직적 관계를 유지하고 이스라엘 백성들이 실생활에서 거룩한 삶을 살도록 돕기 위함입니다.

따라서 제사장은 '지식'이 있어야 했습니다. 제사에 관한 모든 지식과 하나님께서 주신 율법 지식이 있어야 했습니다. 나병에 관한 지식 또한 제사장에게는 절대적으로 중요한 지식이었습니다.

"너는 나병에 대하여 삼가서 레위 사람 제사장들이 너희에게 가르치는 대로 네가 힘써 다 지켜 행하되 너희는 내가 그들에게 명령한 대로 지켜 행하라"(신 24:8)

이후 북이스라엘 백성들이 레위기 율법을 지키지 않고 우상 숭배에 빠지자 하나님께서는 호세아 선지자에게 안타까운 심정을 드러내셨습니다.

"내 백성이 지식이 없으므로 망하는도다 네가 지식을 버렸으니 나도 너를 버려 내 제사장이 되지 못하게 할 것이요 네가 네 하나님의 율법을 잊었으니 나도 네 자녀들을 잊어버리리라"(호 4:6)

하나님을 아는 지식은 이처럼 흥하고 망하는 중차대한 일임을 명심해야 합니다.

"물이 바다를 덮음 같이 여호와를 아는 지식이 세상에 충만할 것임이니라"(사 11:9)

디저트 DESSERT

세계 대부분의 사회가 치열한 경쟁 사회입니다. 그러나 경쟁이라는 것은 모두의 출발선이 같을 때 의미가 있습니다. 출발선에 서 있을 수 없는 약한 이들은 구조적으로 도와야 하는 것이 마땅합니다.

레위기에는 하나님의 이러한 배려들이 참 많습니다. 그래서 〈레위기〉는 '레위기 복음'입니다.

37일

힘이 미치지 못하면 (레 14~15장)

애피타이저 APPETIZER

'23일간의 시내산 캠프' 13일째입니다.

출애굽기 19장에서 출애굽기 끝까지, 레위기 전체, 그리고 민수기 10장 10절까지! 계속해서 출애굽한 이스라엘 백성들이 '시내산에서 머문 1년 동안의 제사장 나라 기록'과 함께할 것입니다.

시내산에서 1년 동안 이스라엘 백성들에게 하나님께서는 '그들의 거룩한 삶을 위하여' 제사장 나라 거룩한 시민이 지켜 행해야 하는 율법을 주시고 계십니다.

애굽에서 노예 생활을 하며 '품위와 고상'과는 거리가 멀어도 너무나 멀었던 그들에게 하나님께서는 품위와 고상함을 넘어 '거룩한 시민'으로 살아가야 할 길을 열어주고 계십니다.

〈레위기〉는 약자를 배려하고 나눔의 최고 가치를 구현하는 '넘버 원! 시민 사회 교과서'입니다.

성경통독 BIBLETONGDOK

《일년일독 통독성경》 레위기 14~15장

통通으로 숲이야기 ; 통숲 TONG OBSERVATION

● 첫 번째 포인트

예수님, 제사장 나라의 '나병 환자 법'을 지키셨습니다.

구약의 레위기 14장은 신약의 마태복음 8장으로 이어집니다. 레위기 14장은 나병 환자가 완치되었을 때 그를 다시 사회로 복귀하게 하는 정결예식의 장입니다.

"나병 환자가 정결하게 되는 날의 규례는 이러하니 곧 그 사람을 제사장에게로 데려갈 것이요 제사장은 진영에서 나가 진찰할지니 그 환자에게 있던 나병 환부가 나았으면"(레 14:2~3)

예수님께서는 공생애 3년 동안 수많은 환자들을 고쳐주셨습니다. 그리고 그들에게 늘 "아무에게도 말하지 말라."라고 말씀하셨습니다. 그런데 나병 환자를 고쳐주셨을 때에는 사람들에게는 말하지 말되 반드시 제사장에게로 가서 보이라고 말씀하셨습니다.

> "예수께서 손을 내밀어 그에게 대시며 이르시되 내가 원하노니 깨끗함을 받으라 하시니 즉시 그의 나병이 깨끗하여진지라 예수께서 이르시되 삼가 아무에게도 이르지 말고 다만 가서 제사장에게 네 몸을 보이고 모세가 명한 예물을 드려 그들에게 입증하라 하시니라"(마 8:3~4)

이렇게 예수님께서는 십자가 위에서 "다 이루었다."라고 말씀하시기 전까지 제사장 나라의 율법과 선지자들의 말을 다 지키시고 완전하게 하셨습니다.

● 두 번째 포인트
레위기 14장의 복음을 들은 사람들이 많습니다.

나병 환자가 회복되어 다시 이스라엘 공동체로 복귀할 수 있는 절차가 적힌 레위기 14장은 두말할 나위 없이 귀중한 '복음'입니다. 나병 환자들은 영원한 격리의 대상이 아니라, 언제든 깨끗이 회복되는 날 다시금 끌어안아야 할 대상이기 때문입니다.

성경에는 고침을 받은 나병 환자들이 많이 등장합니다. 먼저 하나님께서는 모세에게 나병을 경험하게 하셨습니다.

> "여호와께서 또 그에게 이르시되 네 손을 품에 넣으라 하시매 그가 손을 품에 넣었다가 내어보니 그의 손에 나병이 생겨 눈 같이 된지라 이르시되 네 손을 다시 품에 넣으라 하시매 그가 다시 손을 품에 넣었다가 내어보니 그의 손이 본래의 살로 되돌아왔더라"(출 4:6~7)

다음은 모세의 기도를 통해 나병을 고침 받은 미리암입니다.

> "구름이 장막 위에서 떠나갔고 미리암은 나병에 걸려 눈과 같더라 아론이 미리암을 본즉 나병에 걸렸는지라 … 모세가 여호와께 부르짖어 이르되 하나님이여 원하건대 그를 고쳐 주옵소서"(민 12:10~13)

다음은 엘리사를 통해 고침 받은 아람의 나아만 장군입니다.

> "나아만이 이에 내려가서 하나님의 사람의 말대로 요단 강에 일곱 번 몸을 잠그니 그의 살이 어린 아이의 살 같이 회복되어 깨끗하게 되었더라"(왕하 5:14)

다음은 예수님께서 고쳐주신 한 나병 환자입니다.

> "예수께서 손을 내밀어 그에게 대시며 이르시되 내가 원하노니 깨끗함을 받으라 하시니 즉시 그의 나병이 깨끗하여진지라"(마 8:3)

그리고 예수님이 고쳐주신 열 명의 나병 환자입니다.

"한 마을에 들어가시니 나병 환자 열 명이 예수를 만나 멀리 서서 소리를 높여 이르되 예수 선생님이여 우리를 불쌍히 여기소서 하거늘 보시고 이르시되 가서 제사장들에게 너희 몸을 보이라 하셨더니 그들이 가다가 깨끗함을 받은지라"(눅 17:12~14)

● 세 번째 포인트

'힘이 미치지 못하면' 이 짧은 구절 안에 하나님의 사랑이 흠뻑 묻어납니다.

하나님께서는 사회적 약자들이 공동체로 복귀하는 길을 가로막는 어떤 장애물도 없게 해주십니다. 우리 하나님께서는 누구나 하나님 앞에 나아가 제사드릴 수 있는 길을 열어주셨습니다. 바로 5대 제사, 네 가지 절차, 세 가지 방식입니다.

그런데 하나님께 제사를 드리고는 싶은데 '예물을 드릴 힘이 없는 사람들'이 있습니다. 그런 경우를 위해 '그 힘이 미치는 대로'라는 항목을 명시해주셨습니다. 그래서 회복된 나병 환자들도 자신의 형편에 맞게 기쁨으로 하나님께 제사를 드릴 수 있었습니다.

"만일 그가 가난하여 그의 힘이 미치지 못하면 그는 흔들어 자기를 속죄할 속건제를 위하여 어린 숫양 한 마리와 소제를 위하여 고운 가루 십분의 일 에바에 기름 섞은 것과 기름 한 록을 취하고 그의 힘이 미치는 대로 산비둘기 둘이나 집비둘기 새끼 둘을 가져다가 하나는 속죄제물로, 하나는 번제물로 삼아 여덟째 날에 그 결례를 위하여 그것들을 회막 문 여호와 앞 제사장에게로 가져갈 것이요"(레 14:21~23)

이렇게 하나님께서는 힘이 미치지 못할 경우에도 제사를 드리며 정결예식을 치를 수 있도록 꼼꼼하게 정해주셨습니다.

● 네 번째 포인트
누구를 위하여 절차가 이렇게 복잡합니까?

하나님을 위함입니까? 아니면 인간을 위함입니까? 레위기 14장에는 '집에 나병 색점이 발생했을 때'에 관한 규례들이 있는데 이때 제사장은 이 규례대로 하나하나 의심되는 집을 진찰해야 합니다.

모두 아홉 가지 항목으로 상당히 복잡합니다(레 14:36~53).

① 그 집을 비우도록 명령한 후에 들어가서 그 집을 볼지니(36절)

② 그 집을 이레 동안 폐쇄하였다가(38절)

③ 이레 만에 또 가서 살펴볼 것이요(39절)

④ 색점 있는 돌을 빼내어 성 밖 부정한 곳에 버리게 하고(40절)

⑤ 다른 돌로 그 돌을 대신하며 다른 흙으로 집에 바를지니라(42절)

⑥ 고쳐 바른 후에 색점이 집에 재발하면(43절)

⑦ 그 집을 고쳐 바른 후에 제사장이 들어가 살펴보아서 색점이 집에 퍼지지 아니하였으면 이는 색점이 나은 것이니 제사장은 그 집을 정하다 하고(48절)

⑧ 새 두 마리와 백향목과 홍색 실과 우슬초를 가져다가(49절)

⑨ 살아 있는 새는 성 밖 들에 놓아 주고 그 집을 위하여 속죄할 것이라 그러면 정결하리라(53절)

제사장이 그 집이 정결하다고 선언하면 그제야 들어가 살 수 있습니다. 이 모든 것은 하나님을 위함이 아니요, 우리 인간들을 위한 사랑과 배려입니다.

● 다섯 번째 포인트

레위기를 포함한 '모든 성경은 언제나 굿뉴스'입니다.

사복음서에서 예수님이 말씀하신 많은 부분이 〈레위기〉와 연결되어 있습니다. 그러므로 〈레위기〉를 통해야 사복음서를 잘 이해할 수 있습니다.

> "내가 율법이나 선지자를 폐하러 온 줄로 생각하지 말라 폐하려 온 것이 아니요 완전하게 하려 함이라 진실로 너희에게 이르노니 천지가 없어지기 전에는 율법의 일점 일획도 결코 없어지지 아니하고 다 이루리라"(마 5:17~18)

〈레위기〉에 "상처에는 상처로, 눈에는 눈으로, 이에는 이로 갚을지라"(레 24:20)라는 말씀이 있고, 〈마태복음〉에 "또 눈은 눈으로, 이는 이로 갚으라 하였다는 것을 너희가 들었으나 나는 너희에게 이르노니 악한 자를 대적하지 말라"(마 5:38~39)는 말씀이 있습니다.

〈레위기〉에는 "네 이웃 사랑하기를 네 자신과 같이 사랑하라"(레 19:18)라는 말씀이 있고, 〈마태복음〉에 "또 네 이웃을 사랑하고 네 원수를 미워하라 하였다는 것을 너희가 들었으나 나는 너희에게 이르노니 너희 원수를 사랑하며 너희를 박해하는 자를 위하여 기도하라"(마 5:43~44)는 말씀이 있습니다.

〈레위기〉에는 "너는 네 백성 중에 돌아다니며 사람을 비방하지 말며"(레 19:16)라는 말씀이 있고, 〈마태복음〉에 "너희가 비판하는 그 비판으로 너희가 비판을 받을 것이요 너희가 헤아리는 그 헤아림으로 너희가 헤아림을 받을 것이니라"(마 7:2)는 말씀이 있습니다.

〈레위기〉에는 "너희 각 사람은 부모를 경외하고"(레 19:3)라는 말씀이 있고, 〈마가복음〉에 "모세는 네 부모를 공경하라 하고 또 아버지나 어머니를 모욕하는 자는 죽임을 당하리라 하였거늘"(막 7:10)이라는 말씀이 있습니다.

〈레위기〉에는 "첫째 달 열나흗날 저녁은 여호와의 유월절이요"(레 23:5)이라는 말씀이 있고, 〈누가복음〉에 "그의 부모가 해마다 유월절이 되면 예루살렘으로 가더니"(눅 2:41)라는 말씀이 있습니다.

이와 같이 사복음서에서 예수님이 말씀하신 많은 부분이 〈레위기〉와 연결되어 있습니다.

디저트 DESSERT

하나님께서는 우리의 삶에 무엇이 필요한지 너무나 잘 아시는 분입니다. 바로 그분께서 이스라엘 백성들의 거룩한 삶을 위해 여러 가지 규례를 지정해주신 것입니다.

성경은 어느 한 권도 뺄 수 없고, 66권이 모두 중요합니다. 특히 〈레위기〉는 구약성경 전체를 관통하는 키워드인 '제사장 나라 거룩한 시민'을 위한 교과서입니다.

힘들지만 기본에 충실해야 오래갑니다. 그리고 기본에 충실해야 응용도 가능합니다. 〈레위기〉를 제대로 공부하면 정말 '하나님의 러브레터'가 이 책임을 발견하게 됩니다.

38일

하나님의 깊은 뜻으로 (레 16~17장)

애피타이저 APPETIZER

'23일간의 시내산 캠프' 14일째입니다.

출애굽기 19장에서 출애굽기 끝까지, 레위기 전체, 그리고 민수기 10장 10절까지! 계속해서 출애굽한 이스라엘 백성들이 '시내산에서 머문 1년 동안의 제사장 나라 기록'과 함께할 것입니다.

하나님과 이스라엘 백성들 '사이의 존재'인 제사장이 얼마나 자신의 직분을 잘 인식하고 책임 있게 감당하느냐에 따라 이스라엘 공동체의 생명력이 결정됩니다.

아론의 네 아들 가운데, 이제 엘르아살과 이다말만 남았습니다. 제사장이 하나님께 제사를 드리다가 나답과 아비후와 같이 죽는 일이 또 발생해서는 안 됩니다.

그래서 하나님께서는 제사장이 제사를 위해 성소에 들어오기 전 자신을 위한 '속죄제'를 먼저 드리게 하십니다. 이는 책임을 맡고 있는 제사장이 먼저 자기반성을 하라는 뜻이었습니다.

성경통독 BIBLETONGDOK

《일년일독 통독성경》 레위기 16~17장

통通으로 숲이야기 ; 통숲 TONG OBSERVATION

● 첫 번째 포인트

아론이 속죄소에 아무 때나 들어가면 죽습니다.

제사장은 하나님 앞에 서는 자입니다. 제사장 나라의 첫 대제사장 아론은 하나님 앞에 설 때 살아남은 그의 두 아들 엘르아살, 이다말과 함께 늘 나답과 아비후의 죽음을 생각해야 했습니다.

"불이 여호와 앞에서 나와 그들을 삼키매 그들이 여호와 앞에서 죽은지라"(레 10:2)

또한 대제사장 아론은 지난날, 자신이 이스라엘 백성들과 함께 금송아지를 만든 일 때문에 3천 명가량 죽은 일을 늘 생각하고 이스라엘 백성들 앞에 서야 했습니다.

"레위 자손이 모세의 말대로 행하매 이 날에 백성 중에 삼천 명 가량이 죽임을 당하니라"(출 32:28)

그러므로 대제사장 아론은 성소에 들어가기 전 '자신의 죄'를 먼저 속죄해야 했습니다. 그리고 정한 시간에 정한 절차대로 들어가야 합니다. 그렇게 해야, 자신의 죽음을 면하고 이스라엘 공동체를 살릴 수 있기 때문입니다.

"성소의 휘장 안 법궤 위 속죄소 앞에 아무 때나 들어오지 말라 그리하여 죽지 않도록 하라 이는 내가 구름 가운데에서 속죄소 위에 나타남이니라 아론이 성소에 들어오려면 수송아지를 속죄제물로 삼고 숫양을 번제물로 삼고"(레 16:2~3)

● 두 번째 포인트
축제 중의 축제는 '대속죄일'입니다.

하나님께서 정해주신 이스라엘 백성들의 3대 명절은 유월절, 맥추절, 초막절입니다.

3대 명절 중 첫 번째 명절이자 축제일은 바로 '유월절' 축제입니다. 이날은 하나님께서 이스라엘을 애굽의 노예에서 당신의 백성으로 삼으신 것에 대한 기쁨과 해방과 자유의 축제일입니다.

"이는 여호와의 유월절 제사라 여호와께서 애굽 사람에게 재앙을 내리실 때에 애굽에 있는 이스라엘 자손의 집을 넘으사 우리의 집을 구원하셨느니라"(출 12:27)

3대 명절 중 두 번째 명절이자 축제일은 바로 '맥추절' 축제입니다. 이날은 첫 수확을 하며 '자연을 통해 베푸신 은혜'에 대한 감사의 축제일입니다.

"맥추절을 지키라 이는 네가 수고하여 밭에 뿌린 것의 첫 열매를 거둠이니라"(출 23:16)

3대 명절 중 세 번째 명절이자 축제일은 바로 '초막절' 축제입니다. 초막절은 풍성한 소출을 저장하며, 출애굽의 은혜를 감사하는 축제일입니다.

"네가 수고하여 이룬 것을 연말에 밭에서부터 거두어 저장함이니라"(출 23:16)

"이는 내가 이스라엘 자손을 애굽 땅에서 인도하여 내던 때에 초막에 거주하게 한 줄을 너희 대대로 알게 함이니라"(레 23:43)

그런데 이스라엘의 '3대 명절'보다 더 중요한 명절이자 축제

중의 축제일은 바로 '대속죄일'입니다.

'속죄일'은 히브리어로 '욤 키푸르(כִּפֻּר יוֹם)'입니다. 이는 안식일 중의 안식일로 이스라엘 백성들 전체가 참회하며 정결하게 되는 기쁨과 감사를 누리는 날입니다.

대속죄일 축제는 애굽 노예로부터 자유함을 얻는 것을 넘어 인간들이 죄로부터 진정한 자유함을 얻게 되는 날, 오직 하나님의 백성 된 자들만이 가질 수 있는 참으로 복된 날입니다.

"이는 너희가 영원히 지킬 규례라 이스라엘 자손의 모든 죄를 위하여 일 년에 한 번 속죄할 것이니라"(레 16:34)

하나님께서 정해주신 대속죄일은 매년 7월 10일입니다. 대속죄일은 다음과 같은 규례로 지켜야 합니다.

① 대제사장은 1년에 한 번 지성소로 들어가 속죄제를 드린다.

② 먼저, 대제사장은 물로 몸을 씻고, 세마포 예복을 입는다.

③ 자신과 집안을 위해 수송아지를 잡아 속죄제를 드린다.

④ 향연으로 증거궤 위 속죄소를 가린다.

⑤ 수송아지의 피를 속죄소 동쪽과 속죄소 앞에 뿌린다.

⑥ 백성을 위한 속죄제 염소 두 마리를 준비하고 제비뽑아 한 마리를 잡는다.

⑦ 속죄제 염소의 피를 속죄소 위와 앞에 뿌린다.

⑧ 살아 있는 염소 '아사셀을 위하여' 머리에 안수하고 이스라엘의 죄를 그 염소에게 옮기고, 그 염소를 광야로 보낸다.

"이스라엘 자손의 모든 불의와 그 범한 모든 죄를 아뢰고 그 죄를 염소의 머리에 두어 미리 정한 사람에게 맡겨 광야로 보낼지니"(레 16:21)

⑨ 자기의 번제와 백성의 번제를 드려 속죄한다.

● 세 번째 포인트

1년에 한 번 스스로를 괴롭게 하라!

7월 10일은 대속죄일로 이스라엘 백성 전체가 본토인이든지, 거류민이든지 모두 아무 일도 하지 않습니다.

속죄일은 안식일 중의 안식일, 큰 안식일이기 때문입니다.

"너희는 영원히 이 규례를 지킬지니라 일곱째 달 곧 그 달 십일에 너희는 스스로 괴롭게 하고 아무 일도 하지 말되 본토인이든지 너희 중에 거류하는 거류민이든지 그리하라 이 날에 너희를 위하여 속죄하여 너희를 정결하게 하리니 너희의 모든 죄에서 너희가 여호와 앞에 정결하리라 이는 너희에게 안식일 중의 안식일인즉 너희는 스스로 괴롭게 할지니 영원히 지킬 규례라"(레 16:29~31)

7월 10일 대속죄일은 이스라엘 백성들이 자신들의 허물과 잘못을 회개하며 스스로 괴롭게 함으로 364일 나머지 시간을 거룩하게 살기를 다짐하는 날입니다. 때문에 이를 위해 대제사장은 1년에 한 번 지성소에 들어갑니다. 이는 우리 예수님의 대속 사역의 예표였습니다.

"그리스도께서는 장래 좋은 일의 대제사장으로 오사 손으로 짓지 아니한 것 곧 이 창조에 속하지 아니한 더 크고 온전한 장막으로 말미암아 염소와 송아지의 피로 하지 아니하고 오직 자기의 피로 영원한 속죄를 이루사 단번에 성소에 들어가셨느니라"(히 9:11~12)

"그리스도께서는 참 것의 그림자인 손으로 만든 성소에 들어가지 아니하시고 바로 그 하늘에 들어가사 이제 우리를 위하여 하나님 앞에 나타나시고 대제사장이 해마다 다른 것의 피로써 성소에 들어가는 것 같이 자주 자기를 드리려고 아니하실지니 그리하면 그가 세상을 창조한 때부터 자주 고난을 받았어야 할 것이로되 이제 자기를 단번에 제물로 드려 죄를 없이 하시려고 세상 끝에 나타나셨느니라"(히 9:24~26)

● 네 번째 포인트
하나님의 명령 "제사 규례를 오용하지 말라."

하나님께 올려드리는 제사에서는 희생제물이든지 식용제물

이든 간에 짐승은 반드시 성소의 뜰에서 잡아야 했습니다. 그리고 피는 제단에 뿌리고 기름은 불살라 향기로운 냄새가 되게 했습니다. 그리고 모든 제사는 반드시 공개적으로 제사장의 도움을 받아야 했습니다. 이것이 하나님께서 정해주신 제사장 나라의 제사법입니다.

제사는 아무 때나 아무렇게나 드려서는 절대 안 됩니다. 제사장 나라의 제사는 하나님께서 정해주신 대로 올바른 방법으로 드려야만 했습니다.

"이스라엘 집의 모든 사람이 소나 어린 양이나 염소를 진영 안에서 잡든지 진영 밖에서 잡든지 먼저 회막 문으로 끌고 가서 여호와의 성막 앞에서 여호와께 예물로 드리지 아니하는 자는 피 흘린 자로 여길 것이라 그가 피를 흘렸은즉 자기 백성 중에서 끊어지리라 그런즉 이스라엘 자손이 들에서 잡던 그들의 제물을 회막 문 여호와께로 끌고 가서 제사장에게 주어 화목제로 여호와께 드려야 할 것이요"(레 17:3~5)

그러나 하나님께서는 이스라엘 백성들이 가나안에 정착한 후에는 개인의 자유를 상당 부분 허용하십니다.

"그러나 네 하나님 여호와께서 네게 주신 복을 따라 각 성에서 네 마음에 원하는 대로 가축을 잡아 그 고기를 먹을 수 있나니 곧 정한 자나 부정한 자를 막론하고 노루나 사슴을 먹는 것 같이 먹으려니와 오직 그

피는 먹지 말고 물 같이 땅에 쏟을 것이며"(신 12:15~16)

하지만 하나님께서는 이스라엘 백성들에게 애굽에서 음란하게 섬기던 숫염소와 같이 애굽의 생활 방식에 길들여져 있는 우상숭배는 절대적으로 금하셨습니다.

"그들은 전에 음란하게 섬기던 숫염소에게 다시 제사하지 말 것이니라 이는 그들이 대대로 지킬 영원한 규례니라"(레 17:7)

하나님께서는 레위기를 통해 이렇게 엄격하게 제사의 규례를 다 정해주셨는데 이후 이 제사를 오용한 사례들이 성경에 기록되어 있습니다.

제사 규례를 오용한 웃시야 왕의 케이스입니다.

"웃시야여 여호와께 분향하는 일은 왕이 할 바가 아니요 오직 분향하기 위하여 구별함을 받은 아론의 자손 제사장들이 할 바니 성소에서 나가소서 왕이 범죄하였으니 하나님 여호와에게서 영광을 얻지 못하리이다"(대하 26:18)

제사 규례를 오용한 여로보암의 케이스입니다.

"여로보암이 이 일 후에도 그의 악한 길에서 떠나 돌이키지 아니하고 다시 일반 백성을 산당의 제사장으로 삼되 누구든지 자원하면 그 사람을 산당의 제사장으로 삼았으므로 이 일이 여로보암의 집에 죄가 되어 그 집이 땅 위에서 끊어져 멸망하게 되니라"(왕상 13:33~34)

제사장 나라의 제사는 하나님께서 정해주신 대로 올바른 방법으로 드려야만 했습니다.

● 다섯 번째 포인트
은이나 금이 아닌, 오직 그리스도의 보배로운 피로!

하나님께서는 육체의 생명은 '피'에 있으므로 고기를 피째 먹지 말라고 말씀하셨습니다.

"육체의 생명은 피에 있음이라 내가 이 피를 너희에게 주어 제단에 뿌려 너희의 생명을 위하여 속죄하게 하였나니 생명이 피에 있으므로 피가 죄를 속하느니라"(레 17:11)

하나님께서는 〈창세기〉에서 노아에게 피와 생명에 대해 이미 말씀하셨습니다.

"그러나 고기를 그 생명 되는 피째 먹지 말 것이니라 내가 반드시 너희의 피 곧 너희의 생명의 피를 찾으리니 짐승이면 그 짐승에게서, 사람이나 사람의 형제면 그에게서 그의 생명을 찾으리라 다른 사람의 피를 흘리면 그 사람의 피도 흘릴 것이니 이는 하나님이 자기 형상대로 사람을 지으셨음이니라"(창 9:4~6)

하나님께서는 〈출애굽기〉에서 유월절 어린 양의 피에 대해 말씀하셨습니다.

"내가 애굽 땅을 칠 때에 그 피가 너희가 사는 집에 있어서 너희를 위하여 표적이 될지라 내가 피를 볼 때에 너희를 넘어가리니 재앙이 너희에게 내려 멸하지 아니하리라"(출 12:13)

하나님께서는 이스라엘 백성들과 제사장 나라 쌍무 언약을 맺으시면서 언약의 피를 언급하셨습니다.

"모세가 그 피를 가지고 백성에게 뿌리며 이르되 이는 여호와께서 이 모든 말씀에 대하여 너희와 세우신 언약의 피니라"(출 24:8)

이후 '하나님의 어린 양의 피'는 '예수님의 대속'으로 연결됩니다.

"율법을 따라 거의 모든 물건이 피로써 정결하게 되나니 피 흘림이 없은즉 사함이 없느니라"(히 9:22)

"너희가 알거니와 너희 조상이 물려 준 헛된 행실에서 대속함을 받은 것은 은이나 금 같이 없어질 것으로 된 것이 아니요 오직 흠 없고 점 없는 어린 양 같은 그리스도의 보배로운 피로 된 것이니라 그는 창세 전부터 미리 알린 바 되신 이나 이 말세에 너희를 위하여 나타내신 바 되었으니"(벧전 1:18~20)

그리고 마지막으로 예수님의 성만찬에 다시 등장합니다.

"내 살을 먹고 내 피를 마시는 자는 내 안에 거하고 나도 그의 안에 거하나니 살아 계신 아버지께서 나를 보내시매 내가 아버지로 말미암아 사는 것 같이 나를 먹는 그 사람도 나로 말미암아 살리라"(요 6:56~57)

"이 잔은 내 피로 세우는 새 언약이니 곧 너희를 위하여 붓는 것이라"(눅 22:20)

디저트 DESSERT

이스라엘 백성들은 애굽에서 노예로 사는 동안 애굽의 생활 방식에 길들여져 있었습니다. 때문에 하나님께서는 이스라엘 백성들에게 애굽의 방식을 따라 숫염소에게 제사하지 말라고 가르쳐주셨습니다. 그리고 제사장 중심, 회막 중심의 바른 제사 규례들을 가르쳐주셨습니다.

하나님의 소유가 된 제사장 나라 이스라엘 백성들은 이제 옛 습관을 완전히 버리고 하나님의 거룩한 시민으로 다시 출발해야 합니다. 우리 인생들을 새롭게 출발하게 하시는 분은 오직 살아 계신 우리 하나님뿐이십니다.

39일

밭모퉁이 법 (레 18~20장)

애피타이저 APPETIZER

'23일간의 시내산 캠프' 15일째입니다.

출애굽기 19장에서 출애굽기 끝까지, 레위기 전체, 그리고 민수기 10장 10절까지! 계속해서 출애굽한 이스라엘 백성들이 '시내산에서 머문 1년 동안의 제사장 나라 기록'과 함께할 것입니다.

하나님께서 말씀하시는 '거룩'은 하나님과의 올바른 관계를 맺기 위한 '믿음의 생활'이며 이웃과 올바른 관계를 맺기 위한 '사랑의 실천'입니다.

하나님께서 말씀하시는 '거룩'은 일상생활 가운데 예를 들면, 고아와 과부와 나그네를 위해 추수 때에 밭모퉁이 일부를 남겨두는 것입니다. 밭모퉁이 일부와 포도나무 열매는 남겨두는 것! 이것이 '거룩'이라고 하나님께서는 우리에게 가르쳐주셨습니다.

성경통독 BIBLETONGDOK

《일년일독 통독성경》 레위기 18~20장

통通으로 숲이야기 ; 통숲 TONG OBSERVATION

● 첫 번째 포인트

풀 한 포기 나지 않는 광야에서 미리 '가나안 그들의 밭에서' 지켜야 할 법을 주십니다.

이스라엘 백성들이 애굽에서 살 때 그들의 노예 생활은 정말 고됐습니다. 나중에는 짚도 주지 않고 벽돌을 만들게 함으로 그 고통이 말로 다 할 수 없을 정도였습니다.

"이스라엘 자손은 고된 노동으로 말미암아 탄식하며 부르짖으니"(출 2:23)

그런데 현재 그들의 삶은 1년 가까이 풀 한 포기 농사지을 수 없는 시내 광야 한가운데서 살고 있습니다. 그럼에도 불구하고 하나님께서는 금송아지 사건 후 이스라엘 백성들에게 그들이 앞으로 '가나안 그들의 밭에서' 지켜야 할 법을 미리 주십니다.

"네 토지 소산의 처음 익은 것을 가져다가 네 하나님 여호와의 전에 드릴지며"(출 34:26)

이는 하나님께서 당신의 소유 이스라엘 백성들을 반드시 젖과 꿀이 흐르는 가나안땅으로 인도해주시겠다는 약속의 말씀이었습니다. 이어지는 하나님의 약속입니다.

"너희가 너희의 땅에서 곡식을 거둘 때에 너는 밭 모퉁이까지 다 거두지 말고 네 떨어진 이삭도 줍지 말며 네 포도원의 열매를 다 따지 말며 네 포도원에 떨어진 열매도 줍지 말고 가난한 사람과 거류민을 위하여 버려두라 나는 너희의 하나님 여호와이니라"(레 19:9~10)

출애굽한 후 여전히 시내 광야에 머물고 있는 이스라엘 백성들에게 하나님의 이 말씀은 정말 꿈 같은 말씀이 아닐 수 없었습니다. 하나님께서는 풀 한 포기 나지 않는 광야 한가운데에서 앞으로 가장 품위 있게 살 가나안땅, 그들의 밭에서 행할 '밭모퉁이 법'을 주신 것입니다.

● 두 번째 포인트

보아스, 제사장 나라 '밭모퉁이 법'을 지켜 예수님의 족보에 오릅니다.

하나님께서 〈레위기〉를 통해 주신 이 '밭모퉁이 법'을 베들레헴의 보아스가 그의 밭에서 실천하며 살았습니다.

〈룻기〉에서 보아스는 타국인 룻을 위하여 다음 네 가지 배려를 아끼지 않았습니다.

① 룻에게 다른 밭으로 가지 말라고 합니다(룻 2:8).

② 자기 밭의 일꾼들에게 룻을 건드리지 말라고 합니다(룻 2:9).

③ 룻에게 볶은 곡식을 주어 배불리 먹도록 합니다(룻 2:14).

④ 자기 밭의 일꾼들에게 룻을 위하여 곡식 다발에서 조금씩 뽑아 버려서 그에게 줍게 하라고 합니다(룻 2:16).

사사 시대, 즉 자기 소견에 옳은 대로 살던 시대에 보아스는 '제사장 나라' 법으로 타국인 룻을 '제사자'의 자리에 세워줍니다. 결국 보아스는 마태복음 1장에 기록된 예수님의 족보에 그의 이름이 오릅니다.

● 세 번째 포인트

이방인 룻, 이방인 페르시아 아닥사스다 왕이 보아도 제사장 나라의 법은 멋있고 아름다웠습니다.

'제사장 나라 거룩한 시민'인 보아스의 배려를 받은 이방인 룻의 감동 멘트입니다.

"당신이 이 하녀를 위로하시고 마음을 기쁘게 하는 말씀을 하셨나이다"(룻 2:13)

보아스는 '제사장 나라 법'으로 낯선 타국 땅에서 이방인인 룻과 과부가 되어 고향을 다시 찾은 나오미가 제사장 나라 법의 혜택을 받으며 살아갈 수 있게 해주었습니다.

"그것을 가지고 성읍에 들어가서 시어머니에게 그 주운 것을 보이고 그가 배불리 먹고 남긴 것을 내어 시어머니에게 드리매"(룻 2:18)

"나오미가 자기 며느리에게 이르되 그가 여호와로부터 복 받기를 원하노라 그가 살아 있는 자와 죽은 자에게 은혜 베풀기를 그치지 아니하도다"(룻 2:20)

또한 이방인인 페르시아의 아닥사스다 왕이 인정하고 존중한 제사장 나라의 재판에 관한 법이 레위기에 기록되어 있습니다.

"너희는 재판할 때나 길이나 무게나 양을 잴 때 불의를 행하지 말고 공평한 저울과 공평한 추와 공평한 에바와 공평한 힌을 사용하라 나는 너희를 인도하여 애굽 땅에서 나오게 한 너희의 하나님 여호와이니라"(레 19:35~36)

페르시아 아닥사스다 왕은 에스라에게 "하나님의 율법을 아는 자를 법관과 재판관으로 삼으라."라는 명령을 내리며 월등한 '제사장 나라 법'을 인정하고 존중했습니다.

"에스라여 너는 네 손에 있는 네 하나님의 지혜를 따라 네 하나님의 율법을 아는 자를 법관과 재판관을 삼아 강 건너편 모든 백성을 재판하게 하고 그 중 알지 못하는 자는 너희가 가르치라 무릇 네 하나님의 명령과 왕의 명령을 준행하지 아니하는 자는 속히 그 죄를 정하여 혹 죽이거나 귀양 보내거나 가산을 몰수하거나 옥에 가둘지니라"(스 7:25~26)

● 네 번째 포인트
소극적 방어로는 가나안 풍속을 이길 수 없습니다.

하나님께서는 이스라엘 백성들이 들어가 살게 될 가나안땅의 악한 풍속과 문화에 대해 미리 경고의 말씀을 주셨습니다.

"너희 전에 있던 그 땅 주민이 이 모든 가증한 일을 행하였고 그 땅도 더러워졌느니라 너희도 더럽히면 그 땅이 너희가 있기 전 주민을 토함 같

이 너희를 토할까 하노라"(레 18:27~28)

가나안 족속의 우상숭배는 자신의 자녀를 불살라 몰렉에게 제사할 정도로 악한, 죄악의 절정이었습니다.

"네 하나님 여호와께는 네가 그와 같이 행하지 못할 것이라 그들은 여호와께서 꺼리시며 가증히 여기시는 일을 그들의 신들에게 행하여 심지어 자기들의 자녀를 불살라 그들의 신들에게 드렸느니라"(신 12:31)

"이런 일을 행하는 모든 자를 여호와께서 가증히 여기시나니 이런 가증한 일로 말미암아 네 하나님 여호와께서 그들을 네 앞에서 쫓아내시느니라"(신 18:12)

이스라엘 백성들이 시내 광야에서 하나님의 이 경고의 말씀을 들었음에도 이후 남유다는 하나님께서 경고하신 모든 죄를 저지릅니다. 그래서 그들은 결국 하나님의 징계를 피할 수 없게 됩니다.

"힌놈의 아들의 골짜기에 바알의 산당을 건축하였으며 자기들의 아들들과 딸들을 몰렉 앞으로 지나가게 하였느니라 그들이 이런 가증한 일을 행하여 유다로 범죄하게 한 것은 내가 명령한 것도 아니요 내 마음에 둔 것도 아니니라"(렘 32:35)

● 다섯 번째 포인트

거룩은 이웃을 향한 구체적이고 적극적인 실천입니다.

하나님의 거룩은 '이웃 사랑'이며, 공의로운 사회를 세우는 법입니다. 그러므로 〈레위기〉는 최고의 시민운동 교재입니다.

이웃을 향한 구체적인 거룩 실천은 '재판'에서 드러나야 합니다. 하나님께서는 이스라엘 백성들에게 "재판할 때 한쪽으로 치우치지 말고 정도를 걸으라."라고 말씀하시며 재판의 기준을 정해주셨습니다.

"너희는 재판할 때에 불의를 행하지 말며 가난한 자의 편을 들지 말며 세력 있는 자라고 두둔하지 말고 공의로 사람을 재판할지며"(레 19:15)

이웃을 향한 구체적인 거룩 실천은 '자신의 마음'에 드러나야 합니다. 모든 범죄의 시작은 마음입니다. 그러므로 마음으로도 누군가를 미워하지 말아야 합니다. 그러나 잘못은 바로잡고 죄에 대해서는 철저히 해야 합니다. 이것이 공의와 사랑의 하나님께서 원하시는 것입니다.

"너는 네 형제를 마음으로 미워하지 말며 네 이웃을 반드시 견책하라" (레 19:17)

또한 이웃을 향한 구체적인 거룩 실천은 '이웃 사랑'에서 드러나야 합니다.

"네 이웃 사랑하기를 네 자신과 같이 사랑하라 나는 여호와이니라"(레 19:18)

하나님께서 제시해주신 이웃을 향한 적극적인 사랑의 행동은 다음과 같습니다.

- 곡식 거둘 때 밭모퉁이 일부 남기기
- 떨어진 이삭 줍지 않기
- 도둑질하지 않기
- 거짓말하지 않기
- 품꾼의 삯 체납하지 않기
- 장애인 존중
- 타인 비방 금지
- 노인 공경하기
- 거류민 학대 금지

디저트 DESSERT

하나님께서는 레위기 18장에서 20장을 통해 특별히 사회적 약자들이 보호받을 수 있는 세상에서 가장 품위 있는 법을 주셨습니다.

풀 한 포기 나지 않고 농사지을 수 없는 광야 한가운데에서 하나님께서는 약속의 땅의 경작권에 관한 법과 그 땅에서 하나님께서 주신 법을 실천하며 살라는 그리고 그 약속의 땅에서 함께 살아갈 '가난한 사람들과 타국인'을 위해 배려하는 놀라운 법을 주신 것입니다.

이 하나님이 바로 우리 아버지 하나님이십니다. 그래서 우리 하나님은 세세토록 찬양받으시기에 합당하신 분입니다.

40일

제사장, 대대로 + 전문직 (레 21~22장)

애피타이저 APPETIZER

'23일간의 시내산 캠프' 16일째입니다.

출애굽기 19장에서 출애굽기 끝까지, 레위기 전체, 그리고 민수기 10장 10절까지! 계속해서 출애굽한 이스라엘 백성들이 '시내산에서 머문 1년 동안의 제사장 나라 기록'과 함께할 것입니다.

레위기 21장에서 22장은 모두 '제사장에 관한 규례'입니다. 제사장 나라에서 '제사장'은 이스라엘 전체의 거룩함을 책임지는 막중한 사명을 맡은 자들입니다.

한마디로 제사장은 이스라엘 신앙 공동체를 지탱하는 기초입니다. 기초가 흔들리면 모든 것이 흔들립니다. 그래서 제사장은 제사장 나라 법의 정신을 가장 정확하게 인지하고 솔선수범해서 지켜야 했습니다.

성경통독 BIBLETONGDOK

《일년일독 통독성경》 레위기 21~22장

통通으로 숲이야기 ; 통숲 TONG OBSERVATION

● 첫 번째 포인트

하나님께서 제사장을 거룩하다고 하신 이유는 제사장이 '하나님께 제물을 올려드리는 자'이기 때문입니다.

하나님께서는 아브라함 한 사람과 '은혜 언약'을 맺으신 지 500년이 지나 마침내 출애굽한 아브라함의 후손들인 이스라엘 백성들과 시내산에서 제사장 나라 거룩한 시민이 되는 '쌍무 언약'을 맺으셨습니다. 그래서 이스라엘 백성들은 애굽의 노예에서 하나님의 언약 백성이 되었습니다.

사실, 이스라엘 백성들이 여타 민족에 비해 월등하게 뛰어나서 제사장 나라 거룩한 시민이 된 게 아닙니다. 이들의 조상 아브라함이 하나님의 말씀을 믿고 순종했기 때문에, 그리고 하나님께서 아브라함의 그 믿음을 의(義)로 여겨주셨기 때문에 시작된 언약 백성인 것입니다.

마찬가지로 이스라엘 열세 지파 가운데 레위 지파가 제사장 지파가 된 것은 레위 지파가 제사장 나라의 모든 법을 더 알고, 더 믿고, 더 순종하는 일에 앞장서도록 일을 맡기기 위함입니다.

> "너는 그를 거룩히 여기라 그는 네 하나님의 음식을 드림이니라 너는 그를 거룩히 여기라 너희를 거룩하게 하는 나 여호와는 거룩함이니라" (레 21:8)

하나님께서는 하나님과 이스라엘 백성들 사이의 존재인 제사장을 한없이 귀히 여겨주셨습니다. 분명 이것은 특권입니다. 그러나 제사장들에게 이 특권보다 더 모범적이고 엄격한, 거룩한 사명을 요구하십니다. 한마디로, 하나님께서 제사장을 거룩하다고 하신 이유는 제사장이 하나님께 '제물을 드리는 자'이기 때문입니다.

사람이 먹는 음식도 깨끗해야 합니다. 하물며 하나님께 제사로 올려드리는 음식은 거룩하고 깨끗해야 합니다.

그러므로 제사장들은 제사장 나라의 '모든 법'과 '그 법 안에 들어 있는 정신'에 더욱 집중, 집중해야 하는 사람들이었습니다.

● 두 번째 포인트
책임은 면하되, 성물은 먹게 하라!

제사장 나라 법에 의해 레위 지파 아론의 자손이라도 몸이 약한 이들은 제사장의 직무에서 책임을 면했습니다.

제사장의 업무는 매일매일 제사를 드리기 위해 희생제물을 다루고 불을 피우고, 태우고, 나병과 유출병 등을 살피기 위해 진영 안팎으로 다녀야 하는 등 생각 이상으로 고되었기 때문에 몸이 약한 사람은 그 업무를 감당하기가 매우 어렵습니다. 그래서 하나님께서는 몸이 약한 이들에게는 제사장의 업무를 면제해주셨습니다.

그러나 레위 지파는 다른 열두 지파와 달리 땅을 기업으로 받지 못했기 때문에 다른 수익이 없었습니다. 때문에 몸이 약한 레위 지파 사람들은 업무에서는 면제를 받았지만 하나님께서는 그들도 배려하셔서 제사장들이 먹는 성물은 함께 먹을 수 있게 하셨습니다. 이 또한 제사장 나라의 법입니다.

"제사장 아론의 자손 중에 흠이 있는 자는 나와 여호와께 화제를 드리지 못할지니 그는 흠이 있은즉 나와서 그의 하나님께 음식을 드리지 못하느니라 그는 그의 하나님의 음식이 지성물이든지 성물이든지 먹을 것이나 휘장 안에 들어가지 못할 것이요 제단에 가까이 하지 못할지니 이는 그가 흠이 있음이니라 이와 같이 그가 내 성소를 더럽히지 못할 것은 나는 그들을 거룩하게 하는 여호와임이니라"(레 21:21~23)

하나님께서는 이처럼 언제나 약한 자들에게 관심을 가지고 배려하시는 분입니다.

● 세 번째 포인트

제사자의 예물에 따라 하나님과 가까워질 수도 있고, 멀어질 수도 있습니다.

제사장 나라 제사법에 따라 제사자는 절대 빈손으로 하나님 앞에 나와서는 안 됩니다. 제사자가 '힘이 미치지 못하면'의 규례에 따라 비둘기 두 마리나 고운 가루 한 움큼(고운 가루 십분의 일 에바)이라도 반드시 '예물'을 가지고 하나님 앞에 나아와야 했습니다.

그러므로 '예물'은 예물을 드리는 제사자와 예물을 받으시는 하나님과의 관계를 나타냅니다. 예물은 드리는 자의 정성과 마음을 드러내기 때문에 제사자가 하나님께 바치는 예물에 따라 하나님과의 관계가 가까워질 수도 있고 어그러질 수도 있습니다. 그래서 하나님께서는 제사자가 예물을 드릴 때 그것이 하나님께 열납되도록 "흠 없는 것으로 드리라."라고 명령하셨습니다.

> "아론과 그의 아들들과 이스라엘 온 족속에게 말하여 이르라 이스라엘 자손이나 그 중에 거류하는 자가 서원제물이나 자원제물로 번제와 더불어 여호와께 예물로 드리려거든 기쁘게 받으심이 되도록 소나 양이나 염소의 흠 없는 수컷으로 드릴지니 흠 있는 것은 무엇이나 너희가 드리지 말 것은 그것이 기쁘게 받으심이 되지 못할 것임이니라"(레 22:18~20)

하나님께 바치는 예물에 결점이 있고 흠이 있으면 그 예물은 절대 하나님께 열납되지 못합니다. 그 예물은 하나님의 기쁨이 되지 못하기 때문입니다.

그런데 하나님의 이 경고의 말씀은 안타깝게도 현실이 되고 맙니다. 하나님께서는 〈레위기〉를 통해 하나님께 올려드리는 예물에 대해 이미 명확한 선을 그어주셨는데 구약의 마지막 책 〈말라기〉에 가면 이스라엘 백성들이 흠 있는 제물을 하나님께 올려드리는 안타까운 장면이 나옵니다. '말라기 선지자'를 통한 하나님의 말씀입니다.

"만군의 여호와가 이르노라 너희가 눈 먼 희생제물을 바치는 것이 어찌 악하지 아니하며 저는 것, 병든 것을 드리는 것이 어찌 악하지 아니하냐 이제 그것을 너희 총독에게 드려 보라 그가 너를 기뻐하겠으며 너를 받아 주겠느냐"(말 1:8)

페르시아 제국의 총독에게도 저는 것, 병든 것은 세금으로 내지 않으면서 하나님의 성전에 바치는 예물을 흠 있는 것으로 갖고 오는 그들의 형식적인 제사를 질타하십니다.

● 네 번째 포인트

제사장들은 백성들이 드린 예물을 함부로 먹어서는 안 됩니다.

하나님께서는 제사장들에게 제사의 예물에 관련하여 많은 경고의 말씀을 주셨습니다.

"아론과 그의 아들들에게 말하여 그들로 이스라엘 자손이 내게 드리는 그 성물에 대하여 스스로 구별하여 내 성호를 욕되게 함이 없게 하라 나는 여호와이니라"(레 22:2)

그런데 안타깝게도 하나님의 이 경고의 말씀은 이후에 현실이 됩니다. 바로 엘리 제사장의 두 아들 홉니와 비느하스가 레위기를 통한 하나님의 경고의 말씀을 무시하고 죄를 지은 것입니다.

"그것으로 냄비에나 솥에나 큰 솥에나 가마에 찔러 넣어 갈고리에 걸려 나오는 것은 제사장이 자기 것으로 가지되… 지금 내게 내라 그렇지 아니하면 내가 억지로 빼앗으리라 하였으니 이 소년들의 죄가 여호와 앞에 심히 큼은 그들이 여호와의 제사를 멸시함이었더라"(삼상 2:14~17)

결국 제사장 엘리와 그의 두 아들은 처벌을 받습니다.

"내가 엘리의 집에 대하여 말한 것을 처음부터 끝까지 그 날에 그에게 다 이루리라 내가 그의 집을 영원토록 심판하겠다고 그에게 말한 것은 그가 아는 죄악 때문이니 이는 그가 자기의 아들들이 저주를 자청하되 금하지 아니하였음이니라 그러므로 내가 엘리의 집에 대하여 맹세하기를 엘리 집의 죄악은 제물로나 예물로나 영원히 속죄함을 받지 못하리라 하였노라"(삼상 3:12~14)

하나님께서는 제사장의 성물을 먹는 규례를 엄격하게 정하시고 잘 지키도록 명령하셨습니다. 5대 제사에서 예물을 드리는 절차만큼이나 제사장이 그 성물을 먹는 규례 또한 까다롭고 엄격합니다. 그 이유 중 하나는 성물이 이스라엘 백성들이 정성을 다해 하나님께 올려드린 '귀한 예물'이었기 때문입니다.

● 다섯 번째 포인트

제사장은 예물의 일부를 오직 규례에 따라 먹을 수 있습니다.

하나님께서 제사장 나라 법으로 제사에 사용된 성물을 제사장과 제사장의 집에서 일하는 사람들의 먹을 양식으로 주셨습니다. 이는 제사장이 자신의 본연의 임무에 집중할 수 있도록 베풀어주신 하나님의 배려였습니다.

하나님께서는 하나님과 이스라엘 백성들 사이의 존재인 제사장에게 삶의 기본적인 조건을 갖추어주심으로 제사장이 하나님을 섬기고 백성을 중보하는 일에 전념하고 최선을 다하게 해 주셨습니다.

"제사장이 그의 돈으로 어떤 사람을 샀으면 그는 그것을 먹을 것이며 그의 집에서 출생한 자도 그렇게 하여 그들이 제사장의 음식을 먹을 것이며"(레 22:11)

제사장과 제사장의 집에서 일하는 사람들에게까지 하나님께 바친 예물을 먹게 하신 것은 말로 다 할 수 없는 특권이었습니다. 이스라엘 백성들은 농사를 짓든지, 고기를 잡든지 하나님께 정성을 다해 예물을 드리기 위해 피땀 흘려 수고합니다. 그러한 예물을 제사장과 제사장의 집에서 일하는 사람들에게까지 먹게 하신 것은 누가 뭐래도 특권이었습니다.

이스라엘 백성들은 피와 땀 흘려 거둔 소중한 것 가운데 가장 좋은 것으로 하나님께 드리기 위해 '흠 없는 것'을 골라 정성을 다해 예물을 준비했고 그 예물은 하나님의 기쁨이 되었습니다. 그리고 그 가운데 일부를 제사장이 먹을 음식으로 정해주셨습니다. 하나님께서 이렇게까지 제사장들에게 특권을 주신 것은 그만큼 그들의 사명이 막중한 것이기 때문입니다.

제사장 직무는 규례와 명령을 가르치고 지키는 전문직이며 동시에 대대로 이어져야 하는 직책입니다.

디저트 DESSERT

제사장은 하나님과 이스라엘 백성들 '사이의 존재'라는 사실을 항상 기억해야 합니다. 즉, 하나님과 이스라엘 백성들 사이에서 평화를 만드는 사람 '피스메이커(peacemaker)'가 되어야 했습니다.

제사장이 하나님과 이스라엘 백성 '사이의 존재'이듯이 '제사장 나라'는 하나님과 모든 민족 '사이의 존재'입니다. 즉, 하나님과 모든 민족 사이에 진정한 평화를 만드는 나라가 되어야 합니다.

그러므로 아브라함을 통해 시작된 '모든 민족'을 복 주시겠다는 하나님의 꿈은 한 걸음 한 걸음 더 나아가 마침내 예수님을 통한 '모든 민족' 선언이 가능하게 된 것입니다.

"그러므로 너희는 가서 모든 민족을 제자로 삼아 아버지와 아들과 성령의 이름으로 세례를 베풀고 내가 너희에게 분부한 모든 것을 가르쳐 지키게 하라 볼지어다 내가 세상 끝날까지 너희와 항상 함께 있으리라"(마 28:19~20)

물이 바다 덮음 같이 여호와를 아는 지식이 모든 민족에게 차고 넘치기를 꿈꿉니다.

41일

생각의 되새김, '창조'와 '출애굽'(레 23~25장)

애피타이저 APPETIZER

'23일간의 시내산 캠프' 17일째입니다.

출애굽기 19장에서 출애굽기 끝까지, 레위기 전체, 그리고 민수기 10장 10절까지! 계속해서 출애굽한 이스라엘 백성들이 '시내산에서 머문 1년 동안의 제사장 나라 기록'과 함께할 것입니다.

레위기 23장은 하나님께서 제사장 나라 거룩한 시민, 이스라엘 백성들이 지켜야 할 명절, 곧 유월절, 오순절(칠칠절, 맥추절), 초막절과 대속죄일(7월 10일)에 대해 말씀해주십니다. 그리고 레위기 24장은 하나님께서 제사장 나라 거룩한 시민의 일상생활은 어떠해야 하는지 가르쳐주십니다. 이어지는 레위기 25장은 사회적 약자들이 절망하거나 공동체로부터 이탈하지 않도록 배려해주신 안식일, 안식년, 희년에 관한 하나님의 따뜻한 사랑의 말씀입니다.

하나님이 원하시는 제사장 나라의 명절과 절기는 사회적 약자들까지 포함해 모든 이스라엘 백성들이 충분히 쉬는 기간입니다. 평소에는 땀 흘려 열심히 일하고, 하나님이 정해주신 절기에는 누구나 차별 없이 쉼을 가지라는 것입니다.

하나님께서 제사장 나라의 법으로 정해주신 이 절기에 관한 규례는 애굽에서 노예로 살았던 이스라엘 백성들에게는 상상할 수 없는 감동이자 '하나님의 사랑'이었습니다. 이처럼 레위기는 하나님의 사랑과 배려가 물이 바다 덮음 같이 가득가득 넘칩니다. 그래서 〈레위기〉는 인간을 향한 '하나님의 러브레터'입니다.

성경통독 BIBLETONGDOK

《일년일독 통독성경》 레위기 23~25장

● 첫 번째 포인트

기억하라 – 생각의 되새김은 '창조'와 '출애굽'입니다.

이스라엘 백성들이 약속의 땅 가나안에 들어가서 지켜야 할 주요 절기는 안식일, 안식년, 희년입니다. 그리고 주요 명절은 유월절, 오순절, 초막절입니다.

하나님께서 제사장 나라 법으로 정해주신 3대 명절과 3대 절기는 이스라엘 백성들이 모든 노동에서 해방되어 하나님과의 관계, 그리고 이웃과의 관계를 위해 시간을 쓰게 하시기 위함입니다.

그런데 명절과 절기 때 쉬면서 해야 할 일이 있습니다. 그것은 크게 두 개의 수레바퀴입니다. 하나는 하나님께서 행하신 '창조'를 기억하고 되새김하는 것입니다. 또 하나는 하나님께서 행하신 '출애굽'을 기억하고 되새김하는 것입니다.

먼저는 하나님이 행하신 '창조'를 되새김하는 것입니다. 하나님께서 온 우주 만물을 창조하시고 일곱째 되는 날 그날을 거룩하게 하시고 그날에 안식하셨습니다. 그래서 하나님의 형상을 닮은 인간들에게 하나님처럼 6일 동안은 열심히 일하고 하나님께서 거룩하게 만드신 일곱째 날에는 인간들도 안식하라고 말씀하신 것입니다.

"하나님이 그가 하시던 일을 일곱째 날에 마치시니 그가 하시던 모든 일을 그치고 일곱째 날에 안식하시니라 하나님이 그 일곱째 날을 복되게 하사 거룩하게 하셨으니 이는 하나님이 그 창조하시며 만드시던 모든 일을 마치시고 그 날에 안식하셨음이니라"(창 2:2~3)

그리고 안식일을 기준으로 안식년과 희년을 주셨습니다.

다음은 '하나님이 행하신 출애굽'을 되새김하는 것입니다. 하나님께서는 당신의 소유, 이스라엘 백성들을 애굽에서 이끌어내신 날 즉 애굽에서 종이었던 그들이 해방된 날 '유월절'을 잊지 않고 기억하기를 원하셨습니다. 그리고 유월절을 기준으로 50일이 되는 날 애굽의 종이 아닌 가나안땅에서 주인으로 그해의 첫 수확을 거두어 감사하는 날을 '오순절(맥추절)'로 정해주셨습니다.

또한 하나님께서는 이스라엘 백성들이 계속해서 출애굽을 기억하며 하나님을 생각하도록 '초막절'을 지키게 하셨습니다.

이처럼 이스라엘의 명절과 절기에는 어떤 노동에서도 해방되어 오직 천지를 창조하시고, 출애굽을 인도하신 하나님을 기억하며 그날을 지킴으로 하나님의 제사장 나라 경영에 동지, 동역, 동행하라는 하나님의 간절한 바람이 들어 있습니다.

다시 말해 제사장 나라의 명절과 절기는 시간, 공간, 인간이 '하나님의 소유'라는 것과 세계가 다 하나님께 속해 있다는 것을 보여주시는 때입니다. 그러므로 이날 제사장 나라 거룩한 시민들은 하나님께서 모든 민족을 경영하고 계심을 기억하고 되새김해야 합니다.

● 두 번째 포인트
이스라엘의 절기 문화는 '모든 사람의 풍부함'을 목적으로 합니다.

하나님이 정해주신 유월절, 오순절, 초막절은 '모든' 이스라엘 백성들을 제사장 나라의 거룩한 '제사자'로 세우기 위함입니다.

시내산을 떠나 이제 곧 들어갈 약속의 땅 가나안의 모든 토지는 하나님의 소유입니다. 그들 모두는 가나안에 들어가서 토지(땅)를 기반으로 예물을 마련하여 하나님께 제사를 드릴 것입니다.

〈민수기〉에서 살펴보겠습니다만, 하나님께서는 이스라엘 백성 모두에게 가나안에 들어가면 숫자대로, 제비뽑기를 통해 땅을 분배하고 그 땅을 기반으로 소출을 거두어 하나님께 예물을 바치며 제사를 드리라고 말씀하십니다.

지금 1년 가까이 풀 한 포기 제대로 나지 않는 시내 광야에서 살고 있는 이스라엘 백성들에게 하나님의 이 말씀은 정말 가슴 설레는 꿈 같은 이야기가 아닐 수 없습니다.

이렇게 모든 지파가 그 숫자대로 땅을 분배받으면 그들은 그 땅에서 풍부함을 함께 누리게 될 것입니다. 그리고 그들 '모두'는 가나안 토지의 풍요를 기반으로 '누구나' 하나님 앞에 예물을 가지고 나아가 제사를 드리는 '제사자'가 될 수 있습니다. 이렇게 하나님께서 주신 이스라엘의 절기 문화는 어느 특정 세력의 풍요가 아닌 '모든 사람의 풍요함'을 그 목적으로 합니다.

● 세 번째 포인트

제사장은 백성들의 '땅의 소출'을 들고 '하늘의 하나님'을 매일 만납니다.

제사장은 하나님과 이스라엘 백성들 '사이의 존재'로서 하나님께 올려드리는 5대 제사를 집례하는 굵직굵직한 일도 하지만 제단에 등잔불을 꺼트리지 않는 일과 같은 작은 일에 늘 충실해야 했습니다.

이스라엘 백성도 마찬가지입니다. 그들은 자신들이 행하는 일을 매번 반복하는 따분한 것으로 느끼지 않고, 하루하루를 하나님 앞에서 열심히 살아가야 할 것입니다. 왜냐하면 일상의 평범한 삶 가운데 그들이 삶의 터전에서 수고하고 애쓴 것 중에서 가장 좋은 것을 골라 하나님 앞으로 가져와야 하기 때문입니다.

그렇게 준비된 이스라엘 백성들의 '기름과 곡물' 등의 예물을 가지고 제사장은 회막에서 매일 '등잔불을 꺼트리지 않는 일'과 매 안식일에 제단에 진설할 떡을 올려드립니다.

이스라엘 백성들은 비록 회막에서 떨어진 곳에 있다 할지라도 그들의 삶의 자리에서 기름과 떡을 준비함으로 하나님과 함께하는 것입니다. 제사장과 백성들은 하나님을 섬기는 그 자리에서 이렇게 늘 함께합니다.

● 네 번째 포인트
희년을 통해 사회적 약자들의 절망이나 이탈을 막을 수 있습니다.

이스라엘 백성들은 약속의 땅 가나안에 들어가 숫자대로 제비뽑기를 통해 땅을 분배받을 것입니다. 그런데 시간이 지나면서 부의 편재, 특정 집단에의 진입 장벽, 계층의 구분과 양극화 등 인간 사회에서 어쩔 수 없이 생겨나는 많은 문제들에 봉착하게 될 것입니다. 하나님께서는 이 문제를 염두에 두시고 미리 근본적인 대책을 주십니다. 그것이 바로 안식일, 안식년, 그리고 '희년 제도'입니다.

안식일이 기본적으로 지켜지지 않으면 안식년과 희년은 처음부터 불가능합니다. 그래서 하나님께서는 안식일을 그렇게 강조하셨던 것입니다.

안식일의 규례는 다음과 같습니다.

"엿새 동안은 일할 것이나 일곱째 날은 큰 안식일이니 여호와께 거룩한 것이라 안식일에 일하는 자는 누구든지 반드시 죽일지니라"(출 31:15)

안식년의 규례입니다.

"너는 육 년 동안 그 밭에 파종하며 육 년 동안 그 포도원을 가꾸어 그 소출을 거둘 것이나 일곱째 해에는 그 땅이 쉬어 안식하게 할지니 여호와께 대한 안식이라 너는 그 밭에 파종하거나 포도원을 가꾸지 말며 네가 거둔 후에 자라난 것을 거두지 말고 가꾸지 아니한 포도나무가 맺은 열매를 거두지 말라 이는 땅의 안식년임이니라 안식년의 소출은 너희가 먹을 것이니 너와 네 남종과 네 여종과 네 품꾼과 너와 함께 거류하는 자들과 네 가축과 네 땅에 있는 들짐승들이 다 그 소출로 먹을 것을 삼을지니라"(레 25:3~7)

희년의 규례입니다.

"너희는 오십 년째 해를 거룩하게 하여 그 땅에 있는 모든 주민을 위하여 자유를 공포하라 이 해는 너희에게 희년이니 너희는 각각 자기의 소유지로 돌아가며 각각 자기의 가족에게로 돌아갈지며"(레 25:10)

제사장 나라에서는 매 50년마다 돌아오는 '희년'을 통해서 모든 사람들은 숫자대로 제비뽑아 분배받았던 각자의 자기 소유지로 돌아갈 수 있게 됩니다. 하나님께서는 이를 통해 지난 세월 사회의 약자였던 자들이 절망하거나 공동체로부터 이탈하지 않게 해주셨습니다.

희년이 되면 인간을 위해 끊임없이 소출을 내야 하는 땅까지도 원래 상태의 쉼을 누리고 가난 때문에 다른 이에게 양도할 수밖에 없었던 가옥과 토지나 자신의 몸이 원래의 상태로 되돌아가서 안식을 누릴 수 있도록 하셨습니다.

● 다섯 번째 포인트

레위기 법 1,000년 후, 에스라와 느헤미야가 초막절을 지킵니다.

하나님께서 주신 유월절, 오순절, 초막절 가운데 특히 출애굽을 기억하며 하나님을 생각하는 '초막절'에 대한 〈레위기〉의 기록입니다.

"이스라엘 자손에게 말하여 이르라 일곱째 달 열닷샛날은 초막절이니 여호와를 위하여 이레 동안 지킬 것이라"(레 23:34)

바로 이 〈레위기〉의 기록 1,000년 후, 에스라와 느헤미야 때에 귀환 공동체가 초막절을 말씀대로 지킵니다.

"그 이튿날 뭇 백성의 족장들과 제사장들과 레위 사람들이 율법의 말씀을 밝히 알고자 하여 학사 에스라에게 모여서 율법에 기록된 바를 본즉 여호와께서 모세를 통하여 명령하시기를 이스라엘 자손은 일곱째 달 절기에 초막에서 거할지니라 하였고 … 에스라는 첫날부터 끝날까지 날마다 하나님의 율법책을 낭독하고 무리가 이레 동안 절기를 지키고 여덟째 날에 규례를 따라 성회를 열었느니라"(느 8:13~18)

레위기를 통해 주신 명절과 절기는 1,000년 후 느헤미야 때에도, 1,500년이 지난 예수님 때까지도 기록대로 지켜져야 할 하나님의 거룩한 규례입니다.

디저트 DESSERT

하나님께서 이스라엘 백성들에게 주신 절기와 명절은 공동체를 하나님 중심, 약자 중심, 인간 존중의 공동체로 이끄는 제사장 나라 문화의 기반이 됩니다.

'창조'와 '출애굽'을 기억하여 지키라는 것은 하나님께서 나그네와 객이었던 자신들을 제사장 나라 거룩한 시민으로 삼아주신 것을 다시 떠올려 되새기며 맡겨주신 매일의 사명에 감사하라는 뜻입니다.

오늘도 하나님께서 우리에게 주시는 모든 것, '레위기의 율법에서부터 우리 예수님을 통해 주신 복음'까지 모든 성경 66권이 다 아름답고 거룩하고 귀합니다. 그래서 우리는 매일매일 기쁘고 행복하고 감사가 넘칠 수밖에 없습니다.

42일

두 가지 길, 두 가지 미래(레 26~27장)

애피타이저 APPETIZER

'23일간의 시내산 캠프' 18일째입니다.

출애굽기 19장에서 출애굽기 끝까지, 레위기 전체, 그리고 민수기 10장 10절까지! 계속해서 출애굽한 이스라엘 백성들이 '시내산에서 머문 1년 동안의 제사장 나라 기록'과 함께할 것입니다.

풀 한 포기 나지 않는 시내 광야 한가운데에서, 약속의 땅 가나안에 들어가 지켜야 할 세상에서 가장 고상하고 품위 있는 제사장 나라 법을 주신 그 멋진 하나님이 바로 우리 하나님이십니다.

하나님과의 관계, 이웃과의 관계, 약자들을 대하는 태도, 품위 있는 공동체를 위한 멋진 규례와 절기들! 그래서 〈레위기〉는 하나님의 러브레터입니다.

창조주 하나님, 아브라함과 이삭과 야곱의 하나님, 애굽땅, 종 되었던 곳에서 인도하여 내신 하나님! 그 하나님께서 이스라엘 백성들이 사는 동안 가장 건강하고 행복하게 살 길을 알려주신 '거룩한 시민학교 교과서'가 바로 〈레위기〉입니다.

우리는 레위기의 결론을 통해 하나님의 놀라운 사랑과 긍휼을 경험할 수 있습니다.

성경통독 BIBLETONGDOK

《일년일독 통독성경》 레위기 26~27장

통通으로 숲이야기 ; 통숲 TONG OBSERVATION

● 첫 번째 포인트

예레미야, 레위기 26장으로 '예수님의 새 언약'을 예고합니다.

레위기 26장은 '레위기의 결론'입니다. 하나님께서 주신 율법에 대한 순종과 불순종 이 두 가지 길이 복과 저주의 두 가지 미래를 만듭니다.

"너희가 내 규례와 계명을 준행하면!"

와우! 하나님께서 레위기 1장에서 25장까지 주신 하나님의 모든 말씀을 지키고 순종하면 … 이스라엘 백성들의 눈에서 빛이 났을 것입니다. 하나님께서 어떤 놀라운 선물을 준비해두셨는지 미리 다 밝혀주시는 것입니다.

그런데 다음 하시는 말씀이 "너희가 나를 거슬러 내게 청종하지 아니할진대!" 가슴이 철렁합니다. 하나님께서 주신 율법을 지키면~, 그리고 반대로 율법을 지키지 않으면~, 하나님께서 주시는 복을 받을 것인가? 아니면 저주와 심판을 받을 것인가? 이스라엘 백성들 스스로 결정하고 선택해야 하는 것입니다. 이스라엘 백성들이 하나님이 주시는 복을 누릴 것인지, 저주와 심판을 받을 것인지는 그들의 순종 여부에 따라 결정되는 것입니다.

하나님께서는 인간들을 사랑하시고 복을 주시는 분이지만, 동시에 죄악을 묵과하지 아니하시는 '공의의 하나님'이심을 기억해야 합니다.

하나님께서는 구약성경 전체를 통해 시종일관 하나님의 말씀에 순종하면 언약대로 복을 받게 되지만, 하나님의 말씀에 불순종하면 반드시 처벌을 받는다고 말씀하십니다. 이스라엘 백성들은 시내 광야에서 하나님께 율법을 모두 지키겠다고 약속했습니다.

그러나 우리가 이미 알고 있듯이 그들은 약속의 땅 가나안에 들어간 이후 자그마치 900여 년 동안이나 하나님의 말씀과는 먼 삶을 삽니다.

그러자 사랑과 긍휼의 하나님께서는 예레미야 선지자를 통해 레위기의 결론인 '레위기 26장'으로 '예수님의 새 언약'을 예고하게 하십니다. 하나님의 결론은 끝내 언약을 폐하지 아니하시고 언약을 새롭게 하시겠다는 큰 그림이었습니다.

● 두 번째 포인트

제사장 나라의 법을 잘 지키면 하나님께서 '국방과 경제'를 책임져 주십니다.

하나님께서는 이스라엘 백성들이 '레위기 1장에서 25장까지의 모든 말씀'을 다 지켜 행하면 두 가지 복을 주시겠다고 약속하십니다.

하나님의 규례와 계명을 준행했을 때 하나님께 받을 첫 번째 복은 하나님께서 그들의 '국방을 책임져주시겠다'는 것입니다.

"또 너희 다섯이 백을 쫓고 너희 백이 만을 쫓으리니 너희 대적들이 너희 앞에서 칼에 엎드러질 것이며"(레 26:8)

두 번째 복은 하나님께서 그들의 '경제를 책임져주시겠다'는 약속입니다.

"너희는 오래 두었던 묵은 곡식을 먹다가 새 곡식으로 말미암아 묵은 곡식을 치우게 될 것이며"(레 26:10)

그리고 하나님께서는 '디테일한 복'까지 말씀하십니다(레 26:4~12).

① 내가 너희에게 철따라 비를 주리니 땅은 그 산물을 내고 밭의 나무는 열매를 맺으리라(4절)

② 너희의 타작은 포도 딸 때까지 미치며…너희가 음식을 배불리 먹고 너희의 땅에 안전하게 거주하리라(5절)

③ 내가 그 땅에 평화를 줄 것인즉(6절)

④ 너희 대적들이 너희 앞에서 칼에 엎드러질 것이며(8절)

⑤ 너희를 번성하게 하고 너희를 창대하게 할 것이며(9절)

⑥ 새 곡식으로 말미암아 묵은 곡식을 치우게 될 것이며(10절)

⑦ 내 성막을 너희 중에 세우리니(11절)

⑧ 나는 너희 중에 행하여 너희의 하나님이 되고 너희는 내 백성이 될 것이니라(12절)

● 세 번째 포인트

제사장 나라의 법을 지키지 않으면 3단계 처벌을 받습니다.

1단계 흉년, 2단계 수탈, 3단계 포로입니다. 법을 잘 지켜 행할 때 받는 복도 중요하지만 잘 지켜 행하지 못할 때 받는 처벌에 대해 더 정확하게 숙지하고 있어야 합니다.

이스라엘 백성들은 약속의 땅 가나안에 들어가서 하나님께서 주신 율법을 지켜 행하지 않으면 레위기 26장의 말씀대로 3단계로 처벌을 받도록 정해졌습니다.

1단계는 '흉년'입니다.

"또 만일 너희가 그렇게까지 되어도 내게 청종하지 아니하면 너희의 죄로 말미암아 내가 너희를 일곱 배나 더 징벌하리라 내가 너희의 세력으로 말미암은 교만을 꺾고 너희의 하늘을 철과 같게 하며 너희 땅을 놋과 같게 하리니 너희의 수고가 헛될지라 땅은 그 산물을 내지 아니하고 땅의 나무는 그 열매를 맺지 아니하리라"(레 26:18~20)

이 처벌은 사사 시대에 실행됩니다. 〈룻기〉의 기록입니다.

"사사들이 치리하던 때에 그 땅에 흉년이 드니라 유다 베들레헴에 한 사람이 그의 아내와 두 아들을 데리고 모압 지방에 가서 거류하였는데"(룻 1:1)

2단계는 '수탈'입니다.

"이런 일을 당하여도 너희가 내게로 돌아오지 아니하고 내게 대항할진대 나 곧 나도 너희에게 대항하여 너희 죄로 말미암아 너희를 칠 배나 더 치리라 내가 칼을 너희에게로 가져다가 언약을 어긴 원수를 갚을 것이며 너희가 성읍에 모일지라도 너희 중에 염병을 보내고 너희를 대적의 손에 넘길 것이며 내가 너희가 의뢰하는 양식을 끊을 때에 열 여인이 한 화덕에서 너희 떡을 구워 저울에 달아 주리니 너희가 먹어도 배부르지 아니하리라"(레 26:23~26)

이 처벌은 사사 시대에 수많은 수탈 이야기를 통해 실행됩니다.

"여호와께서 이스라엘에게 진노하사 노략하는 자의 손에 넘겨 주사 그들이 노략을 당하게 하시며 또 주위에 있는 모든 대적의 손에 팔아 넘기시매"(삿 2:14)

"이스라엘이 파종한 때면 미디안과 아말렉과 동방 사람들이 치러 올라와서 진을 치고 가사에 이르도록 토지 소산을 멸하여 이스라엘 가운데에 먹을 것을 남겨 두지 아니하며 양이나 소나 나귀도 남기지 아니하니"(삿 6:3~4)

3단계는 '포로'입니다.

"너희가 원수의 땅에 살 동안에 너희의 본토가 황무할 것이므로 땅이 안식을 누릴 것이라 그 때에 땅이 안식을 누리리니 너희가 그 땅에 거주하는 동안 너희가 안식할 때에 땅은 쉬지 못하였으나 그 땅이 황무할 동안에는 쉬게 되리라"(레 26:34~35)

이 처벌은 예레미아 선지자가 남유다 바벨론 포로 70년을 예고하며 실행됩니다.

"이 모든 땅이 폐허가 되어 놀랄 일이 될 것이며 이 민족들은 칠십 년 동안 바벨론의 왕을 섬기리라"(렘 25:11)

그러나 하나님의 말씀은 징계와 처벌로 끝이 아닙니다. 남유다 백성들이 바벨론 포로로 끌려가 그곳에서 70년 동안 다시 제사장 나라 거룩한 시민으로 재교육을 받는다면 그들이 극상품 무화과 열매로 거듭나 다시 그들의 땅으로 돌아오게 될 것을 말씀하셨습니다.

〈레위기〉의 말씀입니다.

"그들이 나를 거스른 잘못으로 자기의 죄악과 그들의 조상의 죄악을 자복하고 또 그들이 내게 대항하므로 나도 그들에게 대항하여 내가 그들을 그들의 원수들의 땅으로 끌어 갔음을 깨닫고 그 할례 받지 아니한 그들의 마음이 낮아져서 그들의 죄악의 형벌을 기쁘게 받으면 내가 야곱과 맺은 내 언약과 이삭과 맺은 내 언약을 기억하며 아브라함과 맺은 내 언약을 기억하고 그 땅을 기억하리라"(레 26:40~42)

하나님께서는 레위기 26장을 통해 3단계 처벌과 처벌 이후에 '새 언약'을 주실 것까지 미리 말씀해주십니다.

레위기 26장의 모든 말씀은 이후 900여 년 후에 하나님께서 예레미야 선지자를 통해 다시 말씀하십니다.

> "여호와의 말씀이니라 보라 날이 이르리니 내가 이스라엘 집과 유다 집에 새 언약을 맺으리라 이 언약은 내가 그들의 조상들의 손을 잡고 애굽 땅에서 인도하여 내던 날에 맺은 것과 같지 아니할 것은 내가 그들의 남편이 되었어도 그들이 내 언약을 깨뜨렸음이라 여호와의 말씀이니라 그러나 그 날 후에 내가 이스라엘 집과 맺을 언약은 이러하니 곧 내가 나의 법을 그들의 속에 두며 그들의 마음에 기록하여 나는 그들의 하나님이 되고 그들은 내 백성이 될 것이라 여호와의 말씀이니라"(렘 31:31~33)

예레미야에 기록된 '새 언약 예고'를 알기 위해서는 하나님과 아브라함이 맺은 '은혜 언약'과 모세 때의 '쌍무 언약'을 반드시 알고 있어야 합니다. 그래야 예레미야의 '새 언약 예고'가 우리 예수님의 '새 언약'이라는 것을 알게 됩니다.

● 네 번째 포인트

하나님은 인생들의 특별한 시간과 재물의 서원을 즐겨 받으십니다.

인생의 가장 중요한 시기를 특별히 구별하여 하나님 사랑과 이웃 사랑을 위해 쓰는 것이 서원의 기본 정신입니다.

하나님께서는 나이별로 구별해 서원의 값을 정해주셨습니다. 여기에는 '시간'과 '재물'을 하나로 묶어서 하나님께 바치라는 의미가 담겨 있습니다. 이스라엘 백성들은 속전을 하나님께 드려서 자신의 서원을 이행하고, 드린 속전은 성전의 관리비, 유지비로 사용되었습니다.

> "그 은을 일하는 자에게 주어 그것으로 여호와의 성전을 수리하게 하였으며"(왕하 12:14)

또한 하나님께서는 십일조에 대해 레위기 27장과 신명기 12장을 통해 규례로 주셨습니다. 서원은 선택이지만, 십일조는 하나님께 당연히 '반드시' 드려야 하는 것이었습니다.

> "그 땅의 십분의 일 곧 그 땅의 곡식이나 나무의 열매는 그 십분의 일은 여호와의 것이니 여호와의 성물이라"(레 27:30)

> "너희의 번제와 너희의 제물과 너희의 십일조와 너희 손의 거제와 너희의 서원제와 낙헌 예물과 너희 소와 양의 처음 난 것들을 너희는 그리로 가져다가 드리고"(신 12:6)

성경 속 십일조에 관한 말씀은 아브라함의 십일조(창 14:20), 야곱의 십일조(창 28:22), 레위기의 십일조(레 27:30), 신명기의 십일조(신 12:6,11) 그리고 말라기의 십일조(말 3:10) 말씀이 있습니다.

● 다섯 번째 포인트

우리는 레위기를 통해 하나님의 그 끝도 밑도 없는 사랑에 대해 조금은 눈을 뜨게 됩니다.

하나님께서는 이스라엘 백성들에게 그들이 가나안땅에서 하나님의 말씀을 지켜 행하지 않을 때에 받을 3단계 처벌에 대해 말씀하신 후에 그럼에도 불구하고 또다시 은혜로 그들을 인도하실 것이라는 하나님의 끝도 밑도 없는 사랑에 대해 말씀하십니다.

비록 이스라엘 백성들이 하나님의 말씀을 거듭 청종하지 않더라도 언약을 폐하지 않고 끝까지 그들의 하나님이 되어주시겠다는 놀라운 선언을 해주신 것입니다.

단, 조건은 이스라엘 백성들이 하나님의 처벌이 정당하며 하나님의 본뜻이 사랑이라는 사실을 깨닫는 것입니다.

"깨닫고… 그들의 마음이 낮아져서 그들의 죄악의 형벌을 기쁘게 받으면"(레 26:41)

하나님께서 애굽의 종이었던 이스라엘 백성들을 인도해내신 것은 애굽의 멍에의 빗장을 부수고 그들을 바로 서서 걷게 하시기 위함이었습니다(레 26:13).

애굽에서의 멍에는 아무리 수고하여도 수고의 대가를 받지 못하는 멍에였습니다.

"여러 해 후에 애굽 왕은 죽었고 이스라엘 자손은 고된 노동으로 말미암아 탄식하며 부르짖으니 그 고된 노동으로 말미암아 부르짖는 소리가 하나님께 상달된지라"(출 2:23)

그런데 하나님께서 레위기를 통해 제사장 나라의 규례와 명령을 지키라는 멍에를 주십니다. 레위기에서 말하는 하나님의 멍에는 애굽에서의 멍에와는 근본적으로 다른 멍에입니다.

"너희가 내 규례와 계명을 준행하면 내가 너희에게 철따라 비를 주리니 땅은 그 산물을 내고 밭의 나무는 열매를 맺으리라"(레 26:3~4)

그리고 이 멍에 이야기는 900여 년을 지나 예레미야 시대로 넘어갑니다.

"만군의 여호와 이스라엘의 하나님께서 이와 같이 말씀하시니라 내가 쇠 멍에로 이 모든 나라의 목에 메워 바벨론의 왕 느부갓네살을 섬기게

하였으니 그들이 그를 섬기리라 내가 들짐승도 그에게 주었느니라 하라"(렘 28:14)

바벨론 제국의 멍에를 통해 제사장 나라의 멍에의 가치를 다시 깨달으라는 것입니다. 그리고 멍에 이야기는 마침내 우리 예수님의 멍에 이야기에서 우리의 무릎을 꿇게 합니다.

"나는 마음이 온유하고 겸손하니 나의 멍에를 메고 내게 배우라 그리하면 너희 마음이 쉼을 얻으리니 이는 내 멍에는 쉽고 내 짐은 가벼움이라 하시니라"(마 11:29~30)

우리는 때때로 성경을 오해하며 수고하고 무거운 짐은 예수님께 다 떠넘기고 예수 믿고 누릴 수 있는 복만 받고 싶어 합니다. 그러나 예수님의 말씀은 애굽의 멍에와 같은 세상이 주는 무거운 멍에는 버리고 우리 예수님이 주시는 쉽고 가벼운 멍에를 메고 마음이 온유하고 겸손하신 예수님을 배우라는 것입니다. 그러면 우리 예수님처럼 수고의 결과를 가지고도 높아지려고 하지 않고 낮아지며 겸손해질 수 있다는 것입니다.

바리새인들이 예수님께 질타를 받은 이유는 그들이 율법의 이 놀라운 정신은 다 버리고, 율법은 조금 지키고 많은 칭찬을 갈구하며 율법의 긍휼로 이웃을 대하기보다는 율법의 잣대로 사람들을 판단하고 비난하는데 열심이었기 때문입니다.

예수님은 율법과 선지자를 완전하게 하시면서 모든 사람들의 허물을 덮어주셨습니다. 하나님께서 율법을 주신 이유는 누군가를 판단하고 비판하는 데 사용하라고 주신 것이 아닙니다. 율법으로 우리가 완전할 수 없음을 깨닫고 율법을 통해 궁극적으로 예수 그리스도의 복음을 갈망하게 하고자 하심입니다.

> "율법이 육신으로 말미암아 연약하여 할 수 없는 그것을 하나님은 하시나니 곧 죄로 말미암아 자기 아들을 죄 있는 육신의 모양으로 보내어 육신에 죄를 정하사 육신을 따르지 않고 그 영을 따라 행하는 우리에게 율법의 요구가 이루어지게 하려 하심이니라"(롬 8:3~4)

그래서 율법의 기록인 〈레위기〉는 복음으로 우리를 인도하는 하나님의 러브레터입니다.

성경, 통通으로 숲 이야기

통숲 1 : 모세오경 1

초판 1쇄 발행 2019년 8월 28일
2쇄 발행 2019년 10월 11일

지은이·조병호
펴낸곳·도서출판 통독원
디자인·전민영

주소·서울시 강남구 선릉로 806
전화·02)525-7794 팩 스·02)587-7794 홈페이지·www.tongbooks.com
등록·제21-503호(1993.10.28)

ISBN 978-89-85738-12-5 04230
978-89-85738-00-2 04230 (세트)